KiWi 17 Günter Wallraff
Zeugen der Anklage

Günter Wallraff

Zeugen der Anklage

Die ›Bild‹-beschreibung
wird fortgesetzt

Kiepenheuer & Witsch

© 1979, 1982 by Verlag Kiepenheuer & Witsch, Köln
Umschlag Hannes Jähn, Köln
Gesamtherstellung Clausen & Bosse, Leck
ISBN 3 462 01540 0

den Opfern

Inhalt

Unser Anspruch auf Wahrheit 11
BILD kämpft – gegen Sie 13
Der Stratege 21
... fände ich es für klüger ... 27
Weiterhin viel Erfolg bei der Menschenvernichtung! 29
Denn sie wissen, was sie tun 34
Unterwelt jagt Ollenburg – gnadenlos 41
»... Bedauern außerordentlich ...« 47
Durch die Brust 49
Von der Gewalt des Konzerns 52
Dutschke raubt Rembrandt 55
Springers Tassen im All 59
Feuer frei 68
Hoppe, verrecke! 73
Über das Glück, eine Geisel zu erschießen 77
Die Terroristin 80
Der Terrorist 83
BILD-Haft 87
Buenos Dias, Faschismus! 88
Eine Lanze für Berti / Bomber der Nation / BILD-Vendetta 96
Der Mädchenhändler oder BILD braucht Eddi 103
Zum fröhlichen Meineid 106
Vampirismus 118
Der Bruch 135
Seid nett zueinander! 136
So sind wir 139
Der BILD-Konzern 149
Der Gigant lächelt 154
Die Justiz lächelt auch 159
Der Gigant lächelt weiter 170
Der Spitzel 178
Die Falle 199
Die Parallelschaltung:
»Wir haben Wallraff in der Leitung!« 204
Der Fall Ingrid Stengel 217

Unser Anspruch auf Wahrheit

»Kleinmut ist oft der größte Feind des Lebens«
BILD am 13. Oktober 1979

Man hat mich bespitzeln lassen, Wanzen gelegt, Telefongespräche abgehört, man hat mir agents provocateurs geschickt, hat Informanten unter Druck gesetzt; durch eine Hausdurchsuchung hätten sie beinahe meine Arbeitsunterlagen beschlagnahmen lassen. Bei einem dieser Informanten, bei einem wichtigen Zeugen, der mich als erster über einen Lauschangriff informiert hatte (siehe Kapitel »Parallelschaltung«), wurde eingebrochen, ohne daß Spuren an seinen Schlössern zu finden waren (gleichzeitig verschwanden aus meiner Wohnung Dokumente, die ebenfalls mit diesem Informanten zu tun haben).* Und vieles mit einer Routine, die die Handschrift von Geheimdiensten, die Handschrift des BND vermuten läßt.
Ich hatte Angst, war oft entschlossen, meine Arbeit abzubrechen, der Erscheinungstermin dieses Buches mußte mehrmals verschoben werden. Freunde haben mir ein Versteck besorgt, neue Informanten aus den BILD-Redaktionen meldeten sich: »Wenn das der Wallraff wüßte«, sei die stehende Rede bei BILD München, Düsseldorf, Hamburg, Stuttgart, Kettwig, Köln oder Frankfurt.
Durch die Unsicherheit und Angst meines übermächtigen Gegners überwand ich meine eigene Unsicherheit und Angst. Ich danke allen, die mir dabei geholfen haben.
Dieses Buch handelt von der Willkür einer Macht, die jeglicher demokratischen Kontrolle entzogen ist. Es zeigt, wie Menschen in der alltäglichen Lügengeschichte verhöhnt wer-

* Dieser Zeuge, der frühere BILD-Journalist Heinz Willmann, wurde am 18. 3. 1980 in seiner Kölner Wohnung tot aufgefunden. Es besteht der Verdacht, daß er ermordet worden ist.
(Siehe Kapitel »Der Kronzeuge« in »Das BILD-Handbuch ... bis zum Bildausfall«)

den. Und es zeigt, wie Menschen von BILD in den Tod getrieben werden. Es könnte dazu beitragen, daß wir »dahin kommen können, BILD einfach nicht mehr zu lesen« – ein Zitat des DGB-Vorsitzenden Vetter. Das ist die Angst des Konzerns, der schon nach der Veröffentlichung des »Aufmacher« eingestehen mußte, daß es »gelungen ist«, eine »massive Kampagne gegen BILD und den Springer-Verlag zu entfachen« (aus der Springer-Betriebszeitung »Nachrichten«). Eine richtige Feststellung, ausnahmsweise mal.

Teil dieser »massiven Kampagne« ist zum Beispiel ein Boykott-Aufruf, der bisher von mehr als 300 000 BILD-Lesern unterschrieben wurde. Und aus dem »Aufmacher«-Honorar und Spenden wurde ein Rechtshilfe-Fonds gegründet: **»Wenn BILD lügt, kämpft dagegen« (Anschrift: c/o Kiepenheuer & Witsch Verlag, Rondorfer Str. 5, 5000 Köln 51)**. Dutzenden von BILD-Geschädigten konnte bereits geholfen werden, einige Fälle werden in diesem Buch vorgestellt. Kostenlos kann jedes BILD-Opfer, das sich teure Presseanwälte nicht leisten kann, die besten Juristen in Anspruch nehmen, um Gegendarstellungen, Schadensersatzforderungen und Schmerzensgeldzahlungen durchzusetzen.

Aus Teilen des Honorar-Fonds sollen auch künftig Schwarzbücher finanziert werden, die zu jeweils aktuellen Anlässen die BILD-Beschreibung weiter fortsetzen.

Vorerst aber ist heute, zehn Tage bevor dieses Buch »Zeugen der Anklage« in den Buchhandlungen liegen soll, immer noch nicht sicher, ob es seine Leser je erreichen wird. Können Druck und Vertrieb unbehelligt abgewickelt werden, mag Springer immer noch Schnellgerichte suchen, die ihm das geben, was er – nicht ganz zu Unrecht – **sein** Recht nennt. Jeder Satz dieses Buches wurde von Juristen geprüft, für jede Tatsache gibt es Beweisstücke und Eidesstattliche Versicherungen von Zeugen und Betroffenen. Und dennoch werden wir unseren Anspruch auf Wahrheit nur unter dem Schutz einer öffentlichen Meinung durchsetzen können, die nicht mehr die von BILD veröffentlichte Meinung sein darf.

Arnheim, 15. 10. 79

BILD kämpft – gegen Sie

»BILD« als »letzte Instanz« für Verlassene und Schutzlose, Betrogene, Erniedrigte, Beleidigte und Verzweifelte. So ein Versprechen schafft Vertrauen, stellt Blattbindung her und eine treue, dankbare Lesergemeinde.
»Bleiben Sie uns auch weiterhin treu«, plakatierte »BILD« während des Druckerstreiks '78, als ginge es um das Heilige Sakrament der Ehe. Und als BILD wieder erschien: »Danke, daß Sie uns die Treue hielten.«
In einem »BILD«-Kommentar schlägt das Kampfblatt sich selber auf die Schulter: »Wir sind ziemlich stolz auf diese Bilanz. ›BILD kämpft‹ hat Menschen aller Schichten und Einkommensstufen geholfen, jungen und alten, Ärzten, denen eine Spezialzeitschrift fehlte, Kindern, denen der Hund weggelaufen war; einer Familie, die ihren kleinen exotischen Wald abholzen sollte ...«

Der Verleger Axel Cäsar Springer geht mit diesem Ressort regelmäßig hausieren, gerade so, als ob es sich bei dem Rufmordblatt um eine caritative Einrichtung handelt:
»Bei BILD handelt es sich um eine Zeitung, die seit jeher in Großaktionen Verfolgten und Gefährdeten beisteht, Armen hilft, Kranken Linderung bringt und nichts von jenen bösartigen, ebenso intelligenten wie letztlich dummen Blättern hat, deren zersetzender Intellektualismus allgemein nicht als verderbenbringend erkannt wird.«*

* (wörtliches Zitat von Springer aus einer Rede in der Berliner Gedächtniskirche und wiederholt in einem Interview anläßlich seines 70. Geburtstages mit Löwenthal im ZDF)

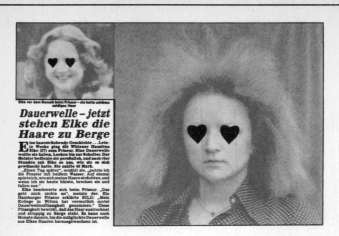

Elke vor dem Besuch beim Friseur – sie hatte schönes seidiges Haar

Dauerwelle – jetzt stehen Elke die Haare zu Berge

Eine haarsträubende Geschichte... Letzte Woche ging die Wittener Hausfrau Elke (27) zum Friseur. Eine Dauerwelle wollte sie haben, Locken bis zur Schulter. Der Meister bediente sie persönlich, und nach vier Stunden sah Elke so aus, wie sie es sich gewünscht hatte. Sie zahlte 46 Mark.

„Einen Tag später", erzählt sie, „putzte ich die Fenster mit heißem Wasser. Auf einmal spürte ich, wie sich meine Haare sträubten, und wenn ich sie heute bürste, brechen sie und fallen aus."

Elke beschwerte sich beim Friseur. „Das geht mich nichts an", meinte der. Ein Hamburger Friseur erklärte BILD: „Mein Kollege in Witten hat vermutlich zuviel Dauerwellenflüssigkeit genommen. Diese Flüssigkeit bewirkt, daß das Haar austrocknet und struppig zu Berge steht. Es kann noch Monate dauern, bis die mißglückte Dauerwelle aus Elkes Haaren herausgewachsen ist.

Liebe Leser: Sind Sie in Not? Fühlen Sie sich ungerecht behandelt? Haben Sie Probleme, die Sie nicht lösen können? Bitte schreiben Sie an „BILD kämpft". Die BILD-Zeitung versucht Ihnen zu helfen, so gut und so schnell es geht. Adresse: „BILD kämpft für Sie!", 2 Hamburg 36, Postfach 30 46 30.

Struwwel-Elkes Ehemann: So schön war sie noch nie!

Heute können wir Ihnen eine ganz neue Elke vorstellen. Ihr Mann schwärmt: „Liebling, so schön warst du noch nie!"

Sie erinnern sich: Die Dauerwellen-Flüssigkeit war beim Friseur in Witten falsch dosiert worden. Verzweifelt schrieb Elke (27) an „BILD kämpft".

Wir sprachen mit einem der besten Friseure Norddeutschlands, Meister Wollenschläger. Er brachte die Sache in Ordnung.

So hat er es gemacht: Erst hat er das Haar zehn Minuten in lauwarmem Wasser gespült, dann eine Creme-Packung gemacht, damit es wieder seidig und elastisch wurde, schließlich große Lockenwickler dicht an dicht.

Chic ist sie jetzt: Elke mit der neuen Locken-Frisur, die ihr „BILD kämpft" legen ließ. Glücklich schaut sie in den Spiegel. Wie ein Struwwelpeter sah sie aus (kleines Foto), als sie noch nach Hamburg kam.

Hunderte von Hilfeersuchen gehen wöchentlich ein. Mit Schemabriefen werden die meisten abgewimmelt. Manchmal aber schafft BILD durch einen einzigen Anruf, bei einer Behörde zum Beispiel, daß ein kleines Unrecht abgestellt wird, solange die großen Verbrechen nicht gestört werden. BILD-Autorität und BILD-Einfluß sind da oft genug Gesetz.
Und wenn geholfen wird, dann sind es Fälle von »HAARSTRÄUBENDEM Unrecht«, wie dieser hier:

Offensichtlich eine bei den Haaren herbeigezogene Geschichte.

Hauptsache BILD schafft für seine Leserinnen Ersatzprobleme und -ängste und sich selber eine wirksame Nachfolgegeschichte.

Wer sich aber tatsächlich mit einem echten Problem an die BILD-Zeitung wendet, muß damit rechnen, daß er sich damit »seinen Anwälten«, den BILD-Kämpfern, zur Zielscheibe macht.

Die Schülerin A. F., regelmäßige BILD-Leserin, wandte sich im vorigen Jahr mit folgendem Hilfsappell an »ihre Zeitung«. Sie schrieb handschriftlich ans Ressort »BILD-kämpft-für-Sie«:

»Sehr geehrte BILD-Zeitung!
Ich bin 18 Jahre alt und habe die Realschule ... besucht. Habe mir nach langem Suchen eine Stelle für September 1978 beim Fernmeldeamt Frankfurt vormerken lassen. Da ich einige Tage in der Schule gefehlt habe, bekomme ich von der Schule kein Abschlußzeugnis. Das Fernmeldeamt macht aber die Einstellung von dem Zeugnis abhängig. Kann man denn einen jungen Menschen wegen fehlender Zeit ein Zeugnis verweigern? Die Schule macht nun mein ganzes Leben kaputt. Ich bin verzweifelt, weiß weder ein noch aus, darum wende ich mich heute an Sie und bitte höflichst, mir zu einem Abschlußzeugnis zu verhelfen. Ihren Bemühungen sehe ich dankend entgegen. Hochachtungsvoll A. F.«

Die BILD-Redaktion witterte die »Geschichte« und entsandte zwei Fallensteller zu dem Mädchen. Ein Foto wurde ihr abgeluchst mit dem Argument: »Nur fürs Archiv, wenn wir helfen, müssen wir auch wissen, wie so jemand aussieht.«

Deutschlands faulste Schülerin ...
... schwänzte von 90 Schultagen 54
... sitzt lieber mit dem Freund im Café

kn. Frankfurt, 28. Juni

Jeden Morgen wird die Realschülerin Dagmar F. (18) von ihrer halbblinden Oma geweckt: „Kind, Du mußt zur Schule!" Dagmar dreht sich dann noch einmal um. Wenn Oma nach eineinhalb Stunden wieder reinschaut („Kind, nun wird's aber Zeit"), sagt sie: „Ach, Oma, ich war doch schon zur Schule!"

Dagmar ist wohl Frankfurts faulste Schülerin: Von 90 Tagen in diesem Schuljahr hat sie 54 geschwänzt!

Sie schreibt nicht einmal fünften, weil sie bei den Arbeiten meistens fehlt. In ihrem Abgangszeugnis für die zehnte Klasse steht deswegen in allen Fächern: „Leistung nicht feststellbar."

Kümmert sich keiner darum, daß Dagmar zur Schule geht? Ihr Klassenlehrer Hans Senkler (39): „Ich habe mehrmals mit ihrer Mutter gesprochen. Viel tun kann ich nicht, das Mädchen ist ja volljährig."

Dagmar selbst: „Die Schule macht mir schon lange keinen Spaß mehr, ich sitze viel lieber mit meinem Freund im Café. Er ist schon 28, und ich will ihn später heiraten."

Konrektor Hans Senkler: „Ich mache mir persönlich Vorwürfe, daß ich mich nicht mehr um sie gekümmert habe."

Schulschwänzerin Dagmar F. liebt einen Fernmeldetechniker – und haßt die Schule ...

Ein paar Tage später fand sie es in einem BILD-Artikel mit dieser Schlagzeile wieder:
»DEUTSCHLANDS FAULSTE SCHÜLERIN ...«
Statt eines Abschlußzeugnisses »erkämpfte« BILD für sie eine Rufschädigung.

Die zugesagte Lehrstelle beim Fernmeldeamt wurde wieder rückgängig gemacht, da ihre künftigen Vorgesetzten auch regelmäßige BILD-Leser waren.
»Der Zeitungsartikel bedingt auch«, schrieb ihr Anwalt an Springer, »daß sie keine andere Arbeitsstelle als ungelernte Arbeiterin bekommt.«
Mit der Zahlung von 5000 Mark Schmerzens- und Schweigegeld vermied die Springer-Rechtsabteilung einen Prozeß und erreichte damit zunächst, daß der Fall nicht an die Öffentlichkeit kam.
Der Springer-Verlag an den Anwalt der Schülerin:

»Sie sicherten mir zu, daß die Klage rechtzeitig vor dem Termin des Landgerichts Frankfurt vom 9. 11. 78 zurückgenommen wird. Schließlich gehe ich davon aus, daß über diesen außergerichtlichen Vergleich sowohl von Seiten Ihrer Mandantin als auch von uns Stillschweigen bewahrt wird. Den Vergleichsbetrag von DM 5000 habe ich heute an Sie anweisen lassen.«

Daß die Sache »Gott sei Dank ausgestanden« sei, konnte die Rechtsabteilung dann kurz darauf an BILD-Chef Prinz melden....«

Mit geradezu sadistischer Freude machten sich die BILD-Kämpfer auch über die 30jährige Sekretärin A. aus Hattersheim bei Frankfurt her.

Wie andere Fahrschüler auch, hatte die Frau den Verdacht, daß ihr Fahrlehrer den Termin für ihre Führerschein-Prüfung möglichst lange hinauszögerte, um sie durch zusätzliche Fahrstunden weiter schröpfen zu können.
Im Juli 78, nach 66 Fahrstunden, schrieb sie an BILD: »Da Herr L. (der Fahrlehrer) nur mit Ausflüchten antwortet und keinerlei stichhaltige Begründungen für sein Verhalten angibt, habe ich den Eindruck, daß ich selbstherrlich ausgenommen werde.« BILD allerdings sah den Fall anders.
Dennoch wurde der Sekretärin zunächst »schnelle Abhilfe« versprochen, BILD-Reporter suchten sie heim und schwatzten ihr ein Foto ab. Zwei Tage später erschien der Beitrag »FRAU ▬ IST DER ALPTRAUM IHRES FAHRLEHRERS«.

Frei erfundene Zitate des Fahrlehrers garnierten das beliebte BILD-Thema »Frau am Steuer« aus der tiefsten Vorurteils-Kiste:

»›20 Stunden brauchte die Dame, bis sie anfahren konnte‹, stöhnte er.
Bei Grün macht sie Vollbremsungen, bei Rot gibt sie Gas.
Radfahrer fürchtet sie, wenn sie einen überholen muß, zieht sie voll auf die linke Fahrbahn (auch wenn Gegenverkehr ist).
›Ich muß ihr immer ins Lenkrad greifen‹, sagt Herr L. verzweifelt, ›und wenn ich voll auf meine Bremse latsche, merkt sie das gar nicht.‹
Die Chefsekretärin (30) hat schon einiges hinter sich: Vor 12 Jahren versuchte sie's mal ohne Führerschein – zufällig kam ein Hund vorbei, sie wich elegant aus und setzte den Wagen gegen eine Mauer. Im Januar kaufte sie sich einen kleinen Fiat – der ist auch schon kaputt (...) Vorsicht: Donnerstagnachmittag hat Frau A. ihre 76. Stunde ...«

Daneben der »kleine Spruch von Seite 3«:
»*›Der wahre Versager ist nicht der, dem die großen Dinge mißglükken, sondern die kleinen‹ – Cesyre(!) Pavese, ital. Schriftsteller, 1908–1950).*«

Frau A. wird zum Gespött ihrer Kollegen. Und wenn sie auf der Straße erkannt wird, setzt ein Hup-Konzert ein. Aber anstatt zum Anwalt zu gehen und auf Schmerzensgeld zu klagen, schreibt sie erneut an BILD: »Wieso Sie dies alles

getan haben, ist mir sehr unverständlich. Dann hätte ich noch gerne gewußt, wieso mein Fiat kaputt sein soll.«
Frau A. begeht den entscheidenden Fehler, immer noch davon auszugehen, es bei »BILD« mit Menschen zu tun zu haben, an deren Anstand und Fairneß appelliert werden kann. Sie vergißt das imaginäre Merkblatt, das jedem potentiellen »BILD«-Informanten und -opfer übergeben werden müßte und worin stehen sollte: Alles, was Sie aussagen oder auch nicht aussagen, ob Sie reden oder die Aussage verweigern, alles wird fortan gegen Sie verwandt und zu Ihrem Nachteil ausgelegt. Selbst Ihr Schweigen kann als ›stillschweigendes Geständnis‹ gegen Sie verwertet werden.

Die Antwort von BILD kommt drei Tage später in Form eines weiteren Artikels:

»NACH 75 FAHRSTUNDEN: FAHRLEHRER GAB AUF
Frankfurt – Alle Autofahrer paßten gestern nachmittag auf, ob sie in der Stadt dem roten Fahrschul-BMW begegneten, in dem Frau A. (schon 75 Fahrstunden und immer noch keine Prüfung, BILD berichtete) ihre 76. Fahrstunde macht – vergeblich: Ihr Fahrlehrer weigert sich, weiter mit ihr durch die Gegend zu fahren! ›Kein Vertrauen mehr‹, sagt er. Frau A.: ›Ich such mir einen neuen.‹«

Und als ob sie einen Faschisten wie Pinochet als Mitglied für »Amnesty International« gewinnen wollte, schreibt die Sekretärin wiederum an BILD:

»Obgleich ich Sie bei Ihrem gestrigen Telefonat ausdrücklich darauf hingewiesen habe, es nun endlich zu unterlassen, meinen guten Namen nochmals durch die BILD-Zeitung zu schmieren, mußte ich heute das Gegenteil feststellen. Es geht wirklich nicht an, daß Sie die Tatsachen so verdrehen dürfen und dieses dann noch veröffentlichen. Ihr Artikel entspricht keinesfalls der Wahrheit. Sie können sich sicher vorstellen, daß Ihre Verleumdungen für meine Position, die ich inne habe, nicht sehr förderlich sind, und sollte mir daraus irgend ein Schaden entstehen, können Sie sicher sein, daß ich das nicht auf sich beruhen lassen werde.«

Aber auch die BILD-Redaktion will die Angelegenheit nicht auf sich beruhen lassen. Als ihr Frau A. zwei Wochen später die Fotokopie ihres neuen Führerscheins schickt, schwingt sie den ganz großen Prügel: Über sieben Spalten zieht sich die

Schlag-Zeile »VORSICHT! FRAU A. (DIE MIT DEN 75 FAHRSTUNDEN) HAT JETZT DOCH DEN FÜHRERSCHEIN«. Text:

»*Als sie ihn hatte, brauste sie nach Hause, setzte sich an die Schreibmaschine und schrieb sofort an BILD: ›Betreff: Führerschein. Aus beiliegender Fotokopie können Sie ersehen, daß ich ihn gemacht und bestanden habe. Es wäre gerecht, wenn Sie dies auch mal veröffentlichen würden. Hochachtungsvoll I.A.‹. Tun wir gern, Frau A. Alle BILD-Leser erinnern sich an sie: Sie war der Alptraum ihres Fahrlehrers, gab Gas bei Rot, haßte Einbahnstraßen ... Nach 75 (!) Fahrstunden hat sie den Fahrlehrer gewechselt, und plötzlich ging's. Noch weitere 10 Stunden, Nachtfahrt, ein bißchen Autobahn (...) – dann die Prüfung. Alles ging glatt. Jetzt flitzt Frau A. in ihrem kleinen blauen Fiat jeden Morgen stolz durch Hattersheim zur Arbeit. Wenn sie bei Rot mal das falsche Pedal erwischt – bitte, nicht gleich hupen ...*«

Frau A., deren voller Name in Überschrift und Text allein in diesem Beitrag fünfmal genannt wird, ist einem Nervenzusammenbruch nahe. Jetzt endlich schwört sie, nie wieder gegen »etwas anzukämpfen, das so unendlich stärker ist als ich«. Auch wieder ein falscher Entschluß. Frau A. hätte nur mit den richtigen Mitteln kämpfen sollen.

Wer aber BILD für sich kämpfen läßt, muß in Kauf nehmen, daß gegen ihn gekämpft wird. Und er kann von Glück sagen, wenn er nur einen Antwortbrief wie diesen aus einem anderen Fall erhält:

»*Daß im Laufe der Justizgeschichte aller Nationen Irrtümer passiert sind und Härten entstanden – das wissen wir so gut wie jeder andere (...) Wir meinen aber, daß wir alle schon irgendwo einmal ein unvermeidbares Unrecht erfuhren ... Bitte, verstehen Sie, daß wir Ihnen nur aus unserer Lebenserfahrung heraus und reiner Mitmenschlichkeit mit diesem Brief eine Freude machen möchten, – rein rechtlich müssen wir aus gesetzgeberischen Gründen passen‹.«*

Wer dann immer noch keine Ruhe gibt, bekommt zu lesen:
»Hoffentlich haben Sie jetzt verstanden, daß wir kommentieren können, wo es nötig ist, nicht aber gerichtliche Abläufe verändern. Bitte, lassen Sie es nun genug erklärt sein!!
Mit freundlichen Grüßen   *BILD KÄMPFT«*

Der Stratege

Nach der Veröffentlichung des »Aufmacher«, nach den BILD-Recherchen des Hans Esser, war »die größte Zeitung des Kontinents«, wieder einigen Lesern mehr als Lügenblatt verdächtig geworden, einige Redakteure schienen verunsichert, einige Politiker und Gewerkschafter gingen wieder auf kritische Distanz. Doch BILD funktioniert nur, wenn es total funktioniert, wenn der Glaube an oder die Angst vor dem Blatt alles bindet oder in Schach hält.
Gebraucht wurde im Konzern ein Mann, der keine Scham kennt, wenn es um die Interessen des Blatts und seines Verlegers geht. Ein Mann, der keine Diskussion scheut, Gegner arrogant herunterputzt und vor keinem Zynismus zurückschreckt. Gefunden wurde Wolf Schneider, einst Chef vom Dienst beim »Stern«, dann Chefredakteur des Springer-Magazins »Dialog«, später der »Welt«, schließlich »z.b.V.« – zur besonderen Verwendung in der Konzernspitze. Was so viel wie »Fronteinsatz« bedeutet.

In dieser Nicht-Funktion reiste er nach dem Erscheinen des »Aufmacher« durch die Lande, um überall in Rundfunk und Fernsehen bis hin zu Schülerzeitungen Sendezeiten und Textspalten zu verlangen, in denen er meine »Lügen« richtigstellen wollte. Daraus, daß er im Auftrag kam, machte Schneider nicht den geringsten Hehl. Im Österreichischen Fernsehen etwa erzählte er, er habe in einer Konzernbesprechung »den Finger gehoben und gesagt, hier möchte ich gegen antreten, gegen Wallraff«. Und im Schweizerischen Fernsehen sagte er: »Alles von Wallraff zu lesen und an allen Diskussionen, die in Sachen Wallraff stattfinden, teilzunehmen, ist eine hauptberufliche Tätigkeit. Ich habe Zeit dazu.«

Und dann legte Schneider los. Zu meinem Vorwurf, die BILD-Zeitung verhöhne in internen Gesprächen ihre eigenen Leser als Dummköpfe, als »Primitivos«:

»*Was die Sprache der Primitivos angeht, nehmen Sie eine Vermischung von zwei Sphären vor. Ich weiß nicht, ob Sie mal Gelegenheit hatten, den Chirurgen zu lauschen, wie sie über den Patienten sprechen, wenn der schon in Narkose ist ... Und wenn einer in Narkose ist, bekommt er einiges nicht zu hören, was er auch nie hören sollte. Das Unappetitliche ist, solche Chirurgenwitze über den bewußtlosen Patienten weiterzuverbreiten.*«

Fürwahr ein treffendes Bild, die BILD-Leser als narkotisierte Opfer, denen man nicht sagen darf, was man über sie denkt, weil das sonst unappetitlich wäre. Überhaupt lag Schneider der medizinische Vergleich besonders nahe:

»*Sich so zu verhalten, daß man ohne sie nicht mehr leben kann – darin liegt der Markterfolg ... Ja, BILD als Droge, natürlich!*«

Aus einem Interview mit einer Schülerzeitung:

Frage: »*Stimmt es, daß einige Redakteure des Springer-Verlages in Wallraffs Privatleben herumschnüffeln?*«
Schneider: »*Es gehört natürlich zur journalistischen Prozedur, daß man über seine Gegner Bescheid weiß.*«
Frage: »*Was hat die Befragung der Mutter (Wallraffs) mit dem Gerichtsverfahren zu tun?*«
Schneider: »*Wallraff hat ein Buch geschrieben, das in breiter Front gegen die BILD-Zeitung vorgeht, gegen den Springer-Verlag überhaupt und gegen die ganze privatwirtschaftliche Presse. Nun wappnen wir uns mit Informationen über Wallraff.*«
Frage: »*Nach dem Motto: Aug um Aug, Zahn um Zahn?*«
Schneider: »*Wenn Sie so wollen.*«
Frage: »*Sind die Verhältnisse, die Wallraff in der Hannover-Redaktion beschreibt, ein Spezialfall, oder sind sie auf andere Redaktionen übertragbar?*«
Schneider: »*Was er über Arbeitsklima und Redaktionsstil sagt, halte ich im allgemeinen für richtig. Ich habe über Wallraffs Film und Buch laut aufgelacht, weil er nämlich dasselbe über den ›Stern‹ hätte schreiben können. Sämtliche erfolgreichen Massenblätter der Welt werden nach einem bestimmten Stiefel gemacht und er hat diesen bestimmten Stiefel bei der BILD-Zeitung kennengelernt und sagt, die sind schuld. Für Kenner der Branche ist dies zum Lachen. Die Brutalität von Henri Nannen im Umgang mit Redakteuren ist durch niemanden zu übertreffen.*«
Frage: »*Halten Sie denn die Verhältnisse, unter denen die Redak-*

teure der BILD-Zeitung arbeiten müssen, für akzeptabel und richtig?«
Schneider: »Erfolgreiche Massenblätter müssen nach einem bestimmten Stiefel gemacht werden. Nehmen Sie das Beispiel, das Wallraff breit beschreibt, eine unappetitliche und brutale Art der Bildbeschaffung (Die von mir beschriebene Methode: »Sie brauchen mir das Foto nicht zu geben, dann fotografieren wir Ihren Sohn eben im Leichenschauhaus, nur sieht das dann natürlich ziemlich abstoßend aus« G.W.). *Man darf weder Fotos noch Bildbeschaffung auf eine zahme und appetitliche Weise betreiben. Zahm fotografieren kann man einen Sonnenuntergang. Wenn Sie an Menschen ranwollen, sind Sie immer brutal.«*

Schneidig, der Schneider – er hat nicht umsonst den Finger gehoben. Menschenverachtung und Zynismus sind ihm anerzogen, er hält sich womöglich für einen besonders aufrechten, ehrlichen Kerl, wenn er ihnen freien Lauf läßt. Er spielt den, der er ist: einen auf Erfolg und Sensation um jeden Preis getrimmten Journaille-Manager.
Offensichtlich meinte auch Henri Nannen, jeden Preis zahlen zu müssen. Schneider würde den angepaßten Nachwuchs im Konzerninteresse für den »Stern« schon schaffen, dessen Redakteure in ihrer Mehrheit heute noch kritisch engagierte Journalisten sind. Der Verlag, immer stärker vom Mehrheitsgesellschafter Bertelsmann gegängelt, bestellte Wolf Schneider zum ersten Leiter der neugegründeten G + J-Journalistenschule. Seit Anfang '79 sind ihm nun 20 – von über 2000 im Auslese- und Prüfungsverfahren übriggebliebenen – Schüler ausgeliefert.
Schneider scheint in seiner Schreibkadettenanstalt seine Aufgabe darin zu sehen, eine neue Spezies von entpersönlichten, allzeit verfügbaren Auftragsschreiben heranzuzüchten.
In dieser Schule gibt Schneider weiter, was er bei Springer gelernt hat. Sein Pech, daß einige seiner Schüler zwar Journalisten, nicht aber BILD-Schreiber werden wollen und Schneiders Reden in ihren Tagebüchern festhielten. Sie werden hier zitiert, auch wenn Schneider das wiederum für die unappetitliche Wiedergabe von Chirurgenwitzen halten sollte.

»Für jede Bewerbung einen anders gewickelten Lebenslauf schreiben. Für die ›Quick‹ anders als für die ›FAZ‹. Sie müssen ihren Marktwert

aufs Höchste ausreizen ... Immer zwei Verträge in der Tasche haben, so muß man pokern ... Wenn Sie mal am Drücker sind, können Sie reden, als Boss können Sie sagen, was Sie wollen. Aber bis dahin müssen Sie investieren ... Halten Sie den Mund, Besserwisserei schadet Ihrer Karriere. Wenn Sie Ihren optimalen Marktwert ausschöpfen wollen, dann halten Sie drei Jahre lang den Mund ... Die Mitgliedschaft in der dju (Deutsche Journalisten-Union in der IG Druck und Papier, G. W.) verträgt sich nicht mit dem Versuch optimaler Ausreizung Ihrer Marktchancen. Die Gewerkschaften überhaupt sind ja für die Kleinen da, die tariflich bezahlt werden. Sie stellen eine Art Kompensation dafür dar, daß diese es in der Hierarchie nicht weit gebracht haben. Ich kann Ihnen nur sagen: es ist nicht nützlich, organisiert zu sein, wenn man, wie Sie, Ressortleiter werden oder einen Starvertrag bekommen will.«

Das ist, wie gesagt, nicht aus einem Kommentar eines dubiosen Wirtschaftsdienstes, sondern aus dem Unterricht einer Journalisten-Schule. Der beste Journalismus, so wird von Schneider dort gelehrt, ist der, den Hans Esser bei BILD erleben durfte:

Als Journalist hat man eben die Aufgabe, dorthin zu kommen, wo man mit normalen Mitteln nicht hinkommt ...«

Als Hans Esser in die BILD-Redaktion?

»... und das ist nicht nur der Fall bei knallharten Recherchen, wo Sie die Krankenschwester und die Polizisten in der jeweils geeigneten Weise beiseite räumen sollen, um an das Krankenbett des Ministers vorzudringen. Sondern es ist der wirklich ganz normale Fall: Reporter und Rechercheure werden überwiegend an solche Orte geschickt, an denen es so zugeht, daß man nach bürgerlichen Maßstäben keinen Zutritt hat. Es liegt im Wesen eines Auftrags, daß man keinen Zutritt hat, sondern ihn sich verschaffen muß. Hindernisse sind dazu da, überlistet oder niedergewalzt zu werden ... Ein guter Rechercheur kann drei Polizisten zusammenschlagen und fünf Krankenschwestern verführen oder so, um zu dem prominenten Politiker, der im Sterben liegt, ins Krankenhaus zu kommen. Ihr Auftrag ist, an die ranzukommen, an die man nicht rankommt. Keiner fragt wie, aber Sie sollen zum Ziel gekommen sein. Es ist erwünscht, daß der Rechercheur ankommt und sagt: ›Hier hab ich das Bild und hab auch noch drei Leute zusammengeschlagen‹, nicht, daß er sagt: ›Da standen

aber welche, die hätt' ich zusammenschlagen müssen ... ich hab kein Bild.‹ ... Der häufigste Fall ist: Sie klingeln bei den Eltern des ermordeten Kindes. Das hat ja auch Wallraff und seine Leser zu Tränen gerührt. Ich konnte darüber nur sehr laut lachen. Vornehm beschaffen und fotografieren kann man Sonnenuntergänge. Wollen Sie aber Guerillas, Eingeborene, Terroristen, Mörder, Demonstranten fotografieren, müssen Sie anders rangehen.«

(Für bereits Abgestumpfte: Bitte die Gleichsetzung und Reihenfolge beachten! – G. W.)

Manchmal läuft Schneider zu großer Form und einsamer Größe auf, und seine Schüler fragen sich, was dieser Sendbote mit seinem menschenverachtenden Elitedenken hier zu suchen hat und ob er nicht als Pressesprecher – Ressort Rassismus – in Südafrika angebrachter wäre:

»Diese ganzen Völker (der dritten Welt) sind doch rückständig, deren Kultur befindet und befand sich während der letzten Jahrhunderte immer unter dem Niveau unserer Zivilisation. Im 19. Jahrhundert wäre niemand auf die Idee gekommen, den Negern oder Indern irgendwas abzugeben. Das ist ein Ergebnis der neuen sozialistischen Strömungen ... Die nordischen Völker (die Arier? G. W.) *sind durch das harte Klima hier seit Jahrtausenden einer stärkeren Challenge ausgesetzt. Der schwedische Bauer suchte bereits vor 2000 Jahren sich immer die kräftigste und tüchtigste Frau zur Fortpflanzung, und so fand eine natürliche Selektion* (noch ohne Rampe, G. W.) *statt: die Schwächeren wurden nicht geheiratet oder sind sowieso erfroren ...«*

Der Einwand eines Schülers, viele Hochkulturen seien im Süden entstanden, wie z. B. China, Ägypten, Mesopotamien, Mayas, Inkas ... »widerlegt« Schneider prompt: ... Aber die Inkas hätten »nicht mal das Rad erfunden.« (Ohne Rad keine Rotationsmaschine, keine BILD-Zeitung! G. W.)
Schneider:

»... Die Neger sind nun mal nicht so intelligent wie die Weißen, weil sie nur auf Körperkraft hin gezüchtet worden sind. Wenn der Schöpfer doch so offensichtlich alle Menschen äußerlich verschieden gemacht hat, was die Hautfarbe, Beinlänge, den Augenschnitt usw. angeht, warum sollte er dann die Intelligenz auf einer Goldwaage abgemessen haben?«

Einer der von Schneider präsentierten Referenten ist ein stellvertretender Chefredakteur aus Springers journalistischer Ranger-Truppe (»Sie werden höflich sein, den Mann nicht in ein Streitgespräch verwickeln und nicht mit Hohngelächter überschütten.«) – Bilges, von der BILD-Zeitung, der, nach seinem politischen Standort befragt, geradeheraus eine Gotteslästerung begeht: »Ich bin ein überzeugter, gläubiger Christ.« – Und das durchgehende Prinzip von Lüge und Fälschung dahingehend verniedlicht: »Auch wir machen Fehler und sind Menschen.« – Anstatt zu bekennen: »Wir sind der Terror und heizen ihn an«, sagt er ganz schlicht: »Wir sind gegen jeden Terror. Was jedoch nicht heißt, daß wir in Peru, äh Chile, wissen, was da los ist. Das kann nicht einmal ein Politikseminar an der Universität.«
Dafür kann's Schneider. Er vertritt das Prinzip der verbrannten Erde im Journalismus und seine Sprache ist danach:

»Feuern Sie aus allen Rohren, Sie müssen schneller schießen!« »Ihre Sätze müssen auf den Knalleffekt zumarschieren.«

Über Einwände in Diskussionen:

»Da hau ich mein Messer rein.«

Über Sprachkritik:

»Die Linguistik überzieht gewaltig und dafür gehört ihr immer mal eins auf die Fresse.«

Über BILD:

»Sie können dem größten täglichen Portemonnaieöffner der Welt nicht vorwerfen, daß er alles falsch macht!«

Irgendwo hat auch das verkommenste »Rangehen« seine Grenzen, da fängt selbst für Schneider der »journalistische Anstand« an: Einer der Schüler hat gefragt, wie es sei, wenn man Hunger in der »3. Welt« neben eine Meldung über eine »Flick-Prunk-Hochzeit« setzen würde.

»Solche Nachrichten aufeinanderprallen zu lassen, widerspräche dem guten Geschmack, wäre nicht maßvoll, sondern böswillig gegenüber Herrn Flick.«

... fände ich es für klüger...

Als die Schauspielerin Marianne Koch und der Schriftsteller Peter Hamm sich kennenlernten, hätte BILD wieder mal gerne den »Trauzeugen« gespielt. Aber die beiden hatten eine Abscheu davor, ihre private Beziehung in BILD werbewirksam abfeiern zu lassen. Trotz wiederholter Anträge lehnten sie ab.
Als sie eines Abends im Münchner Lokal »Bistro« saßen, wurden sie von BILD-Reportern aufgespürt. Trotz hartnäckiger Aufforderungen weigerten sie sich, für ein Gespräch und Foto zur Verfügung zustehen.
Schließlich überreichte ein Kellner die Visitenkarte eines BILD-Redakteurs. Darauf stand unmißverständlich:

> Liebe Frau Koch,
> durch Zufall habe ich vom Selbstmordversuch Ihres Sohnes erfahren. Deshalb fände ich es für klüger, wenn Sie sich doch noch zu einem Gespräch mit uns bereitfänden. Mit freundlichen Grüßen

Ungeachtet der versuchten Nötigung reagierten Marianne Koch und Peter Hamm nicht, was zur Folge hatte, daß sie

GERD HERTLE
BILD-Zeitung

8 München 13, Schellingstraße 39, Telefon 23 60 11

beim Verlassen des Lokals »geblitzt« wurden und mit einer verfälschenden Bildunterschrift in BILD erschienen.
So ein Visitenkärtchen ist ein seltenes schriftliches Indiz für das erpresserische Vorgehen von BILD-Tätern. Im Normalfall lassen BILD-Spezialisten und -Erpresser weder schriftliche Schuldeingeständnisse noch gerichtlich verwertbare Fingerabdrücke an ihren Tatorten zurück. Die Resultate ihrer Beutezüge sind täglich nachzulesen. Sie verlassen sich auf das Recht des Stärkeren.

Weiterhin viel Erfolg bei der Menschenvernichtung!

An dem Tag, an dem sich Friedel Schürstedt das Leben nahm, war in BILD ein Artikel über ihn erschienen: »Er hatte vier Jahre im Gefängnis gesessen – wegen Unzucht mit Kindern!«

»Ein plötzlicher Tod beendete ein Leben voller Güte und Fürsorge«, stand in der Traueranzeige.
»Offensichtlich in selbstmörderischer Absicht warf sich gestern nachmittag ein etwa 40jähriger Mann kurz vor dem Bahnhof Wengern-Ost ... vor einen Güterzug. Der Mann war sofort tot«, berichtete eine regionale Tageszeitung einen Tag später.

Die Sozialarbeiterin, mit der Schürstedt vor seinem Selbstmord noch gesprochen hatte, erinnert sich: »In dem Telefongespräch sagte er zu mir: ›Ich habe alles versucht, um einen neuen Anfang zu machen. Aber nach dem Artikel in BILD sehe ich keine Möglichkeit mehr, mein Leben neu zu ordnen.‹« Sie sprach mit ihm am Montagmorgen um elf Uhr. Zwei Stunden später war der 44jährige Frührentner tot. In seinem Abschiedsbrief schreibt er: »... Ich will auch nicht wissen, was aus meinem Namen geworden ist; weiß ich es besser, was unschuldig sein heißt ...«

Schürstedt sah keinen Ausweg mehr. Was sollte er auch einem BILD-Aufmacher entgegensetzen, der ihn in aller Öffentlichkeit als *Kinderschänder* abstempelte? Wie sollte er sich wehren? Diesmal konnte jeder die Verurteilung nachlesen, die Nachbarn, der Vermieter, die ganze Stadt: »Vorbestraft – Gefängnis – Unzucht mit Kindern«. BILD hatte seine Geschichte – und Witten an der Ruhr seinen »bösen Onkel«, einen Mann, vor dem Nachbarn die Kinder ins Haus holen, einen, dem niemand über den Weg traut, der gemieden wird. Da spielte es auch keine Rolle mehr, daß die Angelegenheit schon fünf Jahre zurücklag. Damals soll er sich an seiner minderjährigen Tochter vergangen haben. Es spielte auch keine Rolle, daß die Strafe verbüßt war. Und BILD erwähnte in diesem Bericht, der Auslöser für die »Kurzschlußhandlung« war, auch mit keiner Zeile, daß Friedel Schürstedt immer wieder seine Unschuld beteuert hatte. Auch noch nach seiner Haftentlassung hatte er erklärt, daß er aufgrund eines Racheakts und falscher Zeugenaussagen verurteilt worden sei, und bestand auf einem Wiederaufnahmeverfahren. Er war überzeugt, daß ihn das Gericht freisprechen müsse.

Seine Unschuldbeteuerung druckte BILD erst scheinheilig in einer »Nachdrehe« – nach seinem Tod. Insgesamt hechelte BILD die Geschichte um ihn, seine neue Familie und seinen Selbstmord eine Woche lang durch und schloß das »Kapitel« mit einem Foto seiner Lebensgefährtin M. S. an seinem Grab. Sie selbst hatte übrigens die nordrheinwestfälische BILD-Zentrale in Kettwig angerufen und »um Hilfe gebeten«. Das war am Freitag vor Friedel Schürstedts Tod. M. S. vertraute dem verlogenen »BILD kämpft für Sie«-Image, erhoffte sich Beistand in einem Streit mit dem Jugendamt. Denn die in Scheidung lebende Mutter von vier Kindern wollte Friedel Schürstedt heiraten. Das Amtsgericht aber entschied eine Woche zuvor, daß der Mutter zunächst das Aufenthaltsbestimmungsrecht über ihre Kinder entzogen wird. Die Kinder sollten in ein Heim. Der Grund war die Vorstrafe ihres Lebensgefährten.

Als zwei Sozialarbeiter kamen, um die Kinder abzuholen, nahm sich die Mutter mit ihren Kindern ein Taxi und fuhr von ihrer Sozialwohnung zum Amtsgericht. Dort waren auch sofort die BILD-Reporterin Ulla Schneckenbach* und BILD-Fotograf Ernst Kropotka* zur Stelle – zuvor von der Mutter gutgläubig verständigt. Schließlich »streikte« Frau S. auf der Treppe im Gericht – mit einem Messer in der Hand – für den Verbleib ihrer Kinder bei ihr.

Damit startete BILD die Auftaktgeschichte zu dem Familiendrama: »Mit dem Brotmesser: Mutter kämpfte im Gericht um

---

* Der Name wurde, wie auch etliche andere in diesem Buch geändert. Wer sich wiedererkennt, ist gemeint.

ihre vier Kinder«. (BILD-Niederrhein, Montag, 25. Juni 79).
Der zuständige Kommissar der Wittener Polizei: »Ich war erstaunt, etwas über den Fall in der BILD-Zeitung zu lesen. Hatten doch die beiden Reporter noch am Tage des Vorfalles die Zusage gemacht, nichts über die Sache zu schreiben«. Dennoch erschien der Aufmacher – mit voller Namensnennung und Friedel Schürstedts Vorstrafe.
Scheinheilig schob BILD am Dienstag einen zweiten Aufmacher nach: »Behörden verboten Liebe – da warf sich dieser Mann vor den Zug«. So gelang der Redaktion die öffentliche Flucht nach vorn, sie schob die Schuld voll den »Behörden« zu – und ließ so den Verdacht gar nicht erst aufkommen, daß sie selbst mit ihrem ersten Bericht jemanden in den Tod getrieben haben könnte.
Am Mittwoch wurde gar aus dem »Kinderschänder« ein Held: »Der tote Friedel Schürstedt aus Witten hat die Familie seiner Freundin gerettet!« Denn die Kinder durften nun wieder zur Mutter. Was BILD nicht druckte, hat der zuständige Kommissar nach einem Gespräch mit der verantwortlichen Reporterin festgehalten:

»Ich fragte Frau Schneckenbach, ob es denn zu verantworten sei, in dem Artikel die negative Vergangenheit des Herrn Schürstedt mit voller Namensnennung zu drucken. Frau Schneckenbach erwiderte mir daraufhin, daß dies nicht gegen den Willen des Toten gewesen sei. Sie habe dazu die Erlaubnis gehabt. Ich entgegnete ihr, daß sie als erfahrene Reporterin doch über genügend Menschenkenntnis verfüge und deshalb auch hätte absehen können, daß dieser Mann die volle Tragweite einer solchen Entscheidung gar nicht hat überschauen können. Frau Schneckenbach stimmte mir voll zu. Sie sagte, daß sie ebenso wie ich der Überzeugung sei, daß ohne die BILD-Zeitung nichts geschehen wäre und der Herr Schürstedt wahrscheinlich noch heute leben würde. Sie müßte sich aber auch ihren Lebensunterhalt verdienen«.

Am Schluß seines hinterlassenen Abschiedsbriefes wünscht Friedel Schürstedt in seiner Verzweiflung »bei der Menschenvernichtung viel Spaß und Erfolg«.

Bad Freidel Rothenstadt!

Alles was ich habe und besitze geht an Frau ▓▓▓▓▓▓▓ in Bleive, auch nach meinem leben. Ich will auch nicht wissen was aus mein Name geworden ist weiß ich es besser was unschuldig sein heißt. ▓▓▓▓▓▓▓▓▓▓▓▓▓▓▓▓▓▓▓▓ ▓▓▓▓▓▓▓▓▓▓▓▓▓▓▓▓▓▓▓▓ ▓▓▓▓▓▓▓▓▓▓▓▓▓ Ich wünsche euch alle bei der Menschen vernichtung viel Spaß und Erfolg.

Hochachtungsvoll
Friedel Rothenstadt

Denn sie wissen, was sie tun

Am Montag, dem 30. April 1979, hatte BILD auf seiner Titelseite wieder einmal alles versammelt, was des Verlegers Herz begehrt:
GRZIMEKS TODESWUNSCH: VOM LÖWEN ZERRISSEN!
DISSIDENTEN: NUR DER LAGERHUND WAR MENSCHLICH ZU MIR!!
Darin friedlich eingebettet: STOLTENBERG SIEGTE, neben der Grauensgeschichte: AUS ANGST VOR FRÜHJAHRSPUTZ: HAUSFRAU ERSCHLUG SICH MIT HAMMER.

Von GARLICH KATHMANN

Ihr Mann schlief noch. Ingeborg K. (48) ging leise im Nachthemd in die Küche, stellte ihren kleinen Frisierspiegel auf und setzte sich davor. Dann griff sie zu einem Hammer und schlug sich auf den Kopf – so fest sie konnte. Sie schlug dreimal, bis sie blutüberströmt und sterbend vom Stuhl glitt.

Einmalig, diese Art, sich umzubringen.

Einmalig auch das Motiv für diesen Selbstmord: Die Hausfrau hatte Angst vor dem Frühjahrsputz. Sie glaubte, mit ihrer Arbeit nicht fertigzuwerden.

Weiter im Innern

Frau erschlug sich mit dem Hammer

Fortsetzung von Seite 1

Ihr Mann, Facharbeiter in einer Wollkämmerei, sagte gestern: „Meine Frau war im Haushalt immer übergenau. Wenn ein Sofakissen mal nicht ordentlich in der Reihe lag, rückte sie es sofort zurecht."

Peinlich genau wischte sie in dem braunen Reihenhaus in Delmenhorst Staub. Aber sie klagte auch immer häufiger: „Das wird mir alles zuviel."

Zu ihrer Verzweiflungstat aber trieb sie der Gedanke an die Handwerker, die eine neue Heizung einbauen sollten. „Frühjahrsputz und dann auch noch dieser Dreck."

Ihrem Mann und ihren beiden Söhnen hinterließ sie einen Abschiedsbrief. „Bitte, verzeiht mir! Ich glaube, ich schaffe es nicht mehr."

In diesem Haus nahm sich Ingeborg K. das Leben

»Einmalig, diese Art, sich umzubringen...«
Das Zustandekommen dieser BILD-Geschichte war ganz alltäglich. Ein Selbstmord, der für BILD besonders attraktiv erschien, da er weder einen sozialen Hintergrund vermuten ließ, noch eine der üblichen Todesarten gewählt wurde.
Über die Vorgeschichte des BILD-Artikels erfuhren die Leser nichts, ebensowenig über die Folgen.
Eine nicht eingeplante und nicht angekündigte BILD-Fortsetzungsgeschichte. Das Besondere daran ist, daß jemand dabei so unmittelbar direkt ums Leben gebracht wird und die Klarheit besitzt, in einem Abschiedsbrief die Todesursache BILD so deutlich beim Namen zu nennen. Vier Tage nach dem BILD-Artikel über den Selbstmord seiner Frau, schrieb ihr Ehemann, der Handwerksmeister Karl K., die Briefe:

> Meine lieben Kinder!
> Nach dem Tode von Mutti war mein Schmerz unsagbar groß. Wir hatten noch viele gemeinsame Pläne. Euch wollten wir natürlich auch noch unterstützen und ich hätte Euch noch viel helfen können.
>
> Ich hatte mir fest vorgenommen weiter mit Dieter durchs Leben zu gehen. Aber seit der Geschichte mit Bild bin ich total zerbrochen. Ich wollte zuerst diesen Verbrecher der Kathmann heißt umbringen. Aber daraus Aber Ihr solltet keinen Vater als Mörder haben.

> Durch meinen Tod aber ist es
> zum Mörder geworden.
> Ich konnte so einfach nicht mehr
> unter die Leute gehen.
> Ich kann so einfach nicht weiter machen.

> An die Justiz!
> Man darf solche skrupellosen Leute
> vom Bild nicht frei herumlaufen
> ~~lassen~~ lassen, sonst morden sie
> immer weiter und zerstören
> noch mehr Familien. Sie machen
> ihren Profit mit Zerstörung von Familien
> gleich und Mord. Kann es größere
> Verbrechen geben?
>
> Wir waren immer eine Ehrenhafte Familie
> Das meine Frau an einer schweren Krankheit
> litt, der sie letzten Endes erlag, darf man
> einfach nicht so in den Schmutz ziehen.

> Es tut mir unsagbar leid, aber
> seit das mit der Bildzeitung passiert
> ist, weiß ich einfach keinen Ausweg mehr.
> Die Schande kann ich nicht überwinden.
> Ich klage die Bildzeitung des Mordes an.
> Besonders den Verbrecher und Lügner
> Kathmann. Wer etwas Ehrgefühl und
> Verstand hat, sollte dieses Lügenblatt
> nicht kaufen, dann müßten diese
> Verbrecher verhungern.
> In meiner Jackentasche befindet sich ein
> Brief an meine Kinder. Bitte meinem
> ältesten Sohn Wolfgang zukommen
> lassen.
> Den Brief habe ich schon am Dienstag
> geschrieben. Habe immer wieder versucht
> mich aufzurichten, ist mir aber leider nie
> gelungen. Bin zum ersten Mal in meinem
> Leben vollkommen hilflos, hätte nie
> geglaubt, daß so etwas möglich ist.
>
> Karl K███████

Mit den Auspuffgasen seines Wagens vergiftete sich K. in seiner Garage. Sein 15jähriger Sohn fand den toten Vater, als er um 11 Uhr aus der Berufsschule kam. –

Die Verzweiflung und völlige Hilflosigkeit des Mannes hatte ihre Ursache in einer ganz normalen Einschleich- und Überrumpelungstechnik eines geschulten BILD-Reporters. Über Kanäle aus dem Polizeiapparat hatte er von dem Selbstmord der Frau K. erfahren. Er erweckte den Eindruck, er komme von der Polizei, seine Aufgabe sei es, Selbstmordfällen nachzugehen und sich ganz allgemein damit zu befassen. – Nach Aussage der Söhne nahm ihr Vater an, er hätte es mit einem Angestellten eines Hamburger Polizei-Instituts zu tun, das die Hintergründe von Selbstmorden erforschte und daß er mit seinen Auskünften möglicherweise anderen Suizidgefährdeten helfen könne. BILD-Reporter Kathmann später zu einem Kollegen: »Der Mann hat wohl geglaubt, ich wäre Polizei-Psychologe oder so was.« –
Eine Stunde lang täuschte er Karl K., dann hatte er genug Nebensächlichkeiten und Äußerlichkeiten aus ihm herausgeholt, um das BILD-Klischee mit der »Angst vor dem Frühjahrsputz« ausfüllen zu können. Die wirklichen Hintergründe des Selbstmords waren für BILD nicht schlagzeilenträchtig genug. Frau K. war seit 15 Jahren nach einem Kindbettfieber gemütskrank, hatte bereits mehrere Selbstmordversuche hinter sich und war nach Klinikaufenthalten in ständiger ärztlicher Behandlung gewesen. Die Todesursache wurde einer miesen und billigen Schlagzeile wegen ins rein Abstruse hin verfälscht, Frau K. hatte sich erdrosselt, nachdem sie sich in ihrem Todestrieb zuvor mit einem Hammer verletzt hatte. –

Herr K. hatte den Betrug geahnt, als ihn Nachbarn informierten, daß sein Haus fotografiert würde und nach Bildern seiner Frau gefragt worden sei. Nachdem er am nächsten Morgen die BILD-Zeitung am Kiosk gekauft hatte, traute er sich – der Nachbarn wegen – nicht mehr aus dem Haus und schämte sich vor seinen Verwandten, weil er sich wegen des untergeschobenen Motivs »Angst vor Frühjahrsputz« auch noch mitverantwortlich gemacht worden sah. –
Dazu kam, daß sein jüngster Sohn erst über BILD erfuhr, daß seine Mutter Selbstmord begangen hatte.
Herr K., der sich nach dem Selbstmord seiner Frau noch auf-

gerafft hatte, seinem ältesten Sohn, der gerade geheiratet hatte, beim Hausbau zu helfen, war nach dem BILD-Artikel wie gelähmt. Zu seinem ältesten Sohn: »Ich kann nicht mehr, ich kann keine Schraube mehr 'reindrehen.«
Sein Sohn: »Er traute sich nicht mehr auf die Straße, nur nachts, wenn er sowieso nicht schlafen konnte.« An den Abenden vor seinem Selbstmord äußerte Karl K. seinem ältesten Sohn gegenüber: »Ich habe die ganze Nacht nicht geschlafen, bin nur spazieren gegangen und mußte immer wieder an den Artikel in der BILD-Zeitung denken.« –

Es wäre anzunehmen, daß auch einem noch so skrupellosen und abgebrühten BILD-Täter das Gewissen schlägt, wenn er so direkt und unmittelbar den Tod eines Menschen zu verantworten hat.
Aber das ist nicht so.
Die Gesetzmäßigkeiten, die ihn bestimmen und die Richtlinien für seine Arbeit sind so unmenschlich und gnadenlos, daß ihn selbst hier noch die Verkäuflichkeit und erneute Verwertung der »story« interessieren.
Für eine »vierstellige Summe« bietet er die Fortsetzungsgeschichte einer Illustrierten an. –
›Wieder mal einmalig, diese Art, sich umzubringen ... Einmalig auch das Motiv für diesen neuen Selbstmord ...‹

Das Entsetzlichste an dem ganzen Fall ist: Garlich Kathmanns Methode, über Leichen zu gehen, ist überhaupt nicht einmalig. Es ist das Handwerkszeug (oder besser: die publizistische Tatwaffe) der meisten gestandenen und erfolgreichen BILD-Reporter. Schneiders Erfolgsrezept im Hinterkopf: »Wenn Sie an Menschen ranwollen, gehen Sie immer brutal vor.«

Nachtrag

Über eine undichte Stelle aus Springers Chefetage erfuhr ich von dem Fall. Er war im Hause Springer nur auf höchster Ebene zur Sprache gekommen.
Dem Fußvolk wird so etwas gar nicht erst mitgeteilt, vielleicht aus Sorge um die Moral der Truppe. Es gelang mir, die beiden Söhne in Norddeutschland ausfindig zu machen. Ich bot ihnen den Rechtshilfefonds zur Wahrnehmung von Schadensersatzansprüchen an. Dem älteren Sohn war bereits von einem in der Sache ermittelnden Polizeikommissar geraten worden, den Fonds in Anspruch zu nehmen.
Der Bremer Anwalt Erhard Heimsath übernahm den Fall und erreichte außergerichtlich eine Rentenzahlung für den 15jährigen Sohn und ein Schmerzensgeld für den älteren.
Der Konzern feilschte um 100 DM mehr oder weniger an Versorgungsrente und war schließlich zu monatlichen Zahlungen von 500 DM bereit. Darüber hinaus gelang es dem Rechtsanwalt, den Konzern zu einer weitergehenden Ausbildungsbeihilfe zu verpflichten sowie zu einigen Sonderleistungen. Schriftliches mochte der Konzern darüber freilich nicht geben. Ein offizielles Bedauern oder Schuldeingeständnis hat es bisher weder von Axel Cäsar Springer, noch von seinen Beauftragten, noch von Garlich Kathmann gegeben.

Unterwelt jagt Ollenburg – gnadenlos

»Die Jagd ist auf! Der freigelassene Albrecht-Entführer Heinz Joachim Ollenburg, von dessen Beute immer noch 3,6 Millionen Mark fehlen, kann nachts nicht mehr schlafen. Die UNTERWELT JAGT IHN – GNADENLOS«

BILD muß es wissen.

Ollenburg, der Entführer des ALDI-Ladenketten-Chefs, kommentiert die Story von BILD-Reporter Adolf Reimann:

»Das ist alles Quatsch, alles Erfindung, nur Sensationsmache. Die einzigen, die mich wirklich nicht in Ruhe gelassen haben, waren die Leute von der BILD-Zeitung«.

Für BILD war bereits »die Jagd auf«, als der Düsseldorfer Ollenburg 1971 verhaftet wurde. (Er hatte den Kaufmann Albrecht entführt und für sieben Millionen Mark Lösegeld wieder freigelassen.) BILD hechelte nach einem Interview mit Ollenburgs damaliger Freundin und heutigen Ehefrau. Angela Ollenburg weigerte sich. »Dann haben die aber die Adresse meiner Mutter rausgekriegt«, berichtet Frau Ollenburg, die sich vor den BILD-Reportern bei Bekannten verstecken mußte. Ihre Mutter wurde zwei Wochen lang bedrängt. Das Blatt kam schließlich doch noch zu seinem Interview. Nach bewährtem Erpresser-Rezept: »Die haben einfach behauptet, sie hätten Liebesbriefe meines Mannes an mich und würden die veröffentlichen, wenn ich nicht zu einem Gespräch bereit wäre.«

Ollenburg wurde zu acht Jahren Freiheitsentzug verurteilt. Als er nach fünf Jahren wegen guter Führung vorzeitig entlassen werden sollte, ging die Jagd weiter. BILD über den Entführer, der im Prozeß geschworen hatte, nicht zu wissen, wo sein Komplize das Lösegeld versteckt hielt: »Ollenburg soll sogar angeboten haben, nach seiner Freilassung eine Million Mark zu beschaffen.« Ollenburgs Kommentar:

»Das stimmte hinten und vorn nicht. Die BILD-Zeitung wollte nur den Eindruck erwecken, daß ich die Justiz hätte bestechen wollen. Das ist eine völlig freie Erfindung von BILD. Aber damit haben sie mitgeholfen, die Justiz so zu verunsichern, daß mir meine Reststrafe schließlich doch nicht erlassen wurde«.

Ollenburgs Anwalt Schmitz-Fohrschalt* aus Dortmund lehnte es strikt ab, gegen BILD etwas zu unternehmen.

»Mir kam die Sache mit dem Anwalt schon von Anfang an komisch vor«, sagt der Entführer. »Ein Mithäftling hatte ihn mir vermittelt, dessen Sohn bei der Kettwiger BILD-Redaktion gearbeitet hat.« Und so ist unschwer zu raten, wer die Honorare des Anwalts beglichen hat, der sich seinem Mandanten derart uneigennützlich vorgestellt hatte: *»Geld brauche ich nicht, ich vertrete Sie auf eigene Kosten.«*

Schon beim ersten Gespräch zwischen Ollenburg und Schmitz-Fohrschalt waren BILD-Reporter anwesend. Und in der Folgezeit gab es kaum einen BILD-Bericht über den Entführer ohne ein Zitat von Schmitz-Fohrschalt.
Am 17. August 77 dichtete BILD-Düsseldorf zum Beispiel:

»Ollenburg ist lebensmüde! Der Anwalt des Albrecht-Entführers, D. Schmitz-Fohrschalt: ›Herr Ollenburg hat mir gesagt: Ich mache Schluß!‹« Und weiter: *»Ollenburg kann nicht verwinden, daß seine Freilassung geplatzt ist. Ein Psychologe und Arzt mußten sich gestern seiner annehmen. Ein Wärter achtet rund um die Uhr darauf, daß der 53jährige sich nichts antut.«*

Ollenburg versichert: »Das ist eine reine Erfindung.«
Einen Tag später baut BILD-Düsseldorf diese Aufmacherzeile: »OLLENBURG IST FREI!« Erst in der Unterzeile wird verraten, daß er lediglich Sonderurlaub bekommen hat. Die Entlassung für den Urlaub bekommt die Dramatik, die BILD für die Darstellung des »millionenschweren Entführers« recht ist: »Gestern nachmittag holte ein beigefarbener Mercedes 280 S den prominenten Gefangenen in der offenen Vollzugsanstalt Castrop-Rauxel ab. Zwei Stunden lang jagte der schwere Wagen kreuz und quer durchs Ruhrgebiet – um

---

* Der Name wurde, wie auch etliche andere in diesem Buch, geändert. Wer sich wiedererkennt, ist gemeint.

eventuelle Verfolger abzuhängen«. Am Steuer des »schweren Wagens«, saß Rechtsanwalt Schmitz-Fohrschalt. Der hatte das Auto für Ollenburg gemietet, ohne »daß ich etwas davon wußte«, sagt Ollenburg, »denn ich hatte überhaupt nicht vor, mit einem Mercedes durch die Lande zu kutschieren«. Ollenburg wurde der spendable Anwalt immer verdächtiger.

»Sie haben mir mit Ihrem pressesüchtigen Ehrgeiz sehr geschadet«, schreibt Ollenburg später an Schmitz-Fohrschalt. Und: »Ich habe eben den Eindruck gewonnen, daß Sie ein als Anwalt verkleideter BILD-Spitzel sind.«

Als Ollenburg schließlich mit seiner Frau Angela am ersten Urlaubstag in die gemeinsame Wohnung möchte, erwarten ihn schon wieder zwei BILD-Reporter an der Tür. Ein Fotograf versucht, ihn gegen seinen Willen »abzuschießen«. Als Ollenburg davonläuft, kommt nur ein unscharfes, verschwommenes Foto zustande, das dann auch am folgenden Tag in BILD erscheint.
Ollenburg: »Mir ist völlig unklar, wer die informiert haben kann, daß ich raus bin.« Fast bedauernd schreibt BILD in der Geschichte zum Foto: »Dann verschwand das Paar in einer Mansardenwohnung im 4. Stock. Die Wohnungstür hat keine Türklinke – nur ein Steckschloß«.
So machten sich die »Journalisten« – völlig aufgegangen im andressierten Jagdfieber – vergeblich daran, das Schloß mit einem Bohrer zu knacken. Ollenburg: »Die ganze Nacht saßen die vor der Tür und warteten auf Sensationen, die nicht stattfanden.« Ein ganz cleverer BILD-Mann rühmt sich, schließlich mit einem Stetoskop an der Wand gehorcht zu haben, was drinnen geredet wurde. Doch Heinz Joachim Ollenburg spielte nur Back-Gammon mit seiner Frau. Außerdem drehten die »Reporter« noch die elektrische Wohnungssicherung heraus, die im Flur installiert war, und hofften so, Ollenburg aus der Wohnung bewegen zu können. »Meine Frau und ich haben eine Kerze aufgestellt und gemütlich weitergespielt«, sagt Ollenburg. Als die Belagerung nach vierundzwanzig Stunden immer noch nicht aufgehoben war, ent-

schloß sich das Ehepaar, sich doch noch auf der Straße fotografieren zu lassen: »Damit wir endlich zu unserer Ruhe gekommen sind. Wir wollten die irgendwie abschütteln, um unbesorgt wegfahren zu können«. Doch die Sorglosigkeit hatte schnell ein Ende: Aus Mißtrauen zu Anwalt Schmitz-Fohrschalt sagte Ollenburg nur dem Staatsanwalt, daß er seinen Urlaub auf Borkum verbringen wolle. Und dennoch: »Prompt war am nächsten Tag der Anwalt auf der Insel – und die BILD-Zeitung auch. Schmitz-Fohrschalt spielte den Retter in der Not und sagte: ›Schnell weg hier, die BILD-Zeitung kommt‹.« Ollenburg, von dem noch schnell, ohne seine Einwilligung, nachmittags ein Foto »beim Frühstück in Borkum« geschossen und veröffentlicht wurde, berichtet weiter: »Dann stiegen wir zum Anwalt ins Flugzeug. Er sagte, er hätte es auf eigene Kosten gemietet. Was mich wieder mißtrauisch machte: er wollte uns unbedingt nach Sylt fliegen.« Er sagte: ›Nun machen Sie doch mal was ganz Tolles, Herr Ollenburg, damit ganz Deutschland lacht!.‹« Schließlich bestand Ollenburg darauf, sofort zurück nach Dortmund geflogen zu werden – und BILD wartete schon wieder am Flughafen.
Aus dem erhofften Aufmacher »Ollenburg auf Sylt« wurde »Anwalt holte Ollenburg mit Flugzeug zurück«. Fast erübrigt sich die Textprobe: »Ausgesprochen unruhig verläuft der Sonderurlaub des Albrecht-Entführers...« – Ollenburg: »Die einzigen, die für Unruhe sorgten, waren die BILD-Leute«. So machte sich BILD auch in den Nachfolge-Geschichten immer wieder die Nachrichten selbst. Zum Beispiel auch, als Ollenburg wegen einer Operation im Krankenhaus lag. Da rissen plötzlich BILD-Reporter die Tür zu seinem Krankenzimmer auf, um ein Foto zu schießen – und mußten mit unbelichtetem Film wieder gehen, weil sich Ollenburg – schwerkrank – unter der Decke verkroch. Daraufhin schloß das Pflegepersonal die Tür ab, und das Blatt hatte wieder seine Story: »Albrecht-Entführer Heinz-Joachim Ollenburg wird jetzt als Patient des St.-Josef-Hospitals ›unter Verschluß‹ gehalten... Ärzte und Krankenschwestern schließen jetzt immer ab, wenn sie bei ihm waren«.
Als BILD schließlich 1978 – nachdem Ollenburg seine Strafe

verbüßt hatte – die nächtlichen Besuche aus der Unterwelt erfand, hatte die Hysterie, die das Überfallsyndikat sieben Jahre lang um ihn herum verbreitet hatte, längst ihre Früchte getragen: »Als ich aus der Justizvollzugsanstalt entlassen wurde und zum Arbeitsamt ging, um mich arbeitslos zu melden«, berichtet Ollenburg, »sagte der zuständige Sachbearbeiter zu mir: ›Was? Sie sind doch der Albrecht-Entführer! Und Sie sind frei? Das gibt's doch gar nicht. Da stand doch noch gar nicht in BILD!‹ Ollenburg ahnte, was ihm bevorstehen würde, als er nach Hause kam:

Das Telefon klingelte schon, bevor ich richtig in meiner Wohnung war. Am anderen Ende war die BILD-Zeitung. Ich legte den Hörer sofort wieder auf, aber die schienen mein Telefon blockiert zu haben, indem sie ihren Hörer nicht auflegten. Jedenfalls war mein Telefon stundenlang lahmgelegt und immer, wenn ich wieder abnahm, klapperten im Hintergrund die Schreibmaschinen.«

Der Belagerungszustand wurde erst wieder aufgehoben, als Ollenburg sich auf der Straße blicken ließ – und die BILD-Meute vor der Haustür ihn erneut gegen seinen Willen »abschießen« konnte.

Am folgenden Tag, dem 11. Juli 78, dichtete die Kettwiger Redaktion: »Deutschlands prominentester Entführer wohnt in Düsseldorf – Mieter in Angst«. Als Beweis für lauter verängstigte Familien, zitierte BILD »Erika Neuhausen (39), eine der zehn Mieter im Haus Nr. 57«. Und zwar so: »Mein Gott, wenn meinen drei Kindern etwas passiert. Ich laß jetzt ZUSÄTZLICH einen RIEGEL an die Tür machen.« Daneben ein Foto der Familie.

Erika Neuhausen stellt richtig:

»Alles erstunken und erlogen! Die haben Tag und Nacht mit ihren Autos hier gestanden und die Leute belästigt. Und dann kamen zwei junge Männer zu mir, und der eine frug mich was mit Ollenburg. Ich wußte erst gar nicht, was er meinte und dachte an ›Oldenburg-Eier‹. Und dann haben die mich erst mal aufgeklärt. Und auf einmal sagt der: ›Stellen Sie sich doch mal hin, dann können wir ein Foto machen‹. Ich war aber zuerst immer noch im Glauben, das wär' die Kripo. Und erst am anderen Tag habe ich Anrufe bekommen, daß ich

in der Zeitung wäre. Das, was ich da gesagt haben soll, das habe ich überhaupt nicht gesagt. Ich habe im Gegenteil einen Scherz gemacht und gesagt, ich lasse mal meine Tür offen und dann kann mir Herr Ollenburg was von seinen angeblichen Millionen reinlegen. Ich habe auch Zeugen für das, was ich tatsächlich gesagt habe. Und am nächsten Tag kam derselbe Mann von BILD wieder. Da habe ich ihm anständig Bescheid gesagt, daß er meine Wohnung verlassen soll und er nicht mehr reinkäme. Solche Lügenmärchen sind ja wohl nicht drin! Und dann noch meinen vollen Namen da reinzuschreiben, die Adresse, die Hausnummer – alles! Und daraufhin habe ich tagelang Anrufe bekommen, wurde belästigt und gefragt, ob ich alleinstehend wäre, denn ich wäre ja eine so hübsche Frau. Das könnte man auf dem Foto in BILD ja sehen. Das Telefon stand nicht mehr still!«

Es lohnt sich, immer mal wieder zu zitieren, worauf sich die Hersteller dieses verlogenen Drecks berufen (und wofür ihr Verleger nur den halben Mehrwert-Steuersatz bezahlt): »Jeder hat das Recht, seine Meinung in Wort und Bild frei zu äußern« Artikel 5, Grundgesetz.

»... Bedauern außerordentlich ...«

Das folgende Kapitel stammt nicht von mir. Unter dem Aktenzeichen 89 Js 2267/78 hat es die Staatsanwaltschaft Frankfurt/Main geschrieben:

Am 2. August 1978 drangen entweder zwei BILD-Reporter oder zwei Informanten von BILD-Redakteur Gehrke in die geschlossene Intensivstation der Berufsgenossenschaftlichen Unfallklinik Frankfurt am Main ein, wo ein Enkel von Josef Neckermann nach einem Verkehrsunfall wegen eines komplizierten Beinbruches behandelt und das Bein amputiert wurde. Die beiden Eindringlinge behaupteten, von Großvater Neckermann geschickt worden zu sein. Da die beiden Eindringlinge mit Operationsgesichtsmasken vermummt waren, konnte der Patient sie nicht erkennen und später identifizieren. Sie verwickelten den Jungen in ein Gespräch.
Am 3. 8. 1978 erschien auf der Titelseite von BILD-Frankfurt unter der Schlagzeile ›Neckermann-Enkel Bein amputiert‹, ein Bericht von Jürgen Gehrke, der sowohl das Krankenzimmer des Jungen: ›Er liegt in einem abgedunkelten Zimmer des Frankfurter Unfallkrankenhauses‹, als auch das Aussehen des Patienten: ›Der blasse Junge mit den fiebrigen Augen‹ beschrieb. Neben einer Unfallschilderung und Operationsbeschreibung ließ Jürgen Gehrke den 17jährigen Oberschüler zweimal wörtlich zu Rede kommen: a. ›Ich weiß, das Bein ist ab. Ich werde damit leben müssen!‹ und b. ›Ich habe keine Schmerzen, aber es geht mir schlecht!‹.

Nachdem die Familie Pracht-Neckermann Vorwürfe gegen die Klinikleitung wegen Verletzung der ärztlichen Schweigepflicht erhoben hatte und die Unfallklinik festgestellt hatte, daß von Seiten des Klinikpersonals keine Auskünfte erteilt worden waren, forderte der ärztliche Direktor Prof. Dr. H. Contzen von der Unfallklinik am 4. 8. 1978 den Redakteur Hauke Brost von BILD-Frankfurt zur Stellungnahme zu dem Verdacht auf, daß zwei BILD-Reporter in die geschlossene Intensivstation der Frankfurter Unfallklinik eingedrungen seien. Jedoch nicht BILD-Frankfurt, sondern die Rechtsabteilung Redaktionen des Axel Springer Verlages AG antwortete mit Schreiben vom 11. 8. 1978 in der Person von Justitiar Rechtsanwalt Moojer wie folgt:
›Herr Gehrke, Redakteur von BILD-Frankfurt und Verfasser des Artikels, hat mir berichtet, daß er selbst nicht in der Klinik war und daß er auch niemanden beauftragt hat, in die Intensivstation der Unfallklinik zu gehen.
Die wörtlichen Zitate des Neckermann-Enkel stammen von einem Informanten, der nach unserer Kenntnis kein Mitarbeiter der Unfallklinik ist.
Sollten die Informationen auf die von Ihnen geschilderte Art und Weise zustande gekommen sein, so bedauert die Chefredaktion von BILD es außerordentlich.‹
Mit Schreiben vom 12. 1. 1979 informierte die Unfallklinik Frankfurt die Staatsanwaltschaft Frankfurt von dem Sachverhalt und erstattete am 22. 1. 1979 Strafantrag wegen Hausfriedensbruch.
Wenig später im Februar 1979 suchte BILD-Reporter Marius Neuhaus von BILD-Hamburg die Familie Pracht-Neckermann auf und erkundigte sich nach dem Wohlergehen des Neckermann-Enkels. Am 16. 2. 1979 berichtete BILD-Hamburg unter dem Titel: ›Beinamputiert – aber Neckermann-Enkel spielt schon wieder Fußball!‹. Die Familie Pracht-Neckermann teilte auf Anfrage mit, sie stelle keinen Strafantrag gegen BILD-Redakteure wegen des Vorgangs im Unfallkrankenhaus.«

Durch die Brust

Die Universitätsangestellte Renate F. hatte das Pech, mit einem heutigen Redakteur der BILD-Zeitung befreundet gewesen zu sein, als dieser noch einen anständigen Beruf ausübte. Aus jener Zeit stammte ein privates Foto, das am 3. Oktober 1978 im Format 10 mal 19 cm auf der Titelseite von BILD erschien, neben der Schlagzeile: »FRAU LIESS BUSEN 5 × SO GROSS MACHEN«. Über die Augen war ein schwarzer Balken gezogen.
Dennoch waren die Gesichtszüge so unverkennbar, daß Renate F., mittlerweile Personalrätin und ÖTV-Mitglied, von Arbeitskollegen und Nachbarn erkannt, mehrfach darauf angesprochen und einige Male auf fiese Weise angemacht wurde.

Denn der Text zu dem Foto ließ an üblen Anspielungen nichts zu wünschen übrig:

»Eine Frau hat ihre Ehe gerettet, weil sie sich den Busen um das Fünffache vergrößern ließ. Anneliese H. (24), die vorher gar keinen BH brauchte, trägt jetzt Körbchen D, die zweitgrößten (Foto links – nach der Operation). Ihr Mann, der Hamburger Schiffskoch Jens H. (25), hatte sich jahrelang über ihre kleinen Brüste geärgert. Bevor er im Frühjahr auf große Fahrt nach Afrika ging, sagte er: »Dein Busen ist wirklich zu klein. Du merkst es ja selbst, es geht im Bett nicht mehr. Laß dir was einfallen wegen der Scheidung.«
Die Frau des Schiffskochs, den sie vor acht Jahren geheiratet hatte, weil Tochter Christiane unterwegs war, ging nicht zum Scheidungsanwalt. Sie ging zum Chirurgen, dem Hamburger Dr. Johann Laurovits. Er zeigte Anneliese H. die Muster von Busen, die er machen könnte. Sie tippte auf Nr. 4 – den größten.
Laurovits operierte zwei Stunden: 5 cm langer Schnitt am unteren Brustansatz. Dann schob er links und rechts die vorgeformte Silikonmasse über den jeweils nur 50 Gramm schweren Brustmuskel, nähte zu. Nach acht Tagen zog er die Fäden, zwei Tage später konnte Anneliese aus der Klinik.
Jeder Busen wiegt jetzt 300 Gramm (vorher 50). Oberweite jetzt 96. Als ihr Mann aus Afrika zurückkam, staunte er: »Groß und griffig – davon habe ich acht Jahre geträumt.« Der Schiffskoch: »Keine Probleme mehr im Bett. Die 5000 Mark Operationskosten zahle ich gern.«

BILD-Leserinnen, habt ihr Eheprobleme? Silikon hilft! Oder doch nicht? Chirurg Laurovits: »Von mir hat BILD den Fall nicht. Ich würde auch niemals mit Silikon arbeiten, da es durch Silikon bereits zu Todesfällen kam, ausgelöst durch Luft- und Fettembolien. Außerdem ist die These, daß durch Silikon Brustkrebs entstehen kann, bisher nicht widerlegt worden.« Aber dafür haben die BILD-Leserinnen, wenn sie den Ehe-Ratschlägen der Redaktion gefolgt sind, die von BILD betreute Krebshilfe der Mildred Scheel.
Die Universitätsangestellte Renate F. wandte sich an den BILD-Rechtshilfe-Fonds, und nun schrieb ein Anwalt dem Chefredakteur:

»Mit dem Inhalt dieser Geschichte hat unsere Mandantin überhaupt nichts zu tun. Unsere Mandantin hat aber auch niemals ihre Einwilligung zum Abdruck eines Fotos von sich gegeben ...
Ferner haben wir Sie aufzufordern, dem Grunde nach die Verpflichtung anzuerkennen, an unsere Mandantin ein angemessenes Schmerzensgeld zu zahlen ...«

BILD gab eine Unterlassungserklärung ab. Und bezahlte 10 000 Mark Schmerzensgeld, um einen Prozeß zu vermeiden.

Um noch einmal auf Silikon und Brustkrebs zurückzukommen: Am 6. April 1979 erscheint BILD mit der Schlagzeile »Terroristin Brustkrebs wegen Pistole im BH?« und zitiert einen namenlosen »Hamburger Frauenarzt«: »Ein solcher jahrelanger Druck (einer Pistole im BH) kann bei anfälligen Frauen unter Umständen Krebs auslösen.« Am 27. Juli erschien BILD mit der Schlagzeile: »Papst küßt Krebskranke – geheilt!«. Letzte Meldung: Für seine Verdienste um die Deutsche Krebshilfe *und* für »journalistische Sorgfalt« erhielt BILD-Chefredakteur Günter Prinz das Bundesverdienstkreuz. In Silikon?

Von der Gewalt des Konzerns

(Balken von mir einmontiert G.W.)

SCHAUSPIELER H. (CSU): MEINE FRAU IST MIR ZU LINKS – SCHEIDUNG / »WARUM KÄMPFST DU NICHT GEGEN DIE UNMENSCHLICHE GEWALT DER KONZERNE?«, SAGTE SIE.

Der berühmte Schauspieler H. trennt sich nach sechsjähriger Ehe von seiner Frau A. (31), weil sie ihm politisch »zu links steht«. H. (seine Partei ist die CSU): »Ich bin doch nicht vor dem Kommunismus aus der ›DDR‹ geflohen, um mir jetzt die linken Spinnereien meiner Frau anzuhören!« A. ist Hauptschullehrerin in München. »Vor einem halben Jahr«, berichtete der Schauspieler, »lernte sie neue Freunde kennen – aus der ganz linken Ecke. Auf einmal kam sie mit völlig abstrusen Ideen nach Hause. Schon beim Frühstück sagte sie: ›Warum engagierst du dich nicht und kämpfst gegen die unmenschliche Gewalt der Konzerne?‹ Ich antwortete: ›Soll ich etwa auf die Straße gehen und demonstrieren? Hör endlich auf mit diesen Phantastereien!‹ ... Als sie mir gar das kommunistische China als ein ideales Land anpries und

Sprüche machte wie ›Kapitalismus macht uns unfrei‹, platzte mir der Kragen.«

Ein halbes Jahr später nach der Scheidung, erschien diese Artikel auf Seite 1 fast im gleichen Wortlaut noch mal.
BILD nannte den Schauspieler und seine Frau natürlich mit vollem Namen und zeigte sie im Bild. Ein tiefer Griff in die Privatsphäre, die BILD selbst dann nichts anginge, wenn der Ehemann tatsächlich der Denunziant gewesen wäre, als der er in BILD vorgeführt wurde: Einer, der seiner Frau – Hauptschullehrerin in Bayern – zur Scheidung ein Berufsverbot verpassen möchte und sich dazu der Unterhosenrechercheure aus dem Springer-Konzern bedient. Frau H. hatte es nach dieser BILD-Infamie bei ihren Kollegen schwer, CSU-nahe Eltern begegneten ihr mit Mißtrauen, ihre Mutter, die in einer bayerischen Kleinstadt lebte, wurde von Nachbarn geschnitten und am Telefon belästigt.
Doch der Schauspieler H. hatte seine Frau gar nicht denunziert. Er schrieb an den Chef der Lokal-Redaktion von BILD-München:

»Sehr geehrter Herr Mroz,
1. Am 21. 3. rief mich in München Ihr Redakteur Janbek (so glaube ich, seinen Namen verstanden zu haben) über eine halbe Stunde lang an, um mich nach den Gründen für meine Scheidung zu fragen. Ich sagte ihm, daß der Auszug meiner Frau aus der gemeinsamen Wohnung vor 8 Monaten die Folge ihrer Emanzipationsbestrebung, eine Art von Selbstverwirklichung, ein Sich-frei-machen von der Ehe gewesen, und daß die Scheidung aus den gleichen Gründen erfolgt sei ... Die Darstellung des Herrn J. in seinem Artikel vom 22. 3. 79 macht aus der Scheidung ein reines Politikum. Das nenne ich Verdrehung der Tatsachen!
2. Er schreibt: »... ein Freund der CSU ...« Ich hatte ihm erklärt, daß ich meine politische Grundhaltung als »rechtsliberal« bezeichnen würde. In Wirklichkeit habe ich eine Position in der Mitte, mit allerdings sehr liberalen Auffassungen (...)
3. Die von Herrn J. in Anführungszeichen gebrachten, angeblich wörtlichen Zitate von mir sind zum Teil falsch. Meine Frau hat nicht von »Warum KÄMPFST du nicht ...« gesprochen. Von Kampf war nie die Rede. Das zweite Zitat – »Warum unterstützt du nicht das kommunistische China?« – ist frei erfunden. Weder meine Frau noch

ich haben das je gesagt. Was Herr J. da schreibt, ist Verleumdung und gerät in die Nähe politischer Denunziation. Wenn ich etwas auf der Welt hasse, dann ist es diese Art von Denunziation, die Herr J. mir mit diesem Satz unterstellt. Ich protestiere mit aller Entschiedenheit! (...)«

Eine Richtigstellung erfolgte selbstverständlich nicht. Ich bot deshalb der Lehrerin H. an, über den Rechtshilfefonds für BILD-Geschädigte einen Anwalt mit der Wahrnehmung ihrer Interessen zu beauftragen. Der Anwalt teilte Frau H. mit, daß eine Klage auf Schadenersatz bei einer so schwerwiegenden und auf Fälschung beruhenden Verletzung des Persönlichkeitsrechts durchaus erfolgversprechend sei. Dennoch entschied sie sich gegen eine Klage: Sie hatte Angst davor, dann erst recht in die Schußlinie des Exekutionsblattes zu geraten: »Der entstandene Schaden«, sagte sie, »ist groß genug. Er kann durch Geld ohnehin nicht wiedergutgemacht werden. Wäre ich keine Lehrerin im öffentlichen Dienst, würde ich es vielleicht wagen.«

Darum kämpft Frau H. nicht gegen die unmenschliche Gewalt des Konzerns.

───────

Dessen Eigentümer, Axel Springer, sagt: »Heute tue ich mein möglichstes, um eine Ausbreitung des Kommunismus zu verhindern. Im Grunde ist es das, was mich am Leben erhält.« Und damit er nicht so schnell stirbt:

»KOMMUNISTEN BLEIBEN DRAUSSEN
Die 30jährige Assessorin Niess, Mitglied einer kommunistischen Vereinigung, muß von den bayerischen Behörden nicht in den Justizdienst aufgenommen werden, entschied der Verwaltungsgerichtshof.«
(BILD vom 29. 11. 77)

Charlotte Nieß ist Mitglied der Sozialdemokratischen Partei Deutschlands, die, soweit BILD es zuläßt, diesen Staat regiert. Fürs Berufsverbot reicht allein die Tatsache, daß die Gerichtsassessorin Mitglied im »Verband demokratischer Juristen« ist, der von Sozialdemokraten geleitet wird, in dem aber auch Kommunisten mitarbeiten. Und schon bist Du ein Verfassungsfeind, und schon bist Du Kommunist.

Dutschke raubt Rembrandt

Advent 1976, über der BILD-Titelseite geht der Stern von Untertürkheim auf:

»*Ein neues Auto – da sind alle Männer gleich ... So glücklich kann nur ein Mann aussehen, der gerade ein neues Auto bekommen hat. Walter Scheel stieg am Wochenende in den neuen Dienstwagen, einen Mercedes 450 SE.*«

Daneben ein großes Foto: Scheel vor dem Auto, das fotografiert ist wie eine Anzeige der Firma Daimler-Benz. Darüber herrscht weihnachtlicher Friede:

»*KOHL UND STRAUSS JETZT WIEDER ARM IN ARM.*«

Und doch gibt es, in dieser Zeit der Einkehr und Besinnung, Menschen, die nicht guten Willens sind. Einer von ihnen macht, weiß auf schwarz, den Schlagzeilen-Kontrast:

Das etwas kitschige Biedermeier-Gemälde »Der arme Poet« von Carl Spitzweg, um das es hier geht, wurde flugs zu »unserem schönsten Bild« befördert, weil es ein »Linksradikaler« »gestohlen« hatte. Und was »Linksradikale« tun, richtet sich halt immer gegen das Schönste und Beste, das wir haben. Von »schönstem Bild« also keine Rede, aber was war mit dem »Linksradikalen«?

> »*Der Kunsträuber war ein fanatischer Linksradikaler, der das Bild verschenken wollte. Er sagte bei der Festnahme: »Ich wollte es irgendeiner Kreuzberger Familie geben, weil Kunst ins Volk gehört.« Eine Stunde (nach dem Raub) kam ein Anruf. Der Kunsträuber war selber am Telefon: »Wenn Professor Honich (der Direktor der Nationalgalerie) das Bild wiederhaben will, soll er ins Künstlerhaus Bethanien kommen.« ... Das sogenannte Künstlerhaus Bethanien ist seit vielen Jahren ein Treffpunkt Linker, die von Radikalen unterwandert werden.«*

Am liebsten hätte BILD wohl die Schlagzeile gedruckt: »Dutschke raubt Rembrandt«. Damit ein BILD-Leser mal wieder was zu schießen hat. Da aber Dutschke im Advent 76 nicht in der Nationalgalerie war, mußte man sich behelfen und einen »Linksradikalen« erfinden. Und die Geschichte dazu.
Denn der Räuber war kein Linksradikaler, er war überhaupt kein Linker. Er wollte das Bild auch nicht verschenken. Und den Satz von der Kunst, die ins Volk gehört, hat er nie gesagt, auch nicht bei seiner Festnahme. Es war nicht einmal ein richtiger Raub, denn der Täter hatte zuvor die Presse über seine geplante »Aktionskunst« informiert. Auf einer improvisierten Pressekonferenz sagte er:

> »*Das Bild ist schlecht gemalt. Wieso dieses Bild so glorifiziert werden konnte, ist unverständlich. Nach meinem Ermessen, und das war dann auch eine wesentliche Aufgabe dieser Aktion, gehört das Bild in den Kontext einer Gastarbeiterfamilie. Vom Motiv her, wenn man absieht von einem Sentiment, von einer Romantik und Bohème, ist das Motiv ein asoziales. Und wichtig ist, daß die Reaktion der Gastarbeiterfamilie in der Konfrontation mit dem Bild völlig ausblieb (...)*«

»Aktionskünstler« Ulay war mit dem Spitzweg unterm Arm bei einer x-beliebigen Kreuzberger Gastarbeiterfamilie hereingestürmt, hatte unaufgefordert den »Armen Poeten« an die Wand gehängt und die verblüfften Gesichter der Anwesenden mit der Video-Kamera festgehalten, hatte das Bild wieder eingepackt und der perplexen »Asozialenfamilie« den Rücken gekehrt.

Dieter Ruckhaberle, damals Leiter des laut BILD »sogenannten« Künstlerhauses Bethanien, über Ulay: »Ein kleinbürgerlicher, fast reaktionärer Künstler, der im Happening sich selbst darstellen will.« Es sei »freilich durchaus kein Zufall, daß BILD sich um Kunst nur kümmere, wenn es dabei eine Chance sehe, die Linke zu denunzieren«. Ruckhaberle (FDP), mittlerweile Leiter des Kunstamts Kreuzberg, über Springers sonstige Kunst-Politik:

»Wir beobachten eine schlimme Tendenz, schon seit geraumer Zeit. Wenn wir zum Beispiel eine große Ausstellung über den Faschismus und Nationalsozialismus bringen, wird in der ganzen Springer-Presse – und das sind in Berlin immerhin über 90 Prozent – kein Wort darüber gebracht, obwohl die ausländische Presse ausführlich darüber berichtete.«

Solange man Linksradikale hat, die unsere schönsten Bilder rauben ...

Spitzweg-Räuber

Fortsetzung von S. 1

Als der Kunsträuber mit dem Bild unter dem Arm die Treppen zur Haupthalle der Kunstgalerie hochstürmte, schrien die Wärter: „Stehenbleiben, haltet ihn fest!" Besucher in der Halle blockierten die Drehtüren. Ein Wärter packte den Kunsträuber am Ärmel, er konnte sich losreißen. Auf dem vereisten Vorplatz stürzte er hin, raffte sich auf und rannte durch dichte Schneetreiben zu einem Citroën mit holländischem Kennzeichen. Er raste weg. Großalarm.

Eine Stunde später kam ein Anruf. Der Kunsträuber war selber am Telefon: „Wenn Professor Honich (der Direktor der Nationalgalerie) das Bild wiederhaben will, dann soll er ins Künstlerhaus Bethanien kommen. Ich werde es ihm dort persönlich übergeben. Es war kein Diebstahl, sondern eine Aktion. Keine Polizei..."

Professor Honich, begleitet vom Chef des Raubdezernats, fuhr nach Bethanien. Dort wartete der junge Mann und übergab den kostbaren Kunstschatz in einer gelben Plastiktüte. Das Bild war unversehrt.

Poet aus der Mansarde

Das sogenannte Künstlerhaus Bethanien ist seit vielen Jahren ein Treffpunkt Linker, die von Radikalen unterwandert werden.

„Der arme Poet" ist das bekannteste Bild des liebevoll versponnenen Romantik-Malers Spitzweg (1808 bis 1885). Der Poet in der ärmlichen Dachmansarde mit dem aufgespannten Regenschirm (damit's nicht durchtropft) stellt einen Münchner Dichter dar. Herrn Entenhuber, der völlig verarmt starb. Das Bild ist in zarten Braun-, Grau- und Geldtönen in Öl auf Leinwand gemalt.

Dieses Foto empörte Millionen: Weinend wurde die Gattin des damaligen Bundespräsidenten Heinemann aus dem Haus Bethanien in Sicherheit gebracht. Kinder, von linken Eltern aufgehetzt, hatten Hilda Heinemann mit Farbbeuteln, Eiern und Wassertüten beworfen.

Aber keine Lüge ist in BILD so absurd, daß sie nicht noch gesteigert werden könnte. In diesem Fall durch ein Foto von Hilda Heinemann. Es zeigt die Frau des ehemaligen Bundespräsidenten, nachdem sie von Kindern im Bethanien-Haus mit Farbe beworfen wurde. Nur: das war zu einem Zeitpunkt, an dem noch nicht einmal daran gedacht wurde, daß Bethanien einmal zum Künstlerhaus werden sollte. Hilda Heinemann war von BILD gegen ihren Willen und zu Unrecht als Kronzeugin aufgeführt. Auf Anfrage ließ sie über ihren Sohn, den Notar Peter Heinemann, mitteilen, daß sie »keinen Anstoß genommen« habe, vielmehr die Vorgänge den »unerträglichen Wohnverhältnissen und Lebensbedingungen der Kinder zuschreibe«. Die Kinder waren nach ihrer Auffassung »nicht aufgehetzt. Meine Mutter hat auch nicht geweint.« – Frau Heinemann wörtlich: »Was heißt links, wenn man keine Wohnung hat?« Gustav Heinemann, der sich im Gegensatz zu seinen Vorgängern und Nachfolgern nie zum BILD-Hiwi machen ließ, schreibt in seinem Nachlaß über den Vorfall:

»Nach meinem Wunsch sollte es um den Vorfall in Berlin-Kreuzberg keinen politischen oder gar parteipolitischen Streit geben. Er sollte vielmehr als das gesehen werden, was er in meinen Augen ist, nämlich als Ausdruck einer Notlage inmitten unserer Wohlstandsgesellschaft. – Den Kindern in Kreuzberg durchgreifend zu helfen, das ist hier die Aufgabe.«

Springers Tassen im All

Lieber UFO statt UNO
Hans Habe

BILD, einer Informationen und Fakten verpflichteten Zeitung so weit entfernt wie der »Andromeda-Nebel« der Erde, ist das Märchenbuch unserer Tage: Nur werden hier nicht die von unten gewachsenen, befreienden Mythen des Volkes verkündet, die neben Ängsten auch Hoffnungen und Sehnsüchte ausdrücken und Veränderungen in Aussicht stellen – hier zeigt sich allein die stickige Käseglocke von Ersatz- und Wahnwelten, die den BILD-Lesern übergestülpt wird.

Monster, menschenfressende Möwen, ein Killer-Bussard, gräßliche Vogelspinnen, unbemannte Flugkörper, eine explodierende Sonne – BILD hat für seine Leser immer den schrecklichsten der Schrecken parat. Wer Angst hat, ist manipulierbar. Wem Angst gemacht wird, der kommt nicht zum Denken. Aufklärung – das ist für BILD der Volksfeind Nr. 1.

»Monster mit einem Auge verbreitet Angst und Schrecken ... Seine Reviere sind Kohlenhalden, Friedhöfe, Waldwege und Obstgärten ... Ein riesenhaftes Ungeheuer mit einem runden großen Auge in der Mitte der Stirn beunruhigt die Bevölkerung im Braunkohlerevier bei Aachen ... Das Monster beschrieben die Anrufer so: weit über zwei Meter groß, rotes, verfilztes Haar, keine Nase unter dem Auge, ein riesiges Maul ... Um 19.02 rief eine 65jährige Frau aus der Eifelstraße in Alsdorf an: ›Ich habe das Ungeheuer gerade auf einer Kohlenhalde gesehen. Es brüllte, riß einem Huhn den Kopf ab und verschlang das Huhn ...‹«

Man kann sich eben abends nicht mehr auf die Straße trauen, und wenn mal grade kein Sexualmörder oder linker Terrorist zur Hand ist, muß ein moderner Zyklop her, über den im Tonfall jeder beliebigen BILD-Verbrecherstory berichtet wird: Es könnte so ein Monster doch geben ... Auf daß das Entsetzen dem BILD-Leser wie ein Schock in die Glieder fährt und ihn die wirklichen Bedrohungen am Arbeitsplatz oder in der Politik vergleichsweise nebensächlich und harmlos erscheinen läßt.

»Horrorszenen wie im Hitchcock-Film »Die Vögel« wurden in Holland Wirklichkeit: Riesige Sturmmöwen hätten in Zwolle über ein Dutzend Menschen durch Schnabelhiebe verletzt, berichtet der angesehene »Telegraaf«. Eine hungrige Möwe hackte der Verkäuferin Marjolein Visscher (31) die Pulsader auf – Krankenhaus.«

Ich bin dieser »Möwen-Invasion« nachgegangen, und wie fast immer, wenn man sich die Mühe macht, einen BILD-Artikel auf seinen Ursprung hin zu untersuchen: Der Wahrheitsgehalt ist gleich null. Man stößt auf grobe Verfälschungen und reine Erfindungen.
(Es ist schwieriger, in BILD einen Bericht zu finden, der mit der Wirklichkeit übereinstimmt, als diese Fließbandproduktionen der Verdrehungen und Erfindungen ausfindig zu machen.)
Bereits der Trick mit der Einleitung, das holländische Revolverblatt »Telegraaf« als »angesehen« zu bezeichnen, ist verräterisch. Der »Telegraaf« gilt in Holland als ausgesprochen unseriös, ist dort fast so übel beleumdet wie BILD in der Bundesrepublik.
Jedenfalls: Eine sensationslüsterne Möwe hackt der anderen kein Auge aus!

Daß der »Telegraaf« in den Niederlanden »angesehen« sei, hatte die Springer-Presse kurz zuvor schon einmal behauptet: Es war das einzige größere holländische Blatt, das Kritik an der Befragung des CDU-Vorsitzenden Kohl durch niederländische Bürger geübt hatte.
Dieses »Ansehen« hatte zur Entstehung der Möwen-Geschichte geführt. Der 25jährige Jelle Sterken aus Zwolle wollte seinen Freunden beweisen, daß der »Telegraaf« jede noch so abstruse Erfindung drucken werde. 50 Gulden wettete Sterken am Stammtisch, daß das Blatt seinen Killer-Möwen einen Beitrag widmen werde. Er gewann die Wette. Und der »Telegraaf« stellte – nach dem auch bei BILD geltenden Motto: Ohne Foto keine Geschichte – noch eine Fotomontage der »verwundeten Marjolein Visscher« dazu. BILD übernahm die Geschichte samt dem gefälschten Foto – denn natürlich kennt in Zwolle kein Mensch eine Marjolein Visscher – und dichtete noch ein paar Details dazu: die »Fleischwunden am Kopf des Johannes Mukder«, den »sich zu Boden werfenden, in eine Toreinfahrt robbenden Jelle Sterken (17)« und so fort. Alles wurde noch ein bißchen blutrünstiger in der deutschen Version, bis hin zum BILD-Schluß: »Die Stadtverwaltung hat Giftköder ausgelegt und zahlt zwei Mark für jede tote Möwe.«
Eine wahre Flut von Protestschreiben, Briefen und Telegrammen brach über die Stadtverwaltung von Zwolle herein. Auch Prinz Bernhard der Niederlande wurde aktiviert. Das Internationale Jagdkomitee forderte von Zwolles Bürgermeister im Namen seiner 10000 Mitglieder, »den Vogelmord« sofort zu beenden.
Die Pressestelle der Stadt konnte die Tierfreunde beruhigen: Es gebe weder eine Marjolein Visscher noch andere Verwundete. Hingegen habe die Stadt wie seit Jahren so auch in diesem strengen Winter sechs Angestellte eingesetzt, um hungernde Vögel zu füttern und zu pflegen.
Drei Monate nach der »Möweninvasion« bemüht BILD erneut den Hitchcock, um seine Leser das Gruseln zu lehren: Diesmal ist's ein »Killer-Bussard«, der »Jagd auf Menschen« macht. Das Horrorstück beginnt mit vertrauten Worten:

»*Eine Szene wie aus Hitchcocks* »*Vögel*«: *Schreiend retteten sich 8 Schulkinder aus Wipperfürth in den Schulbus. Auf den Schultern des 8jährigen Thomas hat sich ein riesiger Mäusebussard (Spannweite 1,30 m) festgekrallt und hackt mit dem Schnabel den Nacken des Kindes blutig. Dann fliegt er davon. Das Kind muß genäht und geimpft werden. Seit einer Woche zittern die Einwohner von Wipperfürth vor diesem Greifvogel, den sie Killer-Bussard nennen. Er sitzt am Stadtrand auf Telegrafenmasten und greift Menschen an. Einem Bauarbeiter riß er Fetzen aus der Kopfhaut. Jäger versuchten, den Vogel zu schießen. Vorgestern schlug der Greif einen kleinen weißen Zwergpudel.*«

Des Pudels Kern ist weniger teuflisch: Der Mäusebussard war von Menschen aufgezogen worden und dann entflogen. Deshalb flog er ab und zu auf Menschen zu, ohne jedoch je einen Bauarbeiter oder ein Kind zu verletzen. Der von mir befragte zuständige Oberförster sagte: »Die Einwohner von Wipperfürth zittern allenfalls vor der BILD-Zeitung, nachdem sie den Artikel dort gelesen haben.« Er fing das verängstigte Tier ein und brachte es in einen Vogelhorst im Königsforst bei Köln.

Doch schon sind neue Ungeheuer im Anmarsch auf die Psyche der BILD-Leser: In den Harburger Bergen bei Hamburg seien gräßliche Vogelspinnen aufgetaucht. Sie hätten dort 15 cm tiefe Röhren gebaut und griffen Lebewesen an, die ihre Fallen berührten. Man wisse nicht, woher sie stammten. Die wissenschaftliche Bezeichnung für sie sei jedenfalls »Atypus«. Stimmt fast: Die Spinne, die BILD da meint, heißt »Atypus affinis« und hat mit der Gruppe der »Therapoidae«, zu der die tropischen Vogelspinnen gehören, nur Stammesgeschichtliches gemein – also etwa so viel wie Affe und Igel. Die Spinne ist nicht in den Harburger Bergen »aufgetaucht«, sondern siedelt dort wie in anderen Teilen Mitteleuropas seit rund 40000 Jahren. Sie ist nicht, wie BILD schreibt, drei Zentimeter lang, sondern höchstens 12 Millimeter, sie hat nicht, wie BILD schreibt, zehn Beine, sondern acht. Aber um den Lesern Angst zu machen, dichtet BILD gern ein bißchen Größe und Beinzahl hinzu – und greift zum bewährten Mittel der Aktualisierung: in diesem Fall um rund 40000 Jahre.

Noch eine Spinnerei: Am 5. September 79 erschien BILD mit folgender Schlagzeile auf der Titelseite: »IMMER, WENN ER FETT ISST: 16JÄHRIGER VERWANDELT SICH IN SPINNE«

Der Dauerbrenner unter den Horrorgeschichten der BILD-Zeitung aber sind die UFOs, die »unbekannten Flugkörper« von fremden Sternen. Anders als die DDR, die es für BILD eigentlich gar nicht gibt und die deshalb immer in Gänsefüßchen gesetzt erscheint, werden die UFOs von BILD in jeder Beziehung voll anerkannt. Entsprechende »wissenschaftliche Gutachten« sind leicht zu beschaffen.
So berichtet Jörn-Ulrich Napp, Vorsitzender der Volkssternwarte Hamburg e.V.:

*»Ein Redakteur von BILD rief bei mir an, ob er von mir einige Aussagen zu den damals sehr häufig auftretenden UFO-Beobachtungen haben könne. Aus grober Fahrlässigkeit gestattete ich ihm, zu mir zu kommen. Wir unterhielten uns sehr sachlich über dieses Problem. Die oft veröffentlichten Beobachtungen von UFOs hielt ich für die Hirngespinste von Leuten, die sich wichtig machen wollen. Später machte er dann noch ein Foto von mir und kopierte auch einige Scherzfotos von ›UFOs‹ aus meinen Unterlagen. Lange Zeit hörte ich dann nichts mehr von der Sache, bis dann ein Artikel erschien mit der Überschrift: ›Forscher behauptet, UFOs kämen aus der Milchstraße‹. In diesem Artikel war in hochkünstlerischer Weise exakt das Gegenteil von dem geschrieben worden, was ich ausgesagt hatte. Daneben aber war ein UFO abgebildet, das nachweisbar eine Fotomontage einer besonderen Wolkenform ist und aus meinen Unterlagen abkopiert worden war. In der Bildunterschrift wurde heuchlerisch suggeriert: »Ein UFO rast hellscheinend durch die Wolken – ob die Aufnahme echt ist, ist nicht zu beweisen.«
Die Wirkung des Artikels war größer, als ich vermutet hatte. Überall spöttische Bemerkungen und abends ständig Anrufe von UFO-Anhängern, die Näheres von mir wissen wollten, und das Angebot eines UFO-Clubs, mich zum Ehrenpräsidenten zu ernennen.
Ich verlangte sofort eine Gegendarstellung, die aber unter den fadenscheinigsten Begründungen zurückgewiesen wurde. Bei der darauffolgenden Rechtsberatung wurde mir mitgeteilt, daß es auch keinen Zweck hätte, gerichtlich dagegen vorzugehen, da es bei der BILD-Zeitung der Brauch sei, durch alle Instanzen zu gehen, was sehr lange*

dauern könne und wodurch die Prozeßkosten erst mal hochgetrieben würden. Davor schreckte ich zurück.«

Von BILD einmal zum »Kronzeugen« ernannt und juristisch eingeschüchtert und abgeschmettert, muß der Astronomiestudent und Amateurforscher Napp erneut zum Experten und Zeugen für BILDs Wahnphänomene herhalten: Sein Photo erscheint in BILD als erstes neben den von US-Astronauten und einem Carter-Portrait. Um für BILD als »Zeuge« auch gewichtig genug zu erscheinen, wird er zum »Planetenforscher« ernannt und als »berühmt« deklariert.
Bildunterschrift: »Diese berühmten Männer und Frauen behaupten: Wir haben UFOs gesehen. Es ist ihnen egal, ob man über sie lächelt. ... Sie glauben unbeirrt an das, was sie gesehen haben ...«
Und es wird munter weitergelogen. »Bild am Sonntag« zitiert den Astronauten Gordon Cooper mit den Sätzen: »Intelligente Wesen von anderen Planeten besuchen regelmäßig unsere Welt in der Absicht, mit uns Kontakt aufzunehmen. Ich bin verschiedenen Schiffen während meinen Raumfahrten begegnet.« Da der Astronaut – wohl aus Versehen – nicht in »Gordon C.« abgekürzt worden war, konnte der »Spiegel« nachfragen. Cooper: »Das ist eine totale Lüge, ich habe so etwas nie gesagt. Irgend jemand hat sich diesen Quatsch aus den Fingern gesogen.«

Auch dies: »Riesiges UFO über Hamburg – Fast so groß wie ein Fußballplatz – Tausende in Angst und Schrecken« lautete eine zwanzig Zentimeter hohe Überschrift auf Seite 1, nachdem ein Wetterballon die Hansestadt überquert hatte.

Oder das: »Dieses UFO fotografierte ein Reporter im Mai 1964 in der Nähe von Albuquerque (Brasilien)«, schrieb BILD unter ein Trickfoto, das am 16. Juni 1963 im US-Bundesstaat New Mexico aufgenommen worden war. Es zeigte den Düsenkopf einer Badebrause, die zwischen Baumästen montiert war.

Oder dieses:

»Der Arzt des Ortes (auf Gran Canaria) näherte sich mit zwei Begleitern nach seinen Angaben dem geheimnisvollen Ding bis auf zehn Meter. Seine Beschreibung: ›Es handelte sich um einen zweistöckigen, von innen beleuchteten Rundkörper. In seinem Innern waren zwei überlebensgroße menschenähnliche Gestalten auszumachen. Es hatte den Anschein, als ob sie die Geräte bedienen und an Schalttafeln arbeiten würden! Nach den Zeugenaussagen erhob sich die leuchtende Untertasse gegen 22 Uhr geräuschlos wieder vom Boden und schwebte davon. Das Ereignis von Gran Canaria wird der Diskussion um das Auftauchen unbekannter außerirdischer Flugkörper neue Nahrung geben. BILD AM SONNTAG berichtete in der großen Serie ›Sie kommen‹ darüber.«

Ein ebenso zynisches wie cleveres Rezept: Man pustet die Hirngespinste verwirrter Zeitgenossen zu bedrohlichen Schlagzeilen auf, ruft damit Wichtigtuer aller Arten zu eigenen »Beobachtungen« auf, macht diese wieder zu Schlagzeilen, und so fort, bis genug Stoff für eine »Serie« da ist, die dann weitere »Diskussionen« und »Beobachtungen« auslöst.

Etwa diese: »LIEGEN ZWÖLF KLEINE MÄNNCHEN IM TIEFKÜHLFACH VON ALABAMA?« fragt BILD, und antwortet:

»Die amerikanische Öffentlichkeit will die Wahrheit über zwölf kleine Männchen wissen, die angeblich in einem abgestürzten UFO in der Mojave-Wüste in Kalifornien gefunden wurden ... Sie waren nur 90 Zentimeter groß, hatten gelbes Haar, einen weißen Hautton, blaue Augen und ein riesiges Gehirn ... Ein Gerichtsmediziner habe die Leichen obduziert und erklärt: ›Erstaunlich, wie weit sie entwickelt sind‹.«

Und wenn anhängliche Stammleser der BILD-Psychose zum Opfer gefallen sind und die von Springer eingeimpften Wahnideen öffentlich zum besten geben, sind sie immer noch für eine Hohn-Geschichte gut genug:

Unter der Überschrift: »Verrückte Stammkundschaft auf der Polizeiwache« läßt BILD einen Kölner Polizeibeamten sagen: *»Die ›Marswitwe‹ und der ›Strahlensammler‹ sind noch unsere* *harmlosesten Figuren«. Beide erscheinen immer bei Vollmond auf der Wache: Franz B. (47) mit einer eingerollten Zeitung: ›Da sind die gefährlichen Strahlen drin. Die müssen Sie sicherstellen.‹ Maria W. (63) forderte von den Beamten zum fünfzigsten Mal: ›Jetzt können Sie die kleinen grünen Männchen festnehmen. Sie sitzen auf meiner Couch in meiner Wohnung in Köln-Poll und gehen einfach nicht weg.«*

Dann wird es wieder todernst im Weltall: »Sterbende Sterne«, »Schwarze Löcher«, die mit ihrer riesigen Masse ganze Planeten und jeden Lichtstrahl fressen, »Pulsare«, »Quasare« – und alles so weit weg, daß eine Gegendarstellung mehrere Millionen Jahre unterwegs wäre. Wenn Wissenschaftler in einer Ecke der Milchstraße ein physikalisch kaum erklärbares Phänomen entdecken (ein sterbender Stern fliegt mal zur Erde, dann wieder von ihr weg und stößt dabei große Wolken aus) – BILD holt ihn ran: »STERBENDER STERN RAST AUF ERDE ZU«. Dazu eine »wissenschaftliche« Zeichnung mit einer ganz kleinen Erde und einem riesigen feuerspeienden Ungetüm, das uns alle schon morgen... Die paar Milliarden Jahre, vor denen das »Drama im All« passierte, dessen Licht erst jetzt die Erde erreichte, zählen nicht: *Heute* sollen die Leute Angst haben.

Lange Zeit waren es die Kometen, die unsere Erde zu zerstören drohten. Auf dem Höhepunkt des Vietnamkrieges waren es für BILD nicht etwa die Amerikaner, die ein Land mit Napalm *in die Steinzeit zurückbomben* wollten – vielmehr kam die Gefahr wieder mal aus den unergründlichen Weiten des Weltalls auf »die Menschheit« zu.
22 cm hoch die Schlagzeile:
»RIESIGER KOMET RAST AUF UNSERE ERDE ZU.« –

und da kommen sie auch schon wieder, die UFOs: »ERSTES UFO IN AMERIKA ABGESTÜRZT? GEHEIMREPORT: ES WURDE IN DER WÜSTE VON ARIZONA GEFUNDEN, VON DER BESATZUNG KEINE SPUR.«
»»GRÜNE AUGEN, KEINE NASE – SIE KAMEN AUS DEM UFO UND ENTFÜHRTEN MICH!‹ Professor un-

tersuchte Zeugen in Hypnose: Es ist die Wahrheit.« »PUR-PURROTES UFO STÖRTE FUNKVERKEHR.« »DREI UFOs BESCHATTEN UNS!« Und keineswegs der BND, der Verfassungsschutz oder die Schnüffler von BILD.

Feuer frei

Was in BILD ein Menschenleben wert ist, kann man hier nachlesen:

»Nachts um zwei klirrte die Fensterscheibe. Textil-Fabrikant Volker L. (36) schreckte aus dem Schlaf, griff zu seinem Gewehr auf dem Nachttisch: Sicher dieser Einbrecher, der in den letzten Wochen schon sechs mal da war ...« Der Fabrikant, *»allein in seinem Sieben-Zimmer-Bungalow«* tastet sich *»im Dunkeln zum Eingang«* und reißt die Tür auf: *»Da sah ich draußen einen Mann. Er wollte weglaufen. ›Halt, stehenbleiben, ich schieße!‹ hab ich gerufen. Da drehte er sich um. Im Licht seiner Taschenlampe sah ich ein Messer aufblitzen. Er kam auf mich zu. Unheimlich war das, wie ein Riese ...«*

Jetzt ist der BILD-Leser hinreichend konditioniert, auch er hat Angst vor dem Riesen mit dem blitzenden Messer – daß der Mann gerade noch weglaufen wollte, ist schon vergessen –, nun kann es fettgedruckt weitergehn. Und wie wohl?

»Fünf Meter war der Einbrecher noch weg, da riß der Hausherr sein Kleinkalibergewehr hoch. ›Ich hatte furchtbare Angst, wollte nur zwei Warnschüsse abgeben.‹ Doch er traf: Ein Schuß ging dem großen kräftigen Einbrecher ins Herz, ein Schuß in die Lunge. Der vorbestrafte Kraftfahrer verblutete auf dem Rasen.«

Erlegt. Er hatte sein BILD-gerechtes Ende gefunden. Als einige Tage darauf ein Heilbronner Stadtrat einen fliehenden 18jährigen Einbrecher von hinten erschoß, stellte BILD als »Thema des Tages« die Frage: »Darf ich Einbrecher erschießen?« – illustriert mit einem gestellten Foto eines mit Kapuze, Sonnenbrille, Schal und Trenchcoat maskierten »Einbrechers«. Das Foto ist rund wie der Blick durch ein Zielfernrohr, mit Fadenkreuz, und in der Mitte das Herz:

»*Einbrecher haben im letzten Jahr bei uns 1,14 Millionen mal Wohnungen ausgeraubt, Tresore aufgeschweißt, Beute im Wert von insgesamt drei Milliarden Mark gemacht. Jetzt setzen sich ihre Opfer immer häufiger zur Wehr ... Darf jeder Bürger einen Einbrecher erschießen? Dr. Lenzen II, Rechtswissenschaftler und Strafverteidiger, Köln: ›Ja – zumindest in Ausnahmefällen. Grundsätzlich handelt jeder in Notwehr, der einen Angriff auf Personen oder Sachen abwehrt.‹*«

Der »Experte« hat gesprochen, der »Bürger« darf erschießen. Tatsächlich hatte ein BILD-Redakteur den Dr. Gerhard Lenzen angerufen und befragt – aber etwas anders.
Lenzen: »Ich bin gefragt worden, ob unter dem Gesichtspunkt der Notwehr jemand erschossen werden darf.« Doch Lenzens Antwort erschien »so verkürzt, daß dadurch eine Verzerrung zustande kam. Der Gebrauch der Waffe darf keinesfalls in den Vordergrund gerückt werden. Es darf keinesfalls gesagt werden, jemand darf einen anderen ERSCHIESSEN. Er darf allenfalls jemanden kampfunfähig machen. Und auch das nur, wenn sich kein anderes Mittel ergibt. Das heißt also, er muß immer das mildere, das den andern am wenigsten beeinträchtigende Mittel verwenden. So habe ich das dem Redakteur der BILD-Zeitung gesagt.«
Der Begriff »kampfunfähig machen«, auf den Lenzen so großen Wert legte, kam in den 38 BILD-Zeilen nicht ein einziges Mal vor. BILD wollte einen »Experten«-Freibrief fürs Erschießen. Und da es keinen bekommen konnte, hat es sich einen gemacht.

BILD hatte zuvor bereits über drei solcher Todesschüsse berichtet. Der dritte fiel im Kreis Künzelsau bei Heilbronn. Der vierte in Kassel – nur wenige Tage nachdem BILD seine Jagdserie eröffnet hatte. Der Schütze ist diesmal auch tatsächlich Hobby-Jäger und gibt, schreibt BILD, »mit seinem Trommelrevolver ... normalerweise ... angeschossenem Wild den Gnadenschuß«.

Lüstern ruft die Schlagzeile auf Seite eins dazu auf, die Waffe wenigstens geistig mit in die Hand zu nehmen, abzudrücken: »ER STAND IM SCHLAFZIMMER: WAS WÜRDEN SIE TUN?« Der »Einbrecher« starb durch einen Schuß in den Rücken, »genau zwischen die Schulterblätter«. Und zwar nicht in einer bedrohenden Situation im Schlafzimmer – wie BILD vorher noch einreden will, um seine Leser auf einen unvermeidlichen Schuß einzustimmen –, sondern auf der Flucht zu ebener Erde. Aus fast acht Metern Entfernung. Der Schütze stand vollkommen sicher auf dem Balkon im ersten Stock. Der »Einbrecher« hatte ihn nicht einmal angegriffen, von Gestohlenem ist nicht die Rede.

Etwa zur gleichen Zeit erschoß ein Hamburger Tabak- und Zeitungshändler einen Sechzehnjährigen. Mit einem Kleinkaliber-Präzisionsgewehr mit Zielfernrohr. Wieder stand der Schütze auf seinem Balkon im ersten Stock – das Opfer schutzlos unten auf der Straße. Diesmal war der Grund für die tödliche Selbstjustiz der »Lärm«, den der Junge zusammen mit Freunden auf der Straße machte. BILD nimmt den Händler in Schutz und läßt ihn 77 Zeilen lang ausführlich erklären, warum er zum Gewehr griff. Das liest sich so:

»Ich saß mit meiner Frau an dem Abend in der Küche, als es passierte. Bratkartoffeln gab es, mit Rollmops. Dazu vier kleine Bier und ein Magenbitter. Da bei uns immer alle Fenster geöffnet sind, hörten wir den Lärm von der Straße. Meine Frau löste Kreuzworträtsel, ich wollte ins Bett. Der Lärm nahm zu«. Und als »diese Rabauken« auch noch seine Frau mit »Alte Sau« und »Fettes Schwein« beleidigten, da »platzte mir der Kragen.«

BILD-Zeitungshändler H. – von BILD freilich nur Tabakhändler genannt – nahm sein Gewehr aus dem Schrank und sorgte mit zwei Schüssen für Ruhe und Ordnung. Der eine traf den sechzehnjährigen Andreas Sintlaw* ins Herz, der andere seinen Freund in die Hand. Zuvor hätten die Jugendlichen versucht, »sich am Fenstersims zu mir hochzuziehen«. Allerdings starb Andreas Sintlaw nicht bei einer Kletterpartie am Haus, sondern, als er über die Straße auf den Wohnblock zuging. Doch selbst, als er von der Kugel getroffen war, bedrohte er den ordnungsliebenden Familienvater H. noch – suggeriert es BILD jedenfalls in der Überschrift: »– ›Bringt ihn um, das Schwein‹, stöhnte der sterbende Rocker!«. Überhaupt sei der Händler durch die Rockergruppe in akuter Gefahr gewesen. BILD läßt Zeugen sprechen: »Die Jungens wollten die Tür einschlagen. Die Scheiben haben sie zertrümmert, die Klinke abgebrochen. Herr H., der Tabakhändler mußte ja Angst um seine Familie haben«, soll ein Nachbar gesagt haben. Und warum keine Polizei? »Hätte ich die Polizei gerufen, hätten das meine Kinder später ausbaden müssen«.
Ein umsichtiger Familienvater.
Mit der Rückendeckung von BILD bleibt er während der staatsanwaltlichen Ermittlungen auf freiem Fuß.

Die Mord-und-Totschlag-Story über den »Einbrecher« von Kassel war übrigens noch mit einer passenden Meldung garniert, direkt neben dem Bericht:

»Abenddämmerung über einem Flüßchen auf Sardinien. Ein siebzehnjähriger saß am Ufer und fischte, ein Wilddieb jagte Schweine ... Er hielt den Jungen für ein Wildschwein, ein Schuß – tot«.

Wie sagte ein leitender Springer-Redakteur beim diesjährigen Bonner BILD-Fest auf die Frage, ob er zur Jagd gehe: »**Ich schieße nicht auf Tiere, ich schieße nur auf Menschen**«. Es sollte wohl ein Scherz sein.

Hoppe, verrecke!

Der ehemalige Hafenarbeiter Werner Hoppe war im Juli 1972 in einem »umstrittenen Indizienprozeß« (Norddeutscher Rundfunk) wegen terroristischer Gewalttaten zu einer Haftstrafe von zehn Jahren verurteilt worden. Anfang September 1978 wurde der 29jährige Häftling nach rund sieben Jahren Haft ins Allgemeine Krankenhaus Hamburg-Altona (AKA) eingeliefert. Seit Mai litt er an chronischem Erbrechen, der 178 cm große Mann wog noch 44 Kilogramm. Er wird, mit seiner Zustimmung, bis Ende September künstlich ernährt, sein Gewicht steigt auf 50 Kilo an. Doch dann bessert sich sein Zustand nicht mehr. Die Ärzte sehen in seinem Leiden eine allergische Reaktion auf die Bedingungen der Isolierhaft und verlangen wegen der lebensbedrohenden Krankheit Haftunterbrechung. Im schwerbewachten Krankenhaus könne sich der Zustand ihres Patienten nicht mehr bessern. Am 25. Oktober erstattet Professor Wilfried Rasch vom Institut für Forensische Psychiatrie der FU Berlin dem Hamburger Justizsenator ein Gutachten: »Bei H. liegt Haftunfähigkeit vor, da der weitere Vollzug der Strafhaft aus den eingehend dargelegten Gründen sowohl unter den Bedingungen des Regelvollzugs wie auch eines Gefängniskrankenhauses die Besorgnis naher Lebensgefahr begründen würde.«

Jetzt muß der Justizsenator entscheiden. Anfang 1979 scheint eine Haftunterbrechung so gut wie sicher. Da erscheint am 7. Februar in BILD ein Artikel unter der Überschrift: »Terrorist Hoppe: Das süße Leben hinter Gittern – aber haftunfähig?«
Was dann folgt, ist als Mischung aus Lügen, Fälschungen und Zynismen nicht zu überbieten:

»Köche und Schwestern des Allgemeinen Krankenhauses Altona verstehen die Welt nicht mehr: Ihr Patient, der im 18. Stock auf der Intensivstation liegende Terrorist Werner Hoppe, soll schwerkrank

sein! ... Am 5. September 1978 wurde er eingeliefert. Lesen Sie mal, was er seither so alles bestellte und anstellte: An einem Sonntag bestellte er mal Quark mit Schnittlauch, Ei, Marmelade, drei Sorten Brot und Kaffee (mit Süßstoff). Zu Mittag: 3 Scheiben Rinderbraten, 2 Paprikaschnitzel, Eis und Birnen in Sahne. Abends: 1 Schnitzel, 1 Scheibe Schweinebraten, gekochten Schinken, Vollkorn- und Mischbrot, Butter, Käse und Tee.«

Daneben, als Bestätigung, das Bild eines wohlgenährten, lachenden Hoppe. »Dieses Bild«, sagt einer der behandelnden Ärzte, »ist die erste Lüge«, es wurde vor seiner Verurteilung aufgenommen. Und über die Darstellung des Schlemmers Hoppe: »So ein Quatsch – wenn er davon bloß hätte was essen können.«
Denn natürlich wußten die Köche und Schwestern, die laut BILD die Welt nicht mehr verstanden, ganz genau, daß Werner Hoppe von all den genannten Speisen so gut wie nichts hinuntergebracht hatte. Da er auf »Wunschkost« gesetzt worden war, um jeden Versuch lebensrettender Ernährung wahrzunehmen, drängten ihn Ärzte, Pflegepersonal und Anwalt, von allem zu bestellen, was er früher einmal gerne gegessen hat. Der Schriftsteller Christian Geissler, der Hoppe im Krankenhaus besuchen durfte, berichtete damals: »Jeder, der die Leiden des Werner Hoppe miterleben mußte, war tief davon angerührt.«
Da Hoppe auch die »Wunschkost«, die aus der Krankenhaus-Küche kam, meist erbrach, kamen die Ärzte auf die Idee, ihn selbst einen Speisezettel zusammenstellen zu lassen. Fortan durfte sein Anwalt einmal in der Woche Eßwaren einkaufen. Die Liste mußte mit der Behörde abgestimmt werden, der Anwalt durfte nur auf die Speisen zeigen und sie bezahlen, berühren durfte er sie nicht: Das Tragen besorgte ein begleitender Justizbeamter.

Von alledem bei BILD kein Wort. Statt dessen der Satz:

»Delikatessen in Fülle – darunter 6 Dosen Gänseleber, 2 Dosen Krabben, 5 Dosen Bücklingsfilet, 28 Pakete Tabak, 400 Zigaretten – Hoppe raucht angeblich 60 am Tag.«

Der Reporter Nils von der Heyde von dem dieses stammt, hat in der Branche einen Ruf, der ihn schließlich zu BILD bringen mußte: Beim Prozeß gegen Vera Brühne hatte er ein Verhältnis mit deren Tochter Sylvia Cossy angefangen. Und bekam Informationen für seinen damaligen Arbeitgeber, die »Neue Revue«. Auf diesem »Renommee ruht er sich inzwischen aus: Das Zimmer von Werner Hoppe, das er als »recht gemütlich« eingerichtet beschreibt, hat er nie betreten.
Dafür findet er die Zwischenüberschrift »Zimmer mit Elbblick« – und kein Leser erfährt, daß die Krankenzimmer im Altonaer Krankenhaus alle in Richtung Elbe liegen.
BILD läßt nicht locker:

»*Noch am 2. Februar ließ der ›haftunfähige‹ Terrorist Mackintosh-Bonbons und Pralinen besorgen, Salamiwurst und Gouda-Käse – und einen Rettich. Heute hat er Geburtstag, 30 wird er. Heute soll auch entschieden werden, ob er entlassen wird – wird er wirklich?*«

Das war's, was BILD mit seiner infamen Geschichte wollte: Eine Stimmung mobilisieren, in der sich kein von wählenden BILD-Lesern abhängiger Politiker trauen würde, Werner Hoppe aus der Haft zu entlassen. Per »Ferndiagnose« machte ein dubioser Journalist drei ärztliche Gutachter lächerlich. Von der Heyde und seine Auftraggeber wollten, daß an Werner Hoppe der »weitere Vollzug der Strafhaft« durchgeführt werde. Die Besorgnis naher Lebensgefahr, auf deutsch: daß Werner Hoppe, wie die Ärzte befürchteten, dann sterben würde, nahmen sie billigend in Kauf.

Ein Trost, daß trotz der BILD-Zeitung ein Menschenleben gerettet wurde. Der Hamburger Senat, dessen Erster Bürgermeister Hans Ulrich Klose sich dem BILD-Terror nicht beugen wollte, gewährte dem Patienten Werner Hoppe Haftunterbrechung.

Bereits im März '76 hatte BILD offen Lynchgelüste gegen Hoppe geschürt, über den Umweg eines angeblichen Häftlings, der in Original-Ton BILD »anonym« aus dem Gefängnis Fuhlsbüttel zu Wort kam:

»Die Rocker und eigentlich auch alle anderen hatten einen besonders auf der Latte, wenn wir den gekriegt hätten, wär' er totgeschlagen worden: Das war der Werner Hoppe von der Baader-Meinhof-Bande. Ehrlich, es spielt hier in Santa Fu keine Rolle, ob einer seine Frau umgelegt hat oder mit seiner Tochter gepennt hat. Das ist sein Bier. Aber wenn so'n Kamerad eine Bombe in ein Kaufhaus schmeißt (¹), ehrlich, da kommen wir nicht mit. Der Hoppe hat auch schnell gemerkt, daß sie ihn abstechen wollten. Drum ist er auch freiwillig ins Dora eins, in die Isolierhaft gegangen. – Nun haben sie bei uns überlegt, wie sie den Hoppe doch noch hopps gehen lassen könnten. Da sind sie denn auf die Idee gekommen, aus dem 5. Stock den eisernen Bohnerbesen auf seinen Schädel fallen zu lassen ...«

Soweit das Henkervokabular in BILD. Ohne jede Einschränkung und noch so schwache Distanzierung stellt BILD seine Wunschliste vor.

Sie wurde nicht erfüllt, weil Hoppes Mithäftlinge in »Santa Fu« wohl doch noch lange nicht so brutalisiert sind wie die Schreibtischtäter in der Hamburger Kaiser-Wilhelm-Straße.

[1] Hoppe hatte nie im Verdacht gestanden, eine Bombe geschmissen zu haben. Er war 1971 »nach einem Schußwechsel mit der Polizei und Terroristen festgenommen worden. Er hatte, kein Zweifel, auch selber geschossen. Am Tatort fand sich nur eine Hülse aus seiner Waffe, der Waffenexperte konnte nur einen einzigen Abschuß sicher nachweisen. Kein Polizeibeamter wurde auch nur verletzt. Gleichwohl erkannten die Richter auf dreifachen vorsätzlichen Totschlagversuch. Daß Hoppe überhaupt gezielt hatte oder treffen wollte, wurde vor Gericht nicht klar bewiesen. Trotz allem fiel die Strafe drakonisch aus – zehn Jahre Freiheitsentzug; selbst die Ankläger hatten nur sechs gefordert.« (Spiegel Nr. 30 1979, S. 71)

Über das Glück, eine Geisel zu erschießen

Scharfschützen sind Menschen wie du und ich, sie mögen das »Spiel ohne Grenzen« und dazu ein kühles Bier. Und zur Aufrechterhaltung von Recht und Ordnung töten sie auch eine Geisel, den Geiselnehmer sowieso. Nicht gern – aber Schießbefehl ist Schießbefehl. So jedenfalls stellt die BILD-Zeitung Münchner Scharfschützen vor.

Der Fall: Am 4. August wurde Hans Georg Rammelmayer nach einem Bankraub in München von Polizei umstellt. Um dennoch ungeschoren fliehen zu können, nahm er die Bankangestellte Ingrid Reppel zur Geisel. Der Schießbefehl auf beide wurde mit dem Grundsatz der »Verhältnismäßigkeit der Mittel« gerechtfertigt. Als diese Verhältnismäßigkeit in der Öffentlichkeit bezweifelt wurde – hier die Rettung eines staatlichen Lösegeldsacks und da zwei Menschenleben –, trat BILD auf den Plan. Ein Mitglied der Münchner Redaktion erinnert sich:

»*Die Polizei war wegen ihres Vorgehens in der Prinzregentenstraße stark angegriffen worden. Unsere Aufgabe war es, das Vorgehen der Polizei in der Öffentlichkeit zu rechtfertigen. Es sollte gezeigt werden, daß so ein Scharfschütze für die allgemeine Sicherheit sein Leben aufs Spiel setzt. Die Todesgefahr, der sich so ein Polizeibeamter aussetzen muß, sollte überzeugend dargestellt werden.*«

Die Order von der Chefredaktion Hamburg hatte gelautet: »Interview mit einem an der Schießerei beteiligten Scharfschützen!« –
Schreibbefehl ist Schreibbefehl. Das »Interview« erschien am 7. August:

»›*... Es ist wie ein Straßenkampf im Krieg. Ich habe meine Befehle, meinen Auftrag. Ich weiß, wo mein Gegner steht. In meiner Hand halte ich die schußbereite Pistole.*‹
So schildert ein Kriminalbeamter seinen Einsatz gegen die Erpresser von München. Zusammen mit seinen Kameraden stand er bei dem Feuergefecht ganz vorn.

Seinen Namen will er nicht nennen, weil er ›Schwierigkeiten‹ im Dienst befürchtet – nur soviel: Er ist verheiratet, 48 Jahre alt. Seine Ehe ist kinderlos.
›Als ich den Auftrag zum Einsatz bei der Bank bekam, wußte ich, daß es um Leben und Tod ging, daß ich vielleicht nicht mehr zurückkomme oder ein Leben lang Krüppel werde. Aber ich wußte auch, daß ich im Notfall schießen muß. Auf einen Menschen. Eigentlich wollte ich mir ja mit meiner Frau das Spiel ohne Grenzen ansehen und dazu ein kühles Bier trinken ...‹
›Dann geht alles völlig mechanisch. Ich war in diesen Stunden nicht mehr ein Mensch, der sich über einen Tag Sonderurlaub freut oder über ein verlorenes Fußballspiel ärgert.‹
Der kleine, kräftig gebaute Beamte, der gern gut ißt und gern mit seiner Frau am Wochenende aufs Land fährt, wußte, daß er mehr riskieren muß als jeder andere.
Er gesteht. ›Die Angst kommt immer erst hinterher. Dann, wenn alles vorbei ist. Und wenn man alles besser weiß. Dann kommt das fatale Gefühl: Verdammt, das hätte schiefgehen können. Oder: Junge, da hast du noch mal Glück gehabt.‹
›Ich meine das Glück, im entscheidenden Moment das Richtige zu tun.‹ (...)«

Obwohl das Interview gefälscht ist, ist es auf furchtbare Weise wahr. Denn zweifellos hat die bayerische Polizei zum Grundgesetz-Artikel 2 (»Jeder hat das Recht auf Leben und körperliche Unversehrtheit.«) ein ähnliches Verhältnis wie Springer zum Grundgesetz-Artikel 5 über die Pressefreiheit. Das Interview hat nicht mit einem der Scharfschützen stattgefunden. Und der Polizeibeamte, den das Landeskriminalamt zum Gespräch an BILD ausgeliehen hatte, war ausschließlich mit Schreibarbeiten beschäftigt. Ein BILD-Fälscher bestätigt:

»*Das Landeskriminalamt hatte sich auf unser Drängen bereit erklärt, den Interview-Schwindel mitzuspielen, indem es sich stillschweigend einverstanden erklärte, den von »Bild« ›interviewten‹ Kriminalen als Scharfschützen des Banküberfalls zu verkaufen. Im Interesse der Sache! Der Beamte kam in die Redaktion: ein untersetztes, ziemlich verlegen und unsicher wirkendes Männchen, 48 Jahre alt, das eher an einen Buchhalter erinnerte als an einen Gangsterjäger. Er war von seinem Vorgesetzten bereits eingeweiht, hat allerdings zum Thema selbst kaum etwas gesagt. Mein Kollege mußte ihm nahezu alle Antworten in den Mund legen. Die Äußerungen, die der Kripomann zu* seinem angeblichen Einsatz bei dem Überfall abgab, mußten ohnehin erfunden werden.«

Gleichwohl war die Wirkung zufriedenstellend. Einer von zahlreichen ähnlich lautenden Leserbriefen illustriert den Wandel in der öffentlichen Meinung. Er stammt von Oberstudienrat Fendesack aus Hannover-Langenhagen:

»*Sehr geehrter Herr Polizeibeamter!*
Ich drücke Ihnen meine Anerkennung aus! Sie sollen wissen, daß es Menschen gibt, die Ihr Verhalten und Ihre Kunst ausdrücklich bejahen und die auch Dienstanweisungen des Polizeipräsidenten und auch des Staatsanwaltes durchaus für richtig befinden. Sollten Sie wieder in die Lage versetzt werden, einen Gangster wie irgendeinen Untermenschen kampfunfähig zu machen, wünsche ich Ihnen wieder einen Schuß, der trifft.
Ich drücke Ihnen meine Hochachtung aus!«

Schlagzeilenkontraste: Der Umkehrschluß bleibt dem Leser überlassen.

Die Terroristin

Am 3. August 1977 sprach der journalistische Volksgerichtshof sein Urteil: »1. Terror-Mädchen gefaßt!« Das war die Schlagzeile auf Seite 1. Darunter wurde erklärt: »Erster großer Erfolg bei der Jagd nach den Ponto-Mördern: in ihrer Frankfurter Studentenbude wurde am Montagabend die 23jährige Eleonore Poensgen festgenommen...« Auf Seite 2 gab es den Lebenslauf der »Mörderin«, ihre Eltern, ihren Großvater.
Daß sich zu diesem Zeitpunkt schon viele Zeugen gemeldet hatten, die beschworen, zur Tatzeit mit Frau Poensgen bei einer Party gewesen zu sein, kam bei BILD noch nicht vor.

Erst eine Woche später würdigte die BILD-Redaktion auch die Tatsache, daß es für Frau Poensgens Abwesenheit vom Tatort fünfzehn Zeugen gab. Acht von ihnen wurden den BILD-Lesern sogar im Foto, zum Teil mit Adresse, vorgestellt, die ersten beiden mit den Hinweisen »... lebt in Frankfurt in einer Wohngemeinschaft...« und »lebt in einer Wohngemeinschaft...« – beide haben also, um im BILD-Stil zu bleiben, »bisher nur als Sympathisanten der Terroristen« zu

gelten. Die redaktionelle Würdigung aber lautete: »Hier sehen Sie acht der fünfzehn Zeugen, die Eleonore Poensgen für die Zeit, in der Jürgen Ponto ermordet wurde, ein Alibi gegeben haben.«

Was es in der damaligen Terroristen-Hysterie bedeutete, daß die Bundesanwaltschaft den Haftbefehl gegen Frau Poensgen ohne jedwede Auflagen kurz darauf aufgehoben hatte, mußte gerade den BILD-Machern längst klargeworden sein. Doch sie hetzten die junge Frau weiter, bis sie einen Nervenzusammenbruch erlitt, dessen Folgen sie bis heute nicht überwunden hat. Auch eine Rüge des Deutschen Presserats brachte die BILD-Fanatiker nicht zur Besinnung.
Als die Bundesanwaltschaft am 4. September 1978 Frau Poensgen mitteilte: »Das Ermittlungsverfahren gegen Sie ist eingestellt«, meldeten es die Tageszeitungen, die Frau Poensgen nicht als »Mörderin« bezeichnet hatten, in Schlagzeilen. Doch die BILD-Zeitung, die Eleonores Ruf und Gesundheit auf dem Gewissen hat, begnügte sich mit einer Mini-Meldung: »Akte zu«.

Und hier die einzigen Worte der Entschuldigung, die BILD gefunden hat:

»Schauen Sie, Zeitungen werden unter einem wahnsinnigen Zeitdruck gemacht. Wir sind Menschen, und Menschen machen Fehler.«

Soweit Hans Erich Bilges, stellvertretender BILD-Chefredakteur in der Fernsehsendung »Report«.

So schwer es fällt, hier an »menschliche Schwächen« zu glauben, so falsch ist es, hier Zeitdruck und Fehler verantwortlich zu machen. Es gibt keinen Zeitdruck, der es je unmöglich gemacht hätte, statt von einer Mörderin, von einer des Mordes Verdächtigen zu sprechen, keinen Zeitdruck, der es je erzwungen hätte, einen Unbeschuldigten als Sympathisanten des Terrors zu bezeichnen, seine ganze Familie der Öffentlichkeit preiszugeben, Zitate von Zeugen zu erfinden und Entlastungszeugen als mögliche Komplizen erscheinen zu lassen.

Als Eleonore Poensgen den Springer-Verlag und den BILD-Chefredakteur Günter Prinz auf Schmerzensgeld verklagte, und das Landgericht Düsseldorf ihr ein Schmerzensgeld von 50 000 Mark zusprach, weil die BILD-Zeitung ihr Persönlichkeitsrecht »rechtswidrig und schuldhaft« verletzt habe – denn es hätten »nicht die geringsten Anhaltspunkte für die Zugehörigkeit zur Terrorszene« vorgelegen –, legten Springer und Prinz Berufung ein. Das Oberlandesgericht entschied, die »verzerrte Berichterstattung« der BILD-Zeitung sei »rechtswidrig und schuldhaft« gewesen. Auch ein Boulevardblatt dürfe »nicht einen Verdacht als Gewißheit hinstellen und den mutmaßlichen Täter entlastende Umstände nur an versteckter Stelle mitteilen«. Doch »als Ausgleich für die spürbare zusätzliche Beeinträchtigung ihres Ansehens, welche die Klägerin durch die völlig unnötige Verzerrung des Sachverhalts durch die BILD-Zeitung erlitten hat, erscheint dem Senat ein Betrag von 25 000 DM einerseits erforderlich, andererseits aber auch ausreichend«.

Ein schöner Ausgleich: Von den 25 000 Mark mußte Frau Poensgen, da ihre Klage gegen den Chefredakteur Prinz zurückgewiesen wurde und sie vom Springer-Verlag statt der erforderten 50 000 DM nur die Hälfte bekommen sollte, drei Viertel der Gerichtskosten, die Hälfte der außergerichtlichen Kosten des Springer-Verlags und die ganzen außergerichtlichen Kosten des Chefredakteurs Prinz bezahlen. So ist das eben, wenn Menschen Fehler machen und wiedergutmachen.

Es gibt eine Geschichte von Tübinger Burschenschaftlern, die nachts ihre Blase in den Brunnen auf dem Marktplatz entleerten, obwohl sie wußten, daß das mit einer Strafe von fünf Mark geahndet wurde. Wenn sie fertig waren, riefen sie: Schutzmann, zahlen!

Der Terrorist

83

Neben einem übergroßen Porträt-Foto (Maßstab 1:1) stand in BILD am 4. August 1977 der Text:

»*Frau Ponto: Dieser junge Mann war dabei. Ein junger Mann mit weichen Gesichtszügen, der nach Aussagen von Frau Ponto mit Susanne Albrecht und Eleonore Poensgen mit roten Rosen zum Mord in die Ponto-Villa gekommen ist. Die Witwe des Bankiers hat ihn gestern wiedererkannt – auf diesem Foto, das in einem Frankfurter Terroristen-Nest von der Polizei gefunden wurde.*«

Miroljub Petrovic, jugoslawischer Gastarbeiter in Hamburg-Langenhorn, war entsetzt, als er sein Foto neben diesem Text sah. Was würden sie mit ihm, dem ungeliebten Ausländer, jetzt wohl machen? Wie lange würden die Behörden ihn wohl in Haft halten? Wann würde ihn seine Firma entlassen? Jetzt, wo es doch gar keinen Zweifel mehr zu geben schien, daß er ein Mörder war – die Witwe des Ermordeten hatte ihn zweifelsfrei erkannt, nachdem ihr sein Bild von der Polizei vorgelegt worden war, die es in einem »Terroristen-Nest« gefunden hatte?
Doch Miroljub Petrovic floh nicht. Er ging zur Polizei. Zwei Tage später konnte er wieder nach Hause gehen. Er hatte Glück: Er konnte beweisen, daß er am Tag der Tat nicht in Frankfurt war, um zu morden, sondern, wie seit Jahren an jedem Sonnabend, in Norderstedt bei Hamburg, um zu arbeiten. Und es gab reichlich Zeugen, die das bestätigen konnten.
Wie das Foto in eine von der Polizei durchsuchte Wohnung gekommen war, denn das war das »Terroristen-Nest«, so BILD, wußte auch Petrovic nicht. Das Negativ liegt in einem Belgrader Foto-Atelier, ein Abzug bei den jugoslawischen Paßbehörden, ein paar andere Abzüge hatte Petrovic zu Hause.
Das Bundeskriminalamt hatte, schlimm genug, das Foto, das bei einem nur Verdächtigten, also keineswegs Überführten, gefunden wurde, an die Presse gegeben, mit dem Hinweis, das Foto zeige »einen unbekannten jungen Mann, dessen Bild der Polizei bei einer Durchsuchung im Zusammenhang mit dem Attentat in die Hände fiel« – so meldete Springers »Welt«. Und Springers »Hamburger Abendblatt« berichtete: »Sein

Foto und das von Adelheid Schulz sind Ines Ponto, der Witwe des Bankiers, vorgelegt worden. Über ihre Reaktion teilte das BKA nichts mit.« So und ähnlich berichteten alle – bis auf BILD, das den Mörder schon überführt hatte. Sogar der Pressesprecher des Bundeskriminalamts, Hans-Georg Fuchs, war empört: »Das ist eine furchtbare BILD-Ente.« Und über Frau Pontos angebliche Reaktion (»Dieser junge Mann war dabei«) sagte er: »Das hat Frau Ponto nie gesagt.«

Am 5. August gaben alle Zeitungen Entwarnung. Auch BILD stellte »richtig«: Neben dem Foto von Petrovic, diesmal in Briefmarkengröße, brachte sie die Notiz, Petrovic sei bei dem Mord nicht dabeigewesen. Doch zugleich schob BILD die Verantwortung an die Polizei ab, die Petrovic irrtümlich für jenen jungen Mann gehalten habe, der am Ponto-Mord beteiligt gewesen sei. Das war natürlich wieder gelogen, und noch einmal zu Lasten des Opfers Petrovic. In Wirklichkeit hatte die Polizei keinen Verdacht geäußert, sondern zunächst nur feststellen wollen, wer der Mann, der ihr unbekannt war, eigentlich ist. Die BILD-Version jedoch hängte Miroljub Petrovic den Makel an, er sei von der Polizei des Mordes verdächtigt worden.
Beides, die BILD-Fahndung nach dem Mörder wie die »Richtigstellung«, tat seine Wirkung: Arbeitskollegen nannten ihn »Mörder«, die Nachbarn schnitten seine Familie, die in Jugoslawien lebende Verwandtschaft packte bei der BILD-Lektüre, die leider auch dort möglich ist, Entsetzen. Es bedurfte tagelanger Telefonate, bis Petrovic die Gemüter beruhigt hatte.
Noch einmal hatte Petrovic Glück. Der Chefredakteur eines kleinen Lokalblattes, des »Heimatspiegels« in Norderstedt, wagte es, seine Redakteurin Hilde Osthaus-Fehrmann den Fall recherchieren und beschreiben zu lassen. Ein anderes Blatt aus demselben Verlag, der in Hamburg-Langenhorn und -Fuhlsbüttel erscheinende »Lokalanzeiger« druckte die Geschichte des BILD-geschädigten Petrovic nach. So erfuhren Arbeitskollegen und Nachbarn doch noch die Wahrheit. Pech für BILD, denn das ließ den Miroljub Petrovic Mut

fassen: Am 24. August reichte er beim Landgericht Hamburg Klage gegen den Springer-Verlag auf Zahlung eines Schmerzensgeldes ein.

Am 24. November antwortete der BILD-Anwalt Hans-Sophus Witt: »Aus der Tatsache, daß in der BILD-Zeitung das Foto des Klägers besonders groß veröffentlicht wurde, kann ein Vorwurf nicht hergeleitet werden ... Immerhin hat gerade das Bild in der BILD-Zeitung dem Kläger dazu verholfen, daß er auf die Veröffentlichung aufmerksam wurde und die Möglichkeit hatte, sich bei der Polizei zu melden, um die Sache aufzuklären.« Von einer finanziellen Forderung an Petrovic wegen des ihm von BILD geleisteten Dienstes sah der Springer-Anwalt vorläufig noch ab.
Was die Frau Ponto in den Mund gelegte Äußerung betreffe, sei »BILD gegenüber eine entsprechende Erklärung seitens des Bundeskriminalamts abgegeben worden«. Man sei jedoch nicht in der Lage, den Informanten zu nennen. Bezeugen aber könne es der Nachrichtenchef von BILD, Herr Martin Miersch, Hamburg. Ein Mann übrigens, der größere Teile seines Lebens in den Schriftsätzen der BILD-Anwälte fristen muß. Im Fall Poensgen wurde Miersch als Zeuge dafür benannt, daß BILD wegen frühen Redaktionsschlusses nicht mehr über die Aussagen der Entlastungszeugen habe berichten können, daß die Beförderung von dpa-Meldungen vom Fernschreiber zur BILD-Redaktion mindestens 30 Minuten dauere, daß die Presseerklärung der Bundesanwaltschaft, die in anderen Tageszeitungen abgedruckt war, bei BILD »zu spät« einging, daß der Chefredakteur Günter Prinz den Artikel gegen Frau Poensgen nicht redigiert habe – alles kann Miersch bezeugen. Mir scheint, dieser Redaktör hat's schwör.

Aber er hat Erfolg. Nach Zahlung eines Trinkgelds von 4000 Mark Schmerzensgeld konnte Springers Rechtsabteilung die Akte Petrovic schließen.

BILD-Haft

Meister der Kleinen Form: Auch in einer 10-Zeilen-Meldung schafft's BILD, die geballte Ladung seiner Vorurteile an die Leser zu bringen:

Pfleger beklaute Patienten

vio. Köln, 12. Juli
Die Patienten in einem Kölner City-Krankenhaus waren begeistert: »So einen netten Pfleger wie diesen Türken hatten wir noch nie!« Sie täuschten sich gründlich ...
In drei Wochen erbeutete der »reizende junge Mann« bei Patienten 13 000 Mark. Einem älteren Ehepaar stahl er sogar Wohnungs- und Safeschlüssel. Gestern wurde er festgenommen und vom Haftrichter wieder freigelassen: »Er hat eine Wohnung.« Die Polizei: »Er wird weiter betrügen ...«

Einmal davon abgesehen, daß laut Polizeibericht vom 11. Juli 79 und auch laut Berichterstattung des folgenden Tages im »Kölner Stadt-Anzeiger« die gestohlene Summe mit ca. 5000 DM angegeben wird, stimmen die wesentlichen anderen Fakten nicht. Der Dieb war kein Türke, sondern Kölner. Die Bestohlenen waren allerdings türkische Gastarbeiter, die kein deutsch sprachen und so von dem Trickbetrüger um so leichter hereinzulegen waren. Der stellvertretende Redaktionsleiter Viola hat die Nationalität von Täter und Opfern bewußt vertauscht, weil der Sachverhalt sonst nicht BILD-reif wäre. Und einmal das BILD-Vorurteil des »türkischen Betrügers« ausgestreut, darf auch der erlogene BILD-Schluß nicht fehlen. Solange man so was frei herumlaufen läßt! »DIE Polizei: ›Er wird weiter betrügen ...‹« – Solange sich BILD die Rolle der Bundespolizei anmaßen kann: »BILD wird weiter betrügen ...«

Buenos Dias, Faschismus!

> »Bei sonnigem Wetter ist das Leben im Stadion recht angenehm.«
> Dr. Bruno Heck, ehemaliger Generalsekretär der CDU, nach der Besichtigung des Stadions von Santiago de Chile, wo Pinochet tausende seiner Gegner foltern und Hunderte ermorden ließ

Die BILD-Zeitung trägt bis heute entscheidend dazu bei, daß das Leben »im Stadion«, also in den Folterkammern faschistischer Diktatoren, ihren Lesern recht angenehm erscheint.
Als im Sommer 1978 die argentinischen Militärdiktatoren zur Fußballweltmeisterschaft bitten, sitzen nach Ermittlungen von Amnesty International 15 000 Argentinier aus politischen Gründen in Gefängnissen, Arbeiter, Studenten, frühere Abgeordnete, Priester, Ärzte, Journalisten, Schriftsteller. Sie werden gefoltert. Tausende wurden verschleppt, sind »verschwunden«, ermordet.
BILD ist dabei und *»kämpft für sie«:* für faschistische Generäle und ihre Folterer und deren ungehinderte Machtausübung. Eine Kampagne, die sich wie eine bestellte Werbung des Mörder-Regimes liest.
Zaghaft versuchen zwei Sportreporter des Deutschen Fernsehens, bei der Kommentierung der Eröffnungsfeiern zur Fußballweltmeisterschaft ein paar Informationen über das Land zu geben, aus dem sie über »Spiele« berichten sollen: Da schlägt BILD AM SONNTAG das erste Mal zu:

»GEHT DAS SO WEITER MIT DER AGITATION HERR FRIEDRICHS?«

»Hans Joachim Friedrichs, Hauptabteilungsleiter Ressort Sport im ZDF, grollte zunächst ein attraktives »Herrgott noch einmal«, nimmt dann einen edel-alten Schluck Bourbon, formuliert endlich eloquent: »Auch als Sportredakteur kann meine Aufgabe nicht nur darin bestehen, stupide die Tore zu zählen! Die heile Berti-Vogts-Welt à la ›Fußball-ist-unser-Leben-und-sonst-gar-nichts-auf-der-Welt‹ gibt's nämlich nicht mehr. Und das ist nicht meine Schuld.«

Ich traf den eleganten Friedrichs in dem womöglich noch eleganteren ›Claridge‹-Hotel im Zentrum von Buenos Aires. Nach der ZDF-Auftaktsendung zur Fußball-WM »Buenos Dias Argentinia« vom vergangenen Mittwoch wollte ich von dem Fernseh-Mann wissen:
»Betreiben Sie eigentlich politische Agitation oder Fußball-Berichterstattung?«
Ich sagte dem ZDF-Moderator: »Ihre Zuschauer, Herr Friedrichs, und unsere Leser haben diese Art tendenziöser Interviews und Berichte, die sich nur am Rande mit Fußball beschäftigen, nämlich satt, Hunderte von Anrufen beweisen es ...«

Wie gut, daß es BILD AM SONNTAG gibt, das die Zuschauer und Leser nicht nur am Rande mit Fußball beschäftigt, sondern extra seinen Chefreporter Jeannée nach Argentinien entsandt hat:

»ICH SPRACH MIT DEN »UNTERDRÜCKTEN«
Die Wahrheit über das Land, in dem wir siegen wollen
Ich war in Argentinien, zum Unterschied zu den meisten Schreiern und Trommlern der Anti-Argentinien-Kampagne. Ich sprach mit den »Unterdrückten«, »Getretenen«, »Leidenden«, »Verfolgten«!«

Einer der »Unterdrückten«, mit denen BILD-Reporter Jeannée sprach, ist der »Leiter eines Reisebüros, Hans Albin, seit 50 Jahren im Land«:

»Herr Albin jettet beruflich mindestens einmal im Jahr nach Europa. Er hat also Vergleichsmöglichkeiten. Ich frage, Herr Albin, herrscht in Argentinien eine Diktatur der Generale?
Der Reiseagent sagt: »... Die Generale haben uns (vom Terrorismus) befreit. Zugegeben: mit harter, mit schrecklich harter Hand! ... Als ich nach sechs Wochen Europa wieder auf dem internationalen Flughafen Ezeiza bei Buenos Aires landete, da war ich ehrlich froh, wieder in der sogenannten Militärdiktatur Argentinien zu sein!«

Der nächste »Unterdrückte«, mit dem Jeannée sprach, ist Señor Bellardi:

»Señor Bellardi organisiert im Auftrag der Junta Unterkünfte für die 6000 erwarteten und akkreditierten Journalisten ... Bellardi: ›Wichtig ist, daß die Welt zur Kenntnis nimmt, daß die Bajonette und MPs der Soldaten zum Schutz unserer Gäste da sind. Und nicht zur Unterdrückung und Knechtung des Volkes.‹

An diese Worte des Señors Bellardi mußte ich denken, als ich eine Woche später auf dem Rhein-Main-Flughafen Frankfurt unsere waffenstarrenden Grenzschützer sah: War mir jemals der absurde Gedanke gekommen, daß diese Jungs zu meiner Unterjochung da sind???«

Zwar, räumt Jeannée ein: »Staatspräsident Jorge Rafael Videla und seine Militärs räumten mit den Terroristen radikal auf. Es wurde liquidiert, gefangengenommen, erschossen.« In dieser Reihenfolge. Aber dafür sei die »pulsierende Neun-Millionen-Stadt Buenos Aires heute eine der sichersten Hauptstädte der Welt«. So sicher, wie Berlin 1936.
Vier Wochen später räumt Jeannée endgültig mit den Kritikern der argentinischen Faschisten auf:

»*EIN TERRORIST GESTEHT FREIMÜTIG: ICH BIN NIEMALS GEFOLTERT WORDEN!*
In Argentinien schmachten politische Gefangene in den Gefängnissen ... Männer, die nicht wegen blutiger Gewalttaten, sondern allein wegen ihrer politischen Überzeugung verhaftet, gefoltert, eingesperrt wurden ... So wollen es uns in diesen Tagen »sportpolitische« Agitatoren in Fernsehen und Rundfunk glauben machen. Sie selber haben sich nicht die Mühe gemacht, Gefängnisse und Gefangene zu besuchen. Sie übernehmen vorbehaltlos propagandistische Behauptungen des Ostens, der von der Verfolgung seiner Bürgerrechtler ablenken möchte ... Als erster Journalist erhielt BILD AM SONNTAG-Chefreporter Michael Jeannée vom argentinischen Präsidenten Videla die Erlaubnis, ein Gefängnis in La Plata zu besuchen und mit den Häftlingen zu sprechen ... Sein Eindruck: In Argentinien werden, wie überall, Terroristen, d. h. Gewalttäter, die politische Motive vorgeben, gefangengehalten. Sie wurden nicht gefoltert, dürfen Besuche ihrer Angehörigen und Anwälte empfangen, werden ausreichend ernährt, genießen mehr Menschenrechte als in allen sozialistischen Straflagern – und machen aus ihren Verbrechen keinen Hehl.«

Man erinnert sich unwillkürlich an die Berichte von Rote-Kreuz-Kommissionen aus sauber präparierten NS-Konzentrationslagern. Auch damals machten die »Terroristen« aus ihren Verbrechen keinen Hehl, manche bekannten ganz offen: »Ich bin ein dreckiges Judenschwein, lass' mich nur mit Christenmädchen ein.« Daß Hitler die Vernichtung der jüdischen

Rasse öffentlich ankündigte, nahmen die Prüfer so wenig zur Kenntnis wie BILD AM SONNTAG die Äußerung des »Staatspräsidenten« Videla vom Dezember 1977: »Ein Terrorist ist nicht nur jemand mit einem Gewehr oder einer Bombe, sondern jemand, der Ideen verbreitet, die im Widerspruch zur westlichen und christlichen Zivilisation stehen.«

Zurück zum Faschismus am Sonntag, zu Michael Jeannée:

»Das Fußballfest in Argentinien ist in vollem Gange, und die linke Kampagne gegen das »KZ Argentinien«, gegen die »unmenschliche Herrschaft der Generale« im Gastgeberland der Fußballweltmeisterschaft nimmt zu – weltweit. Da passiert es, daß die »entfesselte Junta« mir und dem Fotoreporter Rudolf Alert die Tore eines ihrer berüchtigten Gefängnisse öffnet – des berüchtigtsten. Einfach so, ohne Bedingungen, Auflagen, Konditionen, Argentinia 78...«

Jeannée verschweigt, daß er – anders als die Reporter anderer, auch konservativer Zeitungen, denen kein Gefängnis geöffnet wurde – die wichtigste Bedingung bereits erfüllt hatte: Er und sein Blatt hatten der Junta hinreichend bewiesen, daß sie – in Treue fest – auf ihrer Seite stehen.

Was hat er nun gesehen, im »berüchtigtsten Gefängnis« von La Plata?

»La Unidad 9«, Gefängnis in der Provinzhauptstadt La Plata, eine Autostunde von Buenos Aires entfernt, ist das Stammheim der Generale. Von 1256 Insassen sind 880 »Detenidos Subversivos« – Terroristen. Die Sicherheitsvorkehrungen in und um den Komplex sind entsprechend. Falsche Anwältinnen mit Pistolen unterm Talar hätten hier nur geringe Chancen ... Jeder der Polit-Verbrecher kann (sofern er noch nicht rechtskräftig verurteilt ist) seinen Anwalt empfangen. Wann immer er will. Terroristen, die über keine finanziellen Mittel verfügen, bekommen einen Pflichtverteidiger ... Ich mache dem Anstaltsdirektor, Präfekt (Oberst) Abel Dupuy (37) von vornherein klar: Ich möchte alles wissen! Die Umstände, unter denen die verurteilten Terroristen hier leben ... Die Zellen sind sauber, in allen steht ein kleiner Ofen. Die Häftlinge können sich ihren Tee oder Kaffee selber kochen ... 25 Ärzte, vom Dentisten bis zum Röntgenologen stehen den Gefangenen zur Verfügung. »La Unidad 9« hat eine Bibliothek, eine Turnhalle ... Jedem subversiven Verbrecher in »La

Unidad 9« stehen pro Tag 450 Gramm Fleisch zu ... Pablo Zurrio war Offiziersanwärter in einer Gruppe von Montoneros, die in Mar des Plata eine riesige Fabrik und mehrere Kaufhäuser in die Luft gejagt hatten. Es gab Dutzende von Verletzten. Zurrio ist seit Februar 1976 in Haft ... Freimütig gesteht der Terrorist: »Was ich getan habe, habe ich getan. Dafür hat mich der Staat kassiert. Aber gefoltert oder mißhandelt bin ich nie worden. Auch geht mein Prozeß, soweit ich das beurteilen kann, in Ordnung. Nein – ich fühle mich in meinen Rechten nicht verletzt ... Von den 880 hier einsitzenden Monteneros – ich kenne jeden einzelnen – hat noch keiner konkrete Angaben (über Folterungen) machen können. Etwa, daß man ihm die Fingernägel gerupft hat.«

Ein ganz neuer Typ des Gefangenen, der sich – im Gegensatz zu jedem in einem Rechtsstaat einsitzenden Dieb – über nichts beschwert, Prozeß und Behandlung völlig in Ordnung findet. Und der eine der grausamsten Foltermethoden, das Ausreißen der Fingernägel, als »Rupfen« verniedlicht. Dieser »Zurrio« spricht wie einer der wohlgenährten KZ-Aufseher, die, als Häftlinge verkleidet, von den Nazis den Rote-Kreuz-Kommissionen vorgeführt wurden.
»Zurrio« ist Jeannées Zeuge, daß alles, was die – ja keineswegs linke – Gefangenen-Hilfsorganisation Amnesty International ermittelt hat, gelogen sein soll. Etwa über die »gebräuchlichsten Foltermethoden« in argentinischen Gefängnissen: Eine Stunde lang gebückt stehen, Kopf und Hand durch das kleine Fenster in der Zellentür, während die Aufseher mit ihren großen Schlüsselringen auf den Kopf des Gefangenen schlagen. Oder: »Behandlung« von Gefangenen mit Rasierklingen. Oder: mehrmaliges Wecken, Zusammenschlagen, anschließend stundenlanges Strammstehen. Oder: Verbrennungen mit Zigaretten, Elektroschocks, Entzug von Flüssigkeit und Nahrung, Ausreißen von Zähnen, Verbrennen mit heißem Wasser, mit Öl oder Säure, Kastration.
Der irische Priester Father Patrick Rice berichtet:

»Am Montag, dem 11. Oktober 1976, ging ich um etwa 20 Uhr 30 durch einen dunklen Stadtteil von Villa Soldati. Zusammen mit einem jungen argentinischen Mädchen, Fatima Cabrera, die um Rat und Hilfe zu mir gekommen war. Ein alter Lieferwagen hielt neben

uns an, ein Mann sprang heraus und rief uns an: ›Halt oder ich schieße!‹ Wir wußten nicht, was wir tun sollten. Er gab einen Schuß in die Erde ab. Ein zweiter Mann kam um die Ecke, ebenfalls eine Pistole in der Hand. Wir wurden auf den Lastwagen geladen. Wir wußten nicht, wer sie waren. Sie brachten uns zur Polizeistation 36. Ich wurde in einen Raum gebracht und mein Hemd wurde mir über Kopf und Gesicht gezogen. Sie fragten nach meinem Namen und wo ich wohnte. Ich stellte mich als Priester vor. Dann wurde ich zusammengeschlagen. Sie sagten zu mir: ›Jetzt wirst du feststellen, daß die Römer mit den ersten Christen sehr zivilisiert umgingen, verglichen mit dem, was dir passieren wird.‹ Später in der Nacht wurde ich in den Kofferraum eines Wagens gesteckt. Meine Hände waren hinter dem Rücken gefesselt und über den Kopf war eine Kapuze gezogen. Fatima wurde auf den Rücksitz des Autos gesetzt. Wir wurden zu einer Kaserne, wie ich glaube, gebracht. Ich wurde dann der Wasserfolter unterworfen. Meine Nase wurde zugehalten und Wasser wurde mir in den Mund gegossen. Das wirkt wie Ertränken. Die Schläge und das Ertränken dauerten den ganzen Dienstag, 12. Oktober, mit drei oder vier Stunden Unterbrechung an. Dienstag nacht brachten sie mich in einen anderen Raum. Elektroschocks wurden systematisch an verschiedenen Körperteilen angewandt. Im selben Raum wurde auch Fatima mit Elektroschocks gefoltert. Ich konnte sie schreien hören. Ich wurde beschuldigt, Propagandaslogans gegen die Armee in Villa Soldati angeschlagen zu haben. Am Donnerstag wurde ich angewiesen, über Anzeichen von Folterungen zu sagen: ›Ich fiel die Treppe herunter‹. Sie sagten: ›Wenn Sie irgend etwas anderes sagen, wird man Sie im Fluß finden. Ich glaubte, ich würde innerhalb weniger Tage wieder freigelassen. Aber ich wurde nach Villa Devoto verlegt und dann nach LA PLATA, wo ich fünf Wochen bis zu meiner Deportation festgehalten wurde.«

Für BILD AM SONNTAG und seinen Chefreporter Jeannée wäre Father Rice, der immerhin unter dem Verdacht stand, Plakate angeschlagen zu haben, sicher auch ein »Terrorist«, wie der in La Plata einsitzende argentinische Journalist Eduardo Lucio Molina y Vedia, über den Amnesty International berichtet: »Der Grund seiner Verhaftung ist nicht klar. Er war, soviel man weiß, in keinerlei politische Tätigkeit in Argentinien verwickelt.« Molina y Vedia wurde am 6. April 1976 von einer Gruppe unbekannter bewaffneter Männer entführt. Zwei Wochen lang blieb er spurlos verschwunden, dann beka-

men seine Angehörigen Nachricht, er werde im Polizeihauptquartier von Buenos Aires verhört. Es ist nie bekannt geworden, wozu er verhört wurde. Man weiß inzwischen jedoch, daß er bei diesen Verhören gefoltert wurde. Danach kam er wie Father Rice ins Gefängnis von La Plata.
Molina y Vedia war Journalist und schrieb zuletzt für die nationale Zeitung »La Opiniòn«. Die liberale französische Zeitung »Le Monde« berichtete bereits Ende 1975 von 29 in Argentinien ermordeten, vierzig verschwundenen, siebzig inhaftierten und vierhundert ins Ausland geflüchteten Journalisten. Waren das alles Terroristen? War Antonio di Benedetto, Schriftsteller und Herausgeber der Tageszeitung »Los Andes« ein Terrorist? Er wurde nach Videlas Militärputsch inhaftiert, sein Antrag, ins Exil gehen zu dürfen, wurde abgelehnt. Amnesty International: »Er ist aufgrund von Mißhandlungen im Gefängnis schwer erkrankt. Mehrere Male wurde er nachts aus seiner Zelle geholt und von Wärtern brutal zusammengeschlagen.«
Antonio di Benedetto war im »Stammheim der Generale«, in La Plata. Es ging ihm dort nicht so gut wie dem Videla-Freund Jeannée. Auch einigen Anwälten, die keine Waffe unter ihrem Talar trugen, ging es nicht so gut: Rechtsanwalt Sergio Karakatchoff, der Gefangene in La Plata verteidigen wollte, wurde am 10. September 1976 zusammen mit seinem Kollegen Alberto Teruggi erschossen. Rechtsanwalt Laho Sanchez wurde festgenommen und im Gefängnis von La Plata totgeschlagen. Bundesrichter Carlos Molteni, zuständig für den Bezirk La Plata und offenbar den Folterherren nicht willfährig, wurde selbst eingesperrt und gefoltert. Bereits im Frühjahr 1978, ein halbes Jahr vor Jeannées Loblied auf das saubere Gefängnis, gab Amnesty International die Namen von 73 inhaftierten, 48 verschwundenen und 13 getöteten Rechtsanwälten bekannt.
Und gemütliche Zellen des Gefängnisses von La Plata schilderte der chilenische Wissenschaftler Martinez gegenüber Amnesty International so:

»Dies ist ein neues Sondergefängnis mit mehr als 1000 Einzelzellen von 1,70 m Breite und 2 m Länge. Einige Zellen sind mit zwei Gefangenen belegt. Der ganze Raum ist mit einer Holzpritsche, einem kleinen Tisch, einem Stuhl, einem Waschbecken und einem WC, alles aus Beton, angefüllt.« Und über die Ernährung der Gefangenen berichtet Amnesty International: *»Die Gefangenen in allen Gefängnissen, einschließlich dem in La Plata, leiden an Eiweißmangel, werden krank, der Körper entwickelt keine Widerstandskräfte. Es gibt fast nie Fleisch, kaum Milch, nur Suppe.«*

Das alles hätte der BILD-Chefreporter Jeannée erfahren, lesen, nachrecherchieren können. Statt dessen kolportierte er die Propaganda der Faschisten – »für jeden subversiven Verbrecher pro Tag 450 Gramm Fleisch« – und verhöhnte ihre Opfer als Lügner. Mit Tatbeständen wie »Verherrlichung von Gewalt« oder »Unterstützung einer terroristischen Vereinigung« ist das Treiben des Michael Jeannée und seiner Auftraggeber nicht zu fassen.

Eine Lanze für Berti

Grob über den Daumen gepeilt, sieht es in der bundesdeutschen Presse so aus: Die Politik ist der redaktionelle Kompromiß, der Wirtschaftsteil verkündet die verlegerischen Interessen, im Feuilleton dürfen sich die Nörgler Luft machen. Aber im Sport spricht das Herz. Selbst in der »Frankfurter Rundschau« berichtete die Sport-Redaktion noch von den »Zonen-Rodlern«, als auf Seite 1 die DDR längst ohne Anführungszeichen geschrieben wurde.

BILD ist DIE Sportzeitung. Kein anderes Blatt, Spezialzeitschriften ausgenommen, gibt dem Sport so viel Raum wie BILD. Das ist kein Zufall. Nirgendwo kann das Blatt so wirkungsvoll und zugleich so unauffällig an der Herzensbildung seiner Leser arbeiten wie im Sportteil. Das in der Politik oft nur mühsam Unterdrückte – hier wird's Ereignis:
»Mutig, eifrig, knüppelhart, erbarmungslos, Hiebe, Deckung, Täuschungsmanöver, Kampf, Treffer, Sturmschwäche, Jagd, Angriff, Stürmer, Bomber, Sieger, Kameraden« – das Weltkriegsvokabular eines einzigen Sportteils der BILD-Zeitung (23. 1. 78).
Und ein Handballspiel zwischen den Mannschaften der DDR und der Bundesrepublik liest sich wie ein Frontbericht einer Schlacht um Helmstedt:

> *»Das war nichts für schwache Nerven ... die ›DDR‹ ... knüppelhart ... brutal ... die Stenzel-Truppe ... ein Schocker ... Der 2,04-m-Riese Wunderlich schießt ... Der routinierte Abwehrstratege ... marschiert alleine durch ... Brand schießt ... Die ›DDR‹ stand noch verdattert am deutschen Kreis ... Gerlach kommt frei zum Schuß ... Deutschland wieder im Gegenangriff ... Doch die ›DDR‹ baute einen neuen Angriff auf ... Es waren noch 80 Sekunden ... Konsequent wurde der Gegner abgeblockt ... frühzeitig gestört ... Knallharte ›DDR‹-Abwehr ... nach der Devise: Faust vor, Gegner ausschalten ... erfolgreichste Schützen ...«*

Überschrift: »14:14 gegen die ›DDR‹ war wie ein Sieg!« Für »Deutschland«, wie die bundesdeutsche Mannschaft bei BILD heißt.
»Deutschland« wirft deshalb auch nicht, »Deutschland« »schießt«, »kommt frei zum Schuß«, »marschiert« – seine Gegner sind »brutal«, ein bißchen beschränkt (»verdattert«), bösartig (»Faust vor«): kommunistische Untermenschen halt, denen sich »unsere Truppe« mit den blonden 2,04-m-Riesen in heldenhaftem Kampf entgegenstellen.
Unsere blonden Zwerge natürlich auch. Berti Vogts zum Beispiel, der gleichfalls »knüppelharte« Fußballspieler, der so flink, schnell und zäh ist, wie sich BILD die Jugend »Deutschlands« wünscht. Und genau so reaktionär, untertänig und beflissen. Als in Mönchengladbachs Bökelberg-Stadion ein Spiel angesetzt worden war, mit dem der Abschied vom aktiven Fußballer Vogts gefeiert werden sollte, beantragte der Millionär Berti bei der Stadt, ihm zu seinem Verdienst von 180 000 Mark für dieses Spiel auch noch die Stadionmiete von 30 000 Mark zu schenken. Das wurde abgelehnt:

BILD - Kommentar

Polit-Foul gegen Berti

Berti Vogts hat immer gekämpft. So wurde er ein Vorbild.

Und Weltmeister, fünfmal Deutscher Meister.

Wenn er den Ball links oder rechts schlug – haben Sie da an SPD, FDP oder CDU gedacht?

Sicher nicht.

Aber Berti denkt jetzt an SPD- und FDP-Ratsherren seiner Stadt. Mit Grausen.

Die bestrafen ihn, ausgerechnet bei seinem Abschiedsspiel, mit 30 000 Mark Stadionmiete. Weil Berti sich immer zur CDU bekannt hat.

Bertis letzter Kampf – ein schäbiger Gegner. Das Bundesverdienstkreuz können sie ihm wenigstens nicht nehmen.

Ja, die Kryptokommunisten aus SPD und FDP haben userm edlen Kämpfer, dem aufopferungsvollen Vorbild, ein Bein gestellt, haben ihn um seinen wohlverdienten Lohn gebracht, ihn mit 30 000 Mark »bestraft«. BILD- und Berti-Fans, wollt ihr die noch einmal wählen?
Wen stört's, daß es die von Berti so geliebte CDU ist, die im Rat und in den Ausschüssen

der Stadt Mönchengladbach die absolute Mehrheit hat. Und daß das Ratsmitglied Willi Wimmer, Bundestagsabgeordneter der CDU, als erster Redner im zuständigen Ausschuß das Ansinnen von Herrn Vogts scharf abgelehnt hatte.

Bomber der Nation

Nun sind Sportler, vor allem Berufssportler, auf diese größte Sportzeitung der Republik angewiesen: BILD-Kritiken bestimmen ihre Karriere und ihr Gehalt. Da sie das wissen, lassen sie fast alles mit sich machen, nehmen diese Lüge, jene Verfälschung oder Erfindung einfach hin, um es sich mit BILD nicht zu verderben. Um so bemerkenswerter, wenn schließlich doch einmal eines dieser BILD-Opfer sich wehrt.

Die Versuche von Gerd Müller (FC Bayern München), gegen die schlimmsten BILD-Lügen über ihn vorzugehen, reichen bis ins Jahr 1975 zurück. Erfolg hatte er freilich nie, denn BILD hat ja eine ganz spezielle Art, mit Gegendarstellungs-Begehren umzugehen. So wollte sich Müller am 17. Oktober 1975 gegen eine BILD-Geschichte auf Seite 1 mit einer Gegendarstellung wehren. BILD hatte es mal wieder ganz genau gewußt:

»Nach Weltmeister Ulli Hoeneß fällt jetzt auch Bomber Gerd Müller für mindestens sechs weitere Monate aus ... Deutschlands erfolgreichster Torjäger aller Zeiten ... wird im November zum zweiten Male am Oberschenkel operiert. Der Muskelriß ist so kompliziert, daß wahrscheinlich eine neue Sehne eingesetzt werden muß.«

Müller wollte gegendarstellen, daß er schon Ende 1975 wieder das Training aufnehmen werde und der behandelnde Arzt, Professor Maurer, keine weitere Operation für nötig halte, weil der Heilprozeß außerordentlich zufriedenstellend verlaufe. Für Müller war die BILD-Falschmeldung ein Generalangriff auf seine berufssportliche Existenz: Der Marktwert eines Fußballspielers kann durch eine so komplizierte Operation, wie BILD sie Müller andichtete, schnell auf Null fallen. Anwalt Kühle schmetterte die Gegendarstellung nach BILD-üblicher Praxis ab:

»*Im übrigen ergibt sich aus dem Inhalt dieser Gegendarstellung bereits, daß die Veröffentlichung in BILD ... im wesentlichen zutreffend und damit nicht gegendarstellungsfähig ist.*«

Ohne Begründung. Normalerweise genügt diese kleine Erinnerung an die BILD-Macht, den betroffenen Sportlern den Schneid abzukaufen. Doch Müller muckte noch einmal auf. Er präzisierte seine Gegendarstellung in zwei Punkten und verlangte erneut Abdruck. Wieder lehnte BILD-Anwalt Kühle ab.

Als Gerd Müller vier Jahre später in die USA zog, verabschiedete BILD den Emigranten, von dem BILD jahrelang gelebt hatte, mit einer von Schmähungen strotzenden Geschichte des Münchner BILD-Büros: »Für die alten Herren zu schwach. Langsam wie ein Telefonhäuschen. Schaut zu tief ins Glas.« Ein deutscher Bomber geht nicht ungestraft ins Ausland. Und doch hatte BILD-München diese Geschichte so nicht geschrieben. Denn in einer Hausmitteilung von Markus H. (BILD-Sport München) an den Hamburger BILD-Sport-Chef Willi Schmitt heißt es:

»*Sehr geehrter Herr Schmidt,
ich distanziere mich entschieden von dem Artikel.
1. Weil dieser Text mit meinem ursprünglichen Manuskript nicht das geringste zu tun hat.
2. Weil durch Umschreiben ein unwahrer Sachverhalt entstand.
3. Weil in Ihrer Hamburger Redaktion eigenmächtig unwahre Zitate beigefügt wurden.
4. Weil Überschrift und Dachzeilen unwahr sind. Es sei nur nebenbei erwähnt, daß solche Dinge in letzter Zeit mehrmals vorgekommen sind ... Wir arbeiten hier »an der Front«, haben täglichen Kontakt und Gespräche mit Präsidium, Trainern, Spielern, Funktionären und »Insidern«. Leider aber hat es den Anschein, daß unsere Hamburger*

Redaktion mehr Wert auf Meinung und (unwahre) Tatsachen anderer legt.«

Sport-Chef Schmitt antwortete postwendend am 1. Februar 79. Doch nicht ganz so brutal, wie das sonst üblich ist, wenn ein einfacher Redakteur den Kopf hebt. Denn Schmitt bekam Angst, und er schrieb auch, warum:

Lieber Herr H.,
ich nehme Ihnen nicht übel, daß Sie in Ihrem Ton vielleicht ein bißchen zu weit gegangen sind. Was ich Ihnen allerdings sehr übel nehme, wenn Sie mir und der Hamburg-Redaktion unterstellen, daß wir Geschichten verfälschen. Das sollte man vielleicht nicht gerade in Briefen schreiben, die in falsche Hände geraten können. (zu spät. – G. W.)
Sie müssen mir als Leiter des Sport-Ressorts schon zugestehen, eine Zeitung zu machen, die den Leser interessiert. Daß die Zitate in diesem Artikel unwahr sind, dürfen Sie von vornherein nicht sagen ... Wir können immer und trotzdem über die Geschichten reden. Das sollten wir besser am Telefon tun.
Mit freundlichen Grüßen
Willi Schmitt

Die BILD-Vendetta

Wenn sich ein Sportler bei der Abwehr von BILD-Lügen weder auf Gegendarstellungen noch auf Schadensersatz-Forderungen beschränkt, sondern Öffentlichkeit herstellt, verfällt er bei BILD einem Gesetz, das an die sizilianische Blutrache erinnert. Erlebt hat das der Josef (genannt: Sepp) Maier, Torhüter der bundesdeutschen Fußballmannschaft. Aber der Reihe nach:
In New York arbeitet für BILD der Österreicher Karl Scheiböck als freier Sport-Journalist. Eines Tages hatte er die nicht sehr ausgefallene Idee, dem BILD-Sportchef Willi Schmitt

eine Geschichte über das Interesse des New Yorker Fußballklubs Cosmos an Sepp Maier zu verkaufen. Schmitt zeigte Interesse.
Scheiböck rief Sepp Maier an: »Cosmos will dich. Manager Mazzei fragt an, ob du kommen willst.« Maier nahm die Sache nicht ernst: »Da kann ja jeder anrufen.«
Einige Tage später reist Maiers Verein zu einem Freundschaftsspiel nach New York. Willi Schmitt will jetzt die Geschichte haben. Und Scheiböck liefert prompt: Cosmos-Präsident Ertegun habe Maier zusammen mit Franz Beckenbauer in seinem New Yorker Wolkenkratzerbüro empfangen – zum Vertragsgespräch. Maier habe auch wollen, aber nicht dürfen: Seine Frau Agnes wolle nicht nach Amerika. In Erteguns Büro habe ein Koffer voller Geld bereitgestanden, um Maier zum Vertragsabschluß zu reizen. Für den Tennisnarren Maier habe Cosmos sogar die Übernahme eines Tennisparks in Aussicht gestellt.
In Wirklichkeit hatte Sepp Maier weder das Büro des Cosmos-Präsidenten zu sehen bekommen noch den Geldkoffer. Es gab auch keinen Tennispark und keine widerspenstige Agnes. Und Maier war unvorsichtig genug, das alles auch noch dem Fußball-Magazin »Kicker« zu erzählen: »Ich hab mich furchtbar geärgert, weil die Leute jetzt denken: kaum beginnt bei uns die neue Saison, hat der Maier nur noch Geld im Kopf und will weg von Bayern.«
Dem nach New York mitgefahrenen BILD-Mann, so berichtete der »Kicker«, habe Maier den ganzen Hintergrund des Cosmos-»Angebots« ausführlich geschildert. »Nur«, sagte dann der Sepp, »drin stand dann überhaupt nichts.« Und Maier ließ BILD wissen: »Wenn's wieder Sauregurkenzeit habt's, könnt's eure G'schichtln über an anderen erfinden.«
Das sagte er nicht ungestraft. Als Maier kurz darauf mit seinem Auto schwer verunglückte, fragte BILD scheinheilig: »Nie wieder im Tor?« Maier müsse jetzt an die anderen Unfallopfer »Schadensersatz in einer Million Höhe« zahlen, weil zuviel Alkohol im Spiel gewesen sei. Außerdem habe er Schulden und stehe jetzt vor seinem »zerstörten Lebenswerk«.

Maier war auf der Landstraße 80 gefahren und hatte keinen Alkohol im Blut. BILD hatte seine Macht demonstriert und glaubte ihn nun weit genug zu haben und schickte einen Fotografen zu Maier ans Krankenbett, der vorschlug, zum Ausgleich könne man ja jetzt wieder ein paar nette »Geschichterln« bringen. Doch Sepp Maier, der nach einer langen erfolgreichen Karriere finanziell unabhängig ist und sich auf das Wohlwollen der BILD-Lügner nicht mehr angewiesen fühlt, suchte wieder die Öffentlichkeit. Im »Kicker« erklärte er:

»*Von wegen Ende der Karriere und eines Lebenswerkes, von wegen, daß ich bei meinem Unfall 160 gefahren bin und zuviel Alkohol im Spiel war. Ich kann nur noch einmal sagen: erstunken und erlogen ... Aber die wollen mich kaputtmachen.*«

Sepp Maier auf meine Frage, wie er es sich erkläre, daß BILD derartige Lügen über ihn verbreitet hat:

»*Ja, da müssen Sie mal die Zeitung lesen. Da sind doch 80 Prozent der Nachrichten erlogen, und da gibt es aber immer noch genug Leute, die glauben das noch. Die wollen doch nur verkaufen. Und da brauchen sie die Sensationen. Und mein Fall war halt eine Sensation. Ob das der Wahrheit entspricht oder nicht.*« Und warum er sich nicht wehrt: »*Ja, die wissen halt, daß sie am längeren Hebel sitzen.*«

Der Mädchenhändler oder BILD braucht Eddie

Eddie C. Schmidt jr. betreibt im Hamburger Stadtteil Eppendorf ein »Pressebüro«. Er ist bekannt als einer, der's möglich macht, er liefert so gut wie alles, was in der Branche gebraucht wird: Damen, die einen Empfang ein wenig auflockern, Mädchen, aus denen sich eine traurig-schlüpfrige Geschichte machen läßt – je nach Bedarf. Für Wahrheiten fühlt sich Eddie Schmidt nicht zuständig: »Journalistische Sorgfaltspflicht habe ich als Pressebeschaffungsbüro nicht.« Für ihn, das weiß man in und um Hamburg, haben die Käufer seiner Materialien »zu prüfen, ob die Geschichte stimmt«:

»Ich sage den Mädels, erzählt mal dieses, erzählt mal jenes – und aus. Ich hab den Mädchen die Geschichten angedreht, die sie jeweils erzählen sollten. Ich will damit feststellen, daß ich also pausenlos innerhalb der Zeit von sechs, sieben Jahren nach Anfragen von BILD oder Fotografen von BILD getürkte Weibergeschichten erzählt habe, die sie blind übernommen haben, ohne Prüfung, ob sie stimmen. Ich bezog von der BILD-Zeitung für sogenannte Mitarbeit, wenn ich eine kleinere oder größere Seelengeschichte geliefert hatte, ein gewisses Honorar. Das hab ich auch kassiert.«

Und die BILD-Zeitung war des Lobes voll. Eines der Dankschreiben, vom stellvertretenden BILD-Chefredakteur Horst Wolf:

Lieber Herr Schmidt,

nach Abschluß unserer gemeinsamen großen Aktionen, für BILD und BILD am SONNTAG, möchte ich mich, auch im Namen der Chefredakteure beider Blätter, für die vorzügliche Mitarbeit bedanken. Ich hoffe, wir werden auch in Zukunft noch häufig Gelegenheit haben, miteinander große Aktionen, zum Wohl von BILD und BILD am SONNTAG, zu organisieren.

Eddie Schmidt: »In jedem Fall waren die Serien, mit ganz wenigen Ausnahmen, auch getürkt.« Viele Jahre hat sich Eddi

Schmidt um Axel Springers Verlag verdient gemacht und zeigt nicht ohne Stolz ein Dankschreiben der BILD-Zeitung schon aus dem Jahre 1969:

»Sehr geehrter Herr Schmidt!
Zum bevorstehenden Jahreswechsel darf ich mich auf diesem Wege für die hervorragende Zusammenarbeit während der vergangenen Monate bedanken. Es gibt zwar viele Unternehmen dieser Art, doch wird man kaum irgendwo so präzise und schnell informiert wie durch Ihr Büro. Was ich an Ihnen besonders schätze, ist Ihr Reichtum an neuen Ideen, über die Sie nicht nur reden, sondern die Sie auch gleich in die Tat umsetzen. Das hat uns in letzter Zeit doch sehr geholfen. Ich darf Ihnen deshalb noch einmal danken und hoffe, daß ich auch im kommenden Jahr wieder mit Informationen aus Ihrem Büro versorgt werde ...
BILD-Zeitung Hamburg«

BILD wurde versorgt, schnell, präzise und mit einem Reichtum an neuen Ideen, die sich zum Beispiel im April 1975 in der BILD-Serie »Die gefallenen Mädchen von Hamburg / Ein Bericht über Töchter aus gutem Hause, die auf die schiefe Bahn gerieten« niederschlugen. Unter Titeln wie »Margits Schicksal: Rauschgift, Alkohol und Sex für Geld«, »Tagsüber arbeitet Verena bei einer Krankenkasse – abends verkauft sie Gulasch und Sex«, »Schon in der Schule nahm Britta Geld für die Liebe« oder »Zu Hause gab's nur Prügel, da suchte sich Beate Männer« wurde den BILD-Lesern immer wieder die gleiche Geschichte erzählt: Erste Sex-Erfahrungen mit zehn oder zwölf Jahren, Probleme im Elternhaus, ab Richtung St. Pauli. Wie solche Geschichten entstehen, erzählt Marga Hebig:*

»In den Jahren 1976 und 1977 bin ich viermal Gegenstand eines Artikels in der BILD-Zeitung gewesen: 21.2.76 ARBEITSLOS: HAMBURGER TEENAGER VERKAUFEN SEX, 22.3.76 EIN FRÄULEIN VOM AMT WILL SCHÄFERIN WERDEN. 30.9.76 DAS TREIBHAUSWETTER WIRFT UNS UM. 4.2.77 MIT KALEBASSEN ZAUBERN. (Die beiden letztgenannten Artikel waren nur mit Fotos von mir illustriert.) Mit meiner Person haben die Berichte nichts zu tun. Das Pressebüro Eddie Schmidt hat mich jeweils an die BILD-Zeitung vermittelt. Die Redakteure (bzw. Fotografen) wußten, daß ich bezahltes Fotomodell bin.«

Manchmal gingen die BILD-Reporter selbst für Eddie Schmidts nicht gerade enges Gewissen zu weit. Da rief ihn einmal die Münchner BILD-Redaktion an, sie plane eine Art Wochenend-Beilage über Hamburg: »Besorg uns fünf bis sechs Mädchen, ganz seriös, typische Hamburger Mädchen im Hamburger Hafen oder an der Alster.« Schmidt:

»*Ich habe bewußt derzeit gefragt, nackte oder nicht nackte. Nein, keine nackten, seriöse Mädchen. Ich hab anhand meines Archivs eine Reihe dieser Mädchen ausgesucht, angerufen und gefragt, ob sie bereit wären, sich für ein entsprechendes Honorar zur Verfügung zu stellen. Die Mädchen machten mit. Dann wurden sie für BILD fotografiert. In der Geschichte wurden die Mädchen als Callgirls verkauft.*«

Die Mädchen klagten. Schmidt:

»*Als Zeuge sagte ich aus, daß ganz klar abgemacht war, die Mädchen nicht als Prostituierte darzustellen. Ich habe damals noch mit dem Fotochef der BILD-Zeitung, Kühn, gesprochen, der ausgesprochen sauer darüber war, daß ich aussagte. Die Mädchen haben gewonnen und eine erhebliche Summe als Schadensersatz bekommen.*«

Ob die BILD-Zeitung nun auf den zu präzise gewordenen Eddie Schmidt verzichtet? Aber es gibt ja »viele Unternehmen dieser Art«, bei denen sie ihre Mädchen bestellen können. Und gewiß sind welche darunter, die dem Fotochef nicht mit wahrheitsgemäßen Zeugenaussagen Ärger machen.

Die Gammler von London

Als Angela und Hildegard Assies aus Bochum ihren Sommerurlaub 1977 in London beendet hatten und am 16. August in Victoria Station auf ihren Zug nach Deutschland warteten, werden sie von einem Mann angesprochen: Er wolle ein Foto machen, für eine deutsche Zeitung, den Namen des Blattes wisse er leider im Moment nicht, ob er sie nicht fotografieren dürfe. Angela und Hildegard saßen auf ihren Schlafsäcken, der Fotograf packte noch Käse und Konserven dazu, die er von anderen Wartenden kurz ausborgte, und knipste.
Das Bild erschien am 11. September 1977 in BILD AM SONNTAG, als Beleg für eine Geschichte über »10000 Jungen und Mädchen aus der Bundesrepublik, die »in London gammeln«. Titel: »Die Ausreißer lassen grüßen.« Bildunterschrift: »Konserven aus dem Sonderangebot, das ›Bett‹ auf einer Decke im U-Bahn-Schacht – so leben diese beiden in London.
Die beiden Schwestern klagten auf Schadensersatz. BILD entschädigte sie mit 250 Mark pro Person. Ein Taschengeld für eine Lüge. Sozusagen ein Sonderangebot. Wie bei Konserven.

Zum fröhlichen Meineid

»Die BILD-Zeitung hat entscheidend dazu beigetragen, den Familiensinn in Deutschland zu fördern«
Bruno Heck (ehemaliger Familienminister und Generalsekretär der CDU)

Nachrichtenbeschaffung in einer Lokalredaktion von BILD: am Vormittag ist der »Mitarbeiter aus Solingen«, die Schere, das wichtigste Arbeitsgerät. Jeder Artikel aus der Regional-Presse wird darauf abgeklopft, ob der jeweilige Fall nicht noch durch »Andrehung des letzten Gewindes« (so der Kölner Redaktionsleiter Heinz Horrmann) auf BILD-Niveau gebracht werden kann, also durch Überspitzung, Überdrehung oder Verfälschung. Lohnender aber ist eine andere Informationsquelle: »In Köln erfährt man Geschichten nur in Kneipen« (wieder Horrmann). Besonders in den beiden Gerichts-Pinten »Appellhof« (genannt »Zum fröhlichen Meineid«) und »Leila«, wo Rechtsanwälte, Richter, Staatsanwälte und Journalisten vor und nach den Verhandlungen ein Schwätzchen halten. Das meiste ist natürlich aus den Angeklagten herauszuholen, die sich hier vor dem Prozeß Mut antrinken. Auch für Roderich Türck* sind »Appellhof« und »Leila« die bevorzugten Arbeitsplätze. Und immer nach Horrmanns Dienstanweisung: »Sie sollten etwas forscher an die Leute rangehen. Manchmal muß man eben seine gute Erziehung auf Kosten des Journalismus zurückstellen. Die Leute bekneten, nicht lockerlassen, dann kommt auch was raus.«

Wenn aber partout nichts rauskommt, beknetet Türck die eigene Phantasie. So war es zum Beispiel am 15. September 1978 ein achtzehn Zentimeter langer Penis aus Backwerk, über den nach einem Beschluß des Gerichtsreporters die Kölner Justiz verhandelte. »Da mußte selbst der Richter schlukken, und wir können gar nicht alles drucken«, floß es poetisch aus der Feder Roderich Türcks. Ein verliebter Bäckermeister habe, so meldete der BILD-Reporter, Zettelchen mit deftigen Sex-Gedichten in »geschlitzte Milchbrötchen« gebacken, die er jeden Morgen einer »Frau Margot« vor die Tür legte. Als sie eines Morgens auch noch das 18 cm-Backwerk mit dem Gedicht »Betrachte diesen Penis und finde, daß er schön is« in der Tüte fand, da sei sie zum Amtsgericht gelaufen.

Solche Justiz-Reportagen machen auch den Herren in der Hamburger Chef-Etage von BILD Laune – und natürlich bekamen die Leser diese zusammengebackene Geschichte bundesweit serviert. Einschließlich des Urteils vom Kölner Amtsgericht – 300 DM Geldstrafe.

Nur: in Wahrheit gab es kein Urteil, keinen Prozeß, keine beleidigte Frau Margot, keinen verliebten Bäckermeister. Aber das Corpus delicti, den Brötchen-Penis, gab es. Den hatte man eigens von einem Bäckermeister anfertigen lassen.

Doch wo Köln ganz exklusiv ist, da werden nicht nur kleine Zoten-Brötchen gebacken, da stellen ganze Herren-Stammtische die Gesetze der Natur auf den Kopf.

»Kegelclub (11 Mann) wurde Vater – keiner muß zahlen!«, verkündete einen Tag vor Silvester 1977 eine fette Überschrift auf Seite 6, und die Unterzeile berichtete: »Auf der Kegeltour ging es fröhlicher zu als jetzt vor Gericht – Richter sprach salomonisches Urteil«.

Zehn standen, laut BILD, vor Gericht. Doch der elfte mußte der Vater gewesen sein. Und der war gerade – Gott sei Dank! – tödlich verunglückt. Aber das Kind brauchte trotzdem nicht zu hungern: Die Mutter erbte, Glück über Glück, gerade jetzt zufällig ein Hotel!

So ist keiner traurig, die Welt bleibt in Ordnung. Dieses Märchen voll ausgleichender Gerechtigkeit erwarb BILD einschließlich eines seriösen Aktenzeichens von einem Anwaltsgehilfen, von dem so mancher Schwank stammt, das Stück zu hundert Mark.

Die Kollektiv-Vaterschaft war ein Volltreffer und fand so viel Anklang, daß sie in der nächsten Themen-Not wieder aufgekocht wurde – in nur leicht veränderter Form, und diesmal, am 30. Juni 1978, gleich auf der Titelseite und in der Bundesausgabe: »Fünf Kölner liebten Sekretärin – Baby!«

Diesmal haben fünf Teilnehmer einer Versicherungstagung in Mönchengladbach mit einer einzigen Frau geschlafen, einer »lebenslustigen Kongreß-Sekretärin«. Wieder nimmt alles ein harmonisches Ende, denn die soliden Herren wollen sich mit je 40 Mark per monatlichem Dauerauftrag nicht lumpen lassen: »Jeder von uns hat geschworen, sich um den Kleinen zu kümmern.« Nur: »Unsere Familien dürfen nichts davon erfahren.«
Die mit »rb« (= Redaktionsbericht) gezeichnete Geschichte wurde, so versichert ein Ex-Redakteur des Kölner BILD-Büros, unter der kundigen Anleitung des Redaktions-Chefs Horrmann aus einer beim mittäglichen Makkaroni-Essen erzählten Zote fachmännisch aufbereitet.

Aber wenn einem zwischen Schnapsdunst und Tabakschwaden in den Appellhof-Kneipen überhaupt nichts mehr einfallen will, greift man am besten auf den bewährten Exhibitionisten zurück, damit man nicht gar zu nackt vor der stoffhungrigen BILD-Maschinerie dasteht. Daß es dann beispielsweise den Mann, der 14mal wegen Erregung öffentlichen Ärgernisses angezeigt worden war, nicht gibt, stört nicht weiter, denn eine Gegendarstellung verlangen kann er ja nicht (12. April 78: »7 Monate für den nackten Mann mit der Trillerpfeife«).

Nicht immer aber entbehren solche BILD-Ergüsse grundsätzlich jeden Wahrheitsgehalts.

BILD berichtet: »Drei Jahre muß ein Dachdecker im Gefängnis büßen, weil er einer sittenstrengen Bibliothekarin an einem Baggersee in den Bikini griff – und einmal ihren Busen streichelte.«

Schlagzeile: »1 × BUSEN ANGEFASST – 3 JAHRE GEFÄNGNIS«
BILD denkt sich in den Täter hinein: »Ich versteh überhaupt nicht, wieso sich diese Bibliothekarin so aufregt«.
Recht geschah's ihr, dem »Typ Blaustrumpf mit Brille und Kurzhaarfrisur.« – Da machte es auch nichts, daß es der Versuch einer handfesten Vergewaltigung war. Die Strafe fiel deshalb so hoch aus, weil es ein Wiederholungstäter war.

»Sex per Taxifunk – und die Post hörte fleißig mit«, meldete
BILD-Köln am 28. April 1978 auf Seite 3. Ein Postobersekretär bekam im Taxi mit, wie der Fahrer dank einer »unter dem
Sofa seiner Freundin« installierten »Wanze« akustisch den
Seitensprüngen jener Dame auf der Spur war.
Tatsache war, daß – laut Terminzettel – vor Gericht über
einen »Verstoß gegen das Fernmeldegesetz« verhandelt werden sollte. Diese vier Wörter genügten Türck. Worum es sich
dabei handelte, wußte er nicht. Er machte sich auch nicht die
Mühe, den Termin abzuwarten oder Erkundigungen einzuziehen. Er erfand die Affäre, die dann auch nicht den bundesdeutschen Justizalltag widerspiegelte, sondern allein den
BILD-Reporter-Traum projizierte, in allen Schlafzimmern
der Nation Mäuschen spielen zu können.

Auch Redaktionsleiter Horrmann ist nicht zimperlich, wenn
es um seine eigenen feuchten Phantasien geht: »Wie die mollige Wirtin Marlies beim standhaften Herbert auf Granit biß«
(so eine Aufmacher-Zeile seines Kölner Lokalteils), beschreibt Horrmann mit sichtlichem Genuß:

*»Untermieter P. hatte es gut getroffen: Ein hübsches möbliertes Zimmer für 160 Mark und eine Wirtin, die nichts gegen Damen-Besuche
hatte. Und so empfing der möblierte Herr, ein breitschultriger Maurer, oft Damen und nicht nur zum Halma-Spielen ... Warum Wirtin
Marlies so tolerant war, entdeckte Untermieter Herbert durch Zufall:
Als er plötzlich das Zimmer verließ, ertappte er die Wirtin in gebückter Haltung draußen am Schlüsselloch. Auf die Dauer war der Wirtin, einer vollbusigen Witwe von 42, die Liebe durchs Schlüsselloch
zu wenig. ›Eines Nachts,‹ berichtet Untermieter Herbert, ›stürmte sie
in mein Zimmer. Sie hatte nur einen Slip an, warf sich mir an den
Hals und rief hysterisch: In meinem Zimmer ist eine Spinne.‹ Aber
Frau Wirtin biß auf Granit – Untermieter Herbert blieb standhaft:
›Ich stehe nun mal nicht auf mollig.‹ «*

Hätte Horrmann nicht auch diese dürftige Geschichte in
Form einer Gerichtsreportage verfaßt, wäre es fast schon
überflüssig zu sagen, daß ihr Wahrheitsgehalt dem der Wirtinnen-Verse entspricht, die sich verklemmte Naturen auch anderswo erzählen. Nur, daß ihnen dafür gemeinhin keine Ro-

tationsmaschine und kein Zeitungspapier zur Verfügung steht und daß für ihre Verbreitung auch keine Wälder gerodet werden müssen.

Und dennoch nehmen solche Träume zuweilen ihren Weg von BILD bis in die sorgfältig recherchierten Spalten angesehener Nachrichtenmagazine.

Am 1. Februar 78 meldete Türck, ein Supermarkt-Chef habe mit eigenwilligen Methoden bei Ladendiebinnen nach Gestohlenem gefahndet: Sie mußten sich ausziehen. Wörtliches Zitat der »16jährigen Ute«: »Er streifte mir auch noch den Slip ab und drehte sogar die BH-Körbchen nach außen«. Dem Supermarkt-Mann selbst wird Süffisantes in den Mund gelegt anläßlich der Verhandlung seines Strafverfahrens: »Ich wollte alles sehen – was sie gestohlen haben«. BILD berichtet, der Mann müsse dafür 7500 Mark Geldstrafe zahlen.
Es hatte tatsächlich einen Prozeß gegen jenen Supermarktbesitzer gegeben, doch es war wieder mal ganz anders: Er wurde von *einer* des Ladendiebstahls bezichtigten Frau angezeigt, da er sie angeblich »befummelt« habe. Von Ausziehen allerdings keine Rede. Die Reporter hatten ihr Stichwort und schmückten die Geschichte dank ihrer einschlägig trainierten Vorstellungskraft mit deftigen, völlig frei erfundenen Zitaten völlig frei erfundener Zeuginnen aus – und übertrieben so, daß sogar BILD-Hamburg ausnahmsweise einmal nachfragte, um »Ärger« mit jenem Kaufmann – immerhin sind Kaufleute potentielle Springer-Anzeigenkunden – zu vermeiden.
Doch der Büro-Vize Viola brachte die Story auch in einem der von ihm redigierten Wochenblätter, und der Zentrale ge-

nügte dies als »Beweis«. Aber selbst im »Spiegel«, in dem auf jede Fehlermöglichkeit dressierte Dokumentaristen jeden Artikel Wort für Wort nachprüfen, tauchte einige Wochen später in einem Bericht über Ladendiebstähle diese Geschichte wieder auf. Die »Spiegel«-Dokumentaristen müssen ernsthaft geglaubt haben, BILD sei eine Quelle, auf die man sich verlassen kann.

Wovon übrigens schon Heinrich Lübke überzeugt war: »Hier springt eine ganz klare Quelle«, wußte der originelle Bundespräsident 1966 bei einem Besuch im West-Berliner Springer-Haus.

Allemal ist das Schmutzblatt eine Quelle von Stammtisch-Geilheit. Und am leichtesten tropfen da Geschichten über das immerwährende Leiden des Mannes unter der Frau aus dem ausgelaugten Gehirn eines frustrierten Gerichtsreporters in der Appellhof-Kneipe zum fröhlichen Meineid.

Erfunden:[*] die Story vom Regierungsrat und den »seltsamen Wünschen« seiner Frau (»sie kann nur lieben, wenn die Glocken läuten«) wie sie in BILD-Köln vom 3. November 1978 stand.

Erfunden: die Geschichte von der Frau, die ihren Hund mehr liebte als ihren Mann (»Wenn ›Lümmel‹ heulte, verlor Josef die Lust ...«) wie sie in BILD-Köln vom 11. August 1976 stand.

Erfunden: die Moritat von den ausgekochten Tipsen, die hinter ihren Schreibmaschinen nur auf betuchte Männer lauern (»Wie die blonde Lizy der braunen Dagmar den Büro-Chef ausspannte«) wie sie in BILD-Köln vom 15. Juni 1978 stand.

Erfunden: das Lehrstück vom kaltschnäuzig-berechnenden Weib, das einen Tag nach der Scheidung zum Mann zurückkehrte, weil er inzwischen sechs Richtige im Lotto hatte (»Ein Mann darf ›kleine Fehler‹ haben – wenn er nur reich ist«) wie sie in BILD-Köln vom 22. Dezember 1977 stand.

Erfunden: der Artikel über die sexversessenen Grünen Wit-

---

[*] Jede Fälschung kann durch zahlreiche andere Fälle ähnlicher Art ergänzt werden. Aus Platzgründen sind hier nur einige Beispiele aufgeführt.

wen, die, »nackt oder im Slip« einen braven Postbeamten bedrängten (»20 Hausfrauen in Köln wollten vom Briefträger mehr als Post – und das auch noch jeden Morgen«) wie er in BILD-Köln vom 2. Juni 1978 stand.
Erfunden: Der Beitrag über eine strenge Pädagogin, die über die Sex-Leistungen ihres Mannes Buch geführt hat (»Kölner Lehrerin gab ihrem Mann Zensuren – in der Liebe«) wie er in BILD-Köln vom 27. März 1978 stand.
Erfunden: die Schlagzeile »Elfmal: Pfarrerstochter trieb Bäckermeister nackt durch Köln« wie sie in BILD-Köln vom 20. August 1976 stand.
Erfunden: der Leidensweg des Fußball-Fans, dessen unsportliches Weib davonlaufen wollte (»Bettwäsche in den FC-Vereinsfarben – da reichte Gerda die Scheidung ein!«) wie sie in BILD-Köln vom 6. Januar 1978 stand.

Diese letzte Ente wäre beinahe geplatzt, als der Pressesprecher des 1. FC Köln dem Ehepaar eine Dauerkarte spendieren wollte. Aber politische Prominenz sorgte für Glaubwürdigkeit. BILD: »Der Kölner CDU-Ratsherr und Rechtsanwalt Dietmar Artzinger-Bolten rettete die Ehe – mit einem gemeinsamen Besuch im Stadion.« Dazu ein Foto – nicht von Gerda und ihrem Mann, die gab's ja nicht, sondern vom christlichen Ratsherrn.

Aber wenn durch derartige Schmuddel-Phantasien die Potenz-Ängste der BILD-Redakteure erst mal ein wenig gemildert wurden, kann auch zur Abwechselung eine Frau als Opfer erdacht werden. Schließlich wollen auch sadistische Gelüste ausgelebt werden, und sei es nur auf unschuldigem Papier: »Strafe für Angelina: Kahlgeschoren und Keuschheitsgürtel« war am 21. Januar 1978 die Schlagzeile zur »Gerichtsreportage«, in der zwei rabiate Gastarbeiter einer italienischen Landsmännin das »rehbraune lange Haar« abrasierten, die Kleider vom Leib rissen und einen Keuschheitsgürtel verpaßten, weil sie »einen Deutschen, einen Kölner« heiratete. Der Fall ist erfunden wie das zitierte Urteil für den Racheakt aus verschmähter Liebe (sechs Monate mit Bewährung). »Freier« Autor: Roderich Türck.

Der BILD-Schreiber Heinz A. Maier hat sich seines krankhaften Schreib-Triebs wenigstens doch so sehr geschämt, daß er als Autoren-Zeile »Heinz Achmaier« setzen ließ, als er sich die Story vom brutalen Anstreicher ausdachte, der »aussieht wie Omar Sharif«. »Er verging sich jeden Tag an mir, entsetzlich«, läßt »Achmaier« eine Zeugin erzählen. Schlagzeile: »Dieser Mann hat mich vergewaltigt! – 600 mal?« Täter war wieder Gastarbeiter, Opfer deutsche Frau.

Wie weit die Ausländer-Hetze von BILD-Redakteuren im Sado-Wahn getrieben werden kann, mag diese Schlagzeile dokumentieren.

Wenn dagegen deutsche Frauen von deutschen Männern vergewaltigt werden, haben sie's oft nicht anders verdient. Und allzu viel drüber reden sollten sie dann schon gar nicht. »Kölner Lehrerin schildert vor ihren Schülern: So wurde ich vergewaltigt«. Dies war der Lokal-Aufmacher am 8. März 1978. Ganz genau hatte BILD gezählt: »28 Jungen und Mädchen hörten gestern aufmerksam zu, wie ihre Lehrerin die Geschichte ihrer Vergewaltigung erzählte!«. Es ging um einen – tatsächlichen – Notzucht-Prozeß vor dem Amtsgericht Köln. Laut BILD hatte die Studienrätin ihre 16jährigen Schüler mit zur Verhandlung gebracht. Angebliches Zitat der Pädagogin: »Das ist Anschauungsunterricht. Sie sollen daraus lernen«. Kein Wort wahr! Als Zuhörer im Gerichtssaal waren die Teilnehmer eines Seminars einer auswärtigen Volkshochschule – der Reporter wußte das genau. Aber eine alltägliche Notzucht war für ihn uninteressant. Deshalb erlaubte er sich diese »kleine Korrektur«, mit der er zugleich das Leserempfinden korrigierte. Und mit der Personenbeschreibung gab er seinem Opfer den Rest: »Brille, strenge Frisur, Jeans und Parka«.

Also womöglich auch noch links. Zumindest aber mit einem natürlichen Verhältnis zum Sex. Und davor muß gewarnt werden. Denn was verschwitzte Geilheit ausbrütet, braucht verklemmte Leser. BILD sagt, wohin ein aufgeklärter Sexualkunde-Unterricht führt.

Bundesweite Schlagzeile vom 9. Oktober 1978: »Sexualkunde-Unterricht – Schüler zogen Lehrerin (26) nackt aus!« An der Hauptschule in Herne habe die 26jährige Sexualkunde-Lehrerin gesagt »Nacktheit ist etwas Natürliches«, meldete BILD auf Seite 1 und berichtete über den Erfolg: »Da fielen fünf Schüler der 7. Klasse über sie her und rissen ihr die Kleider vom Leib.« Auf der letzten Seite ging es unter der neuen Überschrift »Nackte Lehrerin weinte« mit einer genüßlichen Schilderung der Entkleidungsszene weiter: »Zwei Schüler hielten ihre Lehrerin an den Armen fest; drei rissen ihr zuerst die Jacke, dann Pullover, Wickelrock, Strumpfhose und Slip herunter.« »Gebt mir meine Kleider wieder!« bettelte die Lehrerin laut BILD und weinte. Vergebens: »Die Rowdys aber lachten nur hämisch, warfen sich das Kleiderbündel zu – die nackte Lehrerin rannte hin und her. Vier Minuten dauerte das Spießrutenlaufen in der Klasse mit vierzehn Jungen und elf Mädchen. Schließlich flüchtete die Lehrerin ins Sekretariat. Nervenzusammenbruch.«

Aber immerhin hat der Fall ein ebenso glückliches wie beispielhaftes Ende: Die Sexualkunde-Lehrerin gab ihren schlimmen Beruf auf und besann sich auf ihre angestammte Rolle: »Sie ist jetzt Hausfrau und bekommt in vier Monaten ihr erstes Kind.«
Natürlich hat es weder diese Lehrerin noch die »Rowdys« an der Herner Grundschule je gegeben. Die Rowdys saßen in der BILD-Redaktion.

»Das Wort Realität bringt mich um.«
Axel Cäsar Springer

Jahrelang dichtete BILD deftige Schnurren und Satiren aus der »Wiener Kronenzeitung« (auch ein Boulevard-Blatt) in die todernste BILD-Realität um. Die bei der Konkurrenz unter der Rubrik »Heiteres Bezirksgericht« erschienenen überdrehten und als Erfindung kenntlich gemachten Schwänke drehte BILD seinen Lesern als Tatsachen-Stories an, wie z.B. »MIT PERÜCKE UND LIPPENSTIFT WURDE ER ENDLICH PUTZFRAU«, »MIT DEN ROSEN DAS GESICHT ZERKRATZT«, »HURRA, HURRA! WASSERSTRAHL SPRITZTE FALSCHEN SIEGER VOM RAD«, »LIEBER STERBEN ALS JEDEN TAG APFELSTRUDEL ESSEN«, »VON EINER FRAU ZUR ANDEREN«.

Satire kann sich BILD nicht leisten. Denn wären sie als solche kenntlich gemacht, würden die BILD-Leser auch leichter die sonstigen Fälschungen und Verdrehungen als unfreiwillige Satiren identifizieren.

Vampirismus

»EIDESSTATTLICHE VERSICHERUNG
Hiermit erkläre ich, Lothar Schindlbeck, über die Strafbarkeit einer falschen eidesstattlichen Versicherung belehrt und in Kenntnis dessen, daß diese eidesstattliche Versicherung bei Gericht vorgelegt werden soll, folgendes:
... Geschichten wurden von mir in meiner Eigenschaft als Redaktionsleiter nicht umgelogen! ...
Gerade mir zu unterstellen, daß ich besonders darauf aus war, Gewalt- und Kapitalverbrechen in der BILD-Zeitung zu veröffentlichen, ist schon ein starkes Stück. Wenn wirklich Kapitalverbrechen vorlagen, die auch sonst durch die gesamte Presse gehen, wurden diese selbstverständlich schon zur Unterrichtung der Bevölkerung gebracht. Sonst habe ich mich immer bemüht, Berichte über Verbrechen nicht in auffälliger Form ins Blatt zu bringen ...«

Die Eide meines »Thomas Schwindmann« alias Lothar Schindlbeck und seiner Helfershelfer füllen inzwischen Aktenbände. Für den Vorsitzenden Richter der 24. Kammer des Hamburger Landgerichts, Engelschall, waren sie neben dem »Tatbestand des Einschleichens« die Rechtsgrundlage, den »Aufmacher« nun endgültig zu verbieten. Nachdem der Hamburger Presserichter seine Pflicht getan hatte, wurde sein Töchterlein als Volontärin in die Hamburger BILD-Redaktion aufgenommen. Im wirklichen Leben geht es anscheinend oft so platt und übertrieben zu wie in schlechten Romanen. Aber wer konnte ahnen, daß die Dramaturgie in der Realität so weit ginge: Als Mitglieder der Frankfurter BILD-Redaktion überführt wurden, in eine Wohnung eingebrochen zu sein und Fotografien gestohlen zu haben, um einen jungen Mann in Schlagzeilen und Bildern als »Vampir« zu verleumden, stellte sich heraus, daß der dafür verantwortliche neue stellvertretende Redaktionsleiter von BILD-Frankfurt ausgerechnet wieder mein »Thomas Schwindmann« aus Hannover war.

Journalisten aus Zeitungen und Rundfunk, die glaubten, mich daraufhin als »Experten« konsultieren zu können, mußte ich klarmachen, daß es falsch sei und gleichfalls einer Dämonisierung gleichkomme, wollte man aus Schindlbeck nun einen besonders blutrünstigen »Reporter des Satans« machen. Hiermit erkläre ich, Günter Wallraff, alias Hans Esser, an Eides Statt: daß Lothar Schindlbeck, alias Thomas Schwindmann, in der ganzen BILD-Mannschaft wirklich keine Ausnahme und Besonderheit darstellt.
Schindlbeck ist in diesem Sumpf mittlerer Durchschnitt, weder durch besondere Phantasie noch durch übermäßige Brutalität aus dem Rahmen fallend. Er ist nur Angestellter, leitender *Blattmacher,* wobei das Blatt mehr ihn, als er das Blatt macht. Das Besondere und bisher Einmalige des Falles liegt lediglich darin, daß ein bundesdeutscher Staatsanwalt gewagt hat, es mit BILD aufzunehmen.

In BILD-Frankfurt saß eine neu zusammengewürfelte Mannschaft aus Springers Zwinger. Dressiert darauf, die neugegründete Lokalausgabe in kürzester Zeit zur marktbeherrschenden Auflage hochzuputschen. Mit Dregger als Schutzpatron (Wahlspruch: »Auf die BILD-Zeitung kann man sich verlassen«) gelingt es tatsächlich nach 1 1/2 Jahren, die BILD-Lokalausgabe an die Spitze der Frankfurter Zeitungen zu drängen. Auflage: 230 000.

Der Fall: Ein junger Mann, der eine Schule für drogengefährdete Jugendliche besuchte, war wegen eines Verstoßes gegen das Betäubungsmittelgesetz in Verdacht geraten und auf Grund eines Haftbefehls inhaftiert worden. Die Tatsache, daß die Polizei bei der Festnahme in seiner Wohnung auch mehrere Ampullen mit Blut und Spritzen gefunden hatte, schlug sich im Polizeibericht unter dem reißerischen Begriff »Gruselkabinett« nieder. Da spürte ein übereifriger Polizeibeamter allem Anschein nach instinktiv, was er der BILD-Zeitung schuldig war. Und BILD hatte Blut geleckt und übernahm den Fall.

»DEUTSCHER SCHÜLER TRANK MÄDCHENBLUT« lautete am 3. Januar in BILD der Aufmächer auf Seite 1, daneben bereits ein Foto des zum »Vampir von Sachsenhausen« dämonisierten Abiturienten. In den folgenden Tagen bietet BILD seinen Lesern eine wahre Blut-Orgie. Und dazu jeweils Fotos – einmal über eine viertel Seite gezogen – des wehrlosen BILD-Opfers Michael K. »Ich habe manchmal auch reines Menschenblut getrunken, weil ich gelesen hatte, daß man dann groß und stark wird«, läßt BILD sein Opfer, das noch nie mit einem BILD-Zeitungsmenschen gesprochen hat, gleich auf Seite 1 zu Wort kommen. Und um diese Aussage zu stützen, beschreibt ihn BILD als »nur 1,60 Meter groß«.
Aber diese Information für sich allein ist für den BILD-Durchschnittsleser sicher noch keine befriedigende Erklärung für so einen ungeheuerlichen Vorgang. Also weiter wörtliches Zitat – der Junge ist im Knast, und wie kann sich so einer schon wehren: »Als ich noch Metzgerlehrling war, habe ich immer Ochsenblut getrunken, gestand »Vampir« Michael K. seit ich aufs Gymnasium gehe, mußte ich mich auf Menschenblut umstellen.«

Da ist die dramaturgische Steigerung, die in jeder »BILD«-Story drin sein muß und gleichzeitig die höhere »BILD«-Logik. Die wenigsten BILD-Leser haben Abitur, Gymnasiasten werden in BILD häufiger als Negativfiguren schmarotzerhaft dargestellt. Das zielt tief ins Unterbewußtsein der Lesergemeinde. Metzger und Ochsenblut, das mag ja noch angehen. Schuster bleib bei deinem Leisten, »Gymnasium und Menschenblut«, da haben wir's.

14 Tage zuvor war »Blutsaufen« in BILD-Frankfurt noch als durchaus empfehlenswerte Sache dargestellt worden. »Ich saufe jeden Tag drei Liter Blut«, läßt BILD sich einen bekannten Boxer aus dem Zuhältermilieu brüsten. Und im gleichen Artikel, wo die Duldung oder sogar Beteiligung an einem Verbrechen anklingt, bringt's BILD voll Kumpanei im wohlwollend verständnisvollen Plauderton: »Wo er auftauchte, war immer was los. Im Januar 1973 war er einer der Augenzeugen, als in der Bar »New Fashioned« der Jugoslawe Tudic vor einem angeblich bezahlten Killer auf der Tanzfläche mit 12 Messerstichen getötet wurde. Er stand daneben, aber im Gerichtssaal ging es ihm wie allen anderen Zeugen – er hatte nichts gesehen.« Aber der mickrige Michael K. aus dem Drogenmilieu ist schließlich auch kein strahlender Boxchampion, dem »die Gespielinnen zu Füßen liegen«. Wie ein Filmungeheuer läßt ihn BILD die »unschuldigen minderjährigen Mädchen« willenlos machen. Immer nach dem Prinzip: BILD war dabei, weiß und sieht alles.
BILD läßt ihn Geständnisse machen, »mit einer Spritze minderjährigen Mädchen Blut aus den Adern gesaugt« zu haben. Mit »Drogen« oder »in Cola aufgelösten Beruhigungsmitteln« machte er die Mädchen gefügig, »mit Haschisch willenlos, um sie zu verführen.«

Das Erfolgsrezept von BILD: ›dranbleiben, hochkochen und noch eine Zugabe‹ wird immer gnadenloser eskaliert. »Wirklich ein makabrer Fall.« Und fettgedruckt: »Ich würde mich nicht wundern, wenn da noch Schlimmeres herauskommt«, läßt BILD »einen Mann von der Kripo« sagen.
Und es kommt noch schlimmer. BILD macht einen »Psychologen« zum Rufmordkomplizen (den es im Berliner Telefonbuch nicht gibt.) Seine angebliche Ferndiagnose ernennt den wehrlosen, inhaftierten Michael K. unter Wissenschaftsvorwand zum »Sadisten«: »Der Berliner Psychologe Konrad Spral (54) sieht in dem Bluttrinker Michael K. einen Sadisten. Er glaubt, daß seine Freundinnen Masochistinnen waren, die

Freude an körperlichen Schmerzen haben: »Es kann sehr gut sein, daß das Lustempfinden bei der Blutentnahme und dem anschließenden Trinken des Blutes alle Hemmungen, wie zum Beispiel Ekel oder Angst, verdrängt hat. Auch dem Tode der Mutter des Michael vor 5 Jahren mißt der Psychologe eine Bedeutung zu: »Der Tod kann ein Trauma ausgelöst haben, das die sexuellen Abweichungen noch weiter verstärkt hat.« Und wenn die »wissenschaftliche Grundlage« einmal da ist, fällt es BILD nicht schwer, noch viel weiter zu gehen. Da wird der »Blutsauger« bei »Vollmond und Kerzenlicht« mit dem 1925 hingerichteten Massenmörder Fritz Haarmann aus Hannover verglichen, dem 24 Morde nachgewiesen wurden und der seine Opfer mit Bissen tötete.

»ER SAH AUS WIE RASPUTIN«, lautete eine Überschrift. Eine andere: »DIE FREUNDIN DES ›VAMPIRS‹: STATT BLUMEN SCHENKTE ER BLUT«.

Und was bis dahin nur unterschwellig vermittelt wurde, bekommt jetzt Kontur – eigentlich war Michael K. ein linker Terrorist. Unter der Überschrift: »Fotomontagen von Schah und Carter« schreibt BILD:

> »Militant war sein Äußeres: der ›Vampir‹ trug häufig Drillich-Kleidung! An seinen Wänden hingen Fotomontagen auf denen Politiker (Schah, Carter) von Polizisten verprügelt werden und der Spruch: Gehirnwäsche tut not« über dem Foto des erschossenen Hanns Martin Schleyer.«

Schindlbeck an Eides Statt: »Sonst habe ich mich immer bemüht, Berichte über Verbrechen nicht in auffälliger Form ins Blatt zu bringen.« Was – für die Verbrechen des Pinochet oder des Reza Pahlevi – zweifellos stimmt.

Ich treffe Michael K. in Frankfurt, spreche mit Freunden von ihm und laut BILD von ihm »willenlos gemachten und verführten« Freundinnen. Auch ich begegne Michael zuerst mit einer gewissen Befangenheit. Man soll doch nicht so tun – wie manche Intellektuelle in ihrem Hochmut –, als ob diese publizistische Großmacht nicht jeweils Spuren hinterließe. Es bleibt immer was hängen. Irgend etwas muß doch dran sein.

(Gesicht von Michael K. auf den gestohlenen Fotos von mir unkenntlich gemacht G. W.)

Die Fakten: Der Haftbefehl gegen Michael K. wurde aufgehoben. Der Tatverdacht »Rauschgiftmißbrauch« fiel in sich zusammen.
Übrig blieben: fünf schon ziemlich ausgetrocknete (und von daher als Drogen kaum mehr wirksame) Coca-Blätter, ein Gramm Gras, schlechte Qualität, in Frankfurt angebaut – ein paar Tabletten, die nicht unter das Drogengesetz fallen.
Und »Die wahre Hexenküche« mit Kübeln voll Blut? BILD: »Einmal schüttete er drei Liter weg, weil sie so schrecklich rochen.« Das war vergammelte rote Lackfarbe.
Übrig blieb: Ein Fläschchen mit 200 ml eigenem Blut, haltbargemacht mit Natriumcitrat. Michael K. interessierte sich für Medizin und Lebensmittelchemie. Er experimentierte zur Bestimmung der Blutgruppe und der Gerinnungsdauer mit kleinen Mengen seines eigenen Blutes.
Er hat nie eine Metzgerlehre gemacht und auch noch nie im Leben Ochsenblut getrunken. Groß und stark werden will er (»nur 1,60 Meter groß«, BILD) auch nicht. Ihm reichen seine 1,83 Meter. Michael K. wurde weder wegen »Körperverletzung« (Blutabzapfen bei willenlos gemachten Opfern) noch wegen »Verführung Minderjähriger« angeklagt.
Die beiden von BILD zitierten unschuldigen Minderjährigen sind zwei recht aufgeklärte junge Damen, die zwar den Michael kannten, aber bei dem eher schüchternen und sensiblen Jungen es nie über eine normale Schulfreundschaft hinauskommen ließen.
Zu der im BILD-Sinne belastenden Verhaltensweise: »*Irrsinnig zärtlich* war er, sagen übereinstimmend mehrere Mädchen über Michael K.«, war es zum Bedauern von Michael nie gekommen.
Und die »belastenden Fotomontagen« in Michael K.s Wohnung! Der in BILD zitierte Spruch »Gehirnwäsche tut not« über einem Foto von Schleyer existiert nicht. Die Polizei, die schließlich vor dem Einbruch der BILD-Leute die Wohnung inspizierte, hat so einen Spruch nicht gefunden. Festgestellt und aktenkundig gemacht hat die Staatsanwaltschaft etwas ganz anderes, und hier beginnt der Kriminalfall eines publizistischen »Vampirismus«, der im Blatt allerdings nur sehr klein und nebenbei abgehandelt wurde.

Unter der Überschrift: »BEI NACHT UND NEBEL: PO-
LIZEI MIT PISTOLEN GEGEN BILD« empörte sich
BILD über eine Haussuchung in den eigenen Redaktionsräu-
men. Wenn in Verdacht geratene Linke oder sonstige ver-
meintliche Staatsfeinde von einer Haussuchung betroffen
sind, findet das in Springer-Blättern stets ungeteilten Beifall.
Jetzt aber versteht BILD die Welt nicht mehr:

> »Was war geschehen? War in unseren Frankfurter Redaktionsräumen
> der Sturz der Republik vorbereitet worden? Hatten sich Terroristen
> eingenistet? Lag ein Zentner Heroin rum? Saß ein Massenmörder im
> Schrank? Der Anlaß war winzig: Es ging um die Beschaffung von
> Fotos eines Drogentäters.«

Der »winzige Anlaß« ist Einbruch und Hausfriedensbruch,
schwerer Diebstahl, Verletzung von Persönlichkeitsrechten,
Rufmord, Verleumdung und einiges mehr. Die Verfahren der
Staatsanwaltschaft wurden eingeleitet gegen 14 BILD-Verant-
wortliche, gegen leitende wie Schindlbeck und gegen einfache
Redakteure und Fotografen.
Verfahren wegen »Beleidigung« sind ebenfalls anhängig, denn
BILD-Redakteure versuchten während der Redaktionsdurch-
suchung den verantwortlichen Staatsanwalt Körner mit Zuru-
fen wie »Goebbels«, »Mann im Gestapomantel«, »wie aus
dem Verbrecheralbum« oder – wie gehabt – mit »Vampir«
einzuschüchtern.
In der BILD-Redaktion wurde ein rein privater Lebenslauf
von Michael K. sichergestellt, ebenso wie ein vertraulicher,
von ihm ausgefüllter Fragebogen aus dem Besitz der Drogen-
beratungsstelle Frankfurt, wo er unter anderem folgende
Sätze bewertet hatte:

> »– Ich habe manchmal das Gefühl, daß andere über mich lachen ...
> – Ich träume tagsüber oft von Dingen, die doch nicht verwirklicht
> werden können ...
> – Ich grüble viel über mein bisheriges Leben nach ...
> – Ich neige zu großer Gewissenhaftigkeit ...
> – Meine Gefühle sind leicht verletzt ...
> – Es gibt Zeiten, in denen ich ganz traurig und niedergedrückt bin
> ...

– Bedenkt man alles Leid dieser Erde, so kann man eigentlich nur wünschen, nicht geboren zu sein ...«

Woher diese Unterlagen stammen, ob – wie zu vermuten, ebenfalls gestohlen – oder, was auf das gleiche hinausläuft – einem bestechlichen Beamten abgekauft – ist bisher nicht beweiskräftig festzustellen. Jedenfalls wurden diese rein privaten, persönlichen Daten und Unterlagen des Michael K. von der Frankfurter BILD-Redaktion zum Hauptquartier »Nachrichtenredaktion« nach Hamburg getickert.
Sichergestellt wurde ebenfalls die Durchschrift eines Gedächtnisprotokolls des Einbruchs, das in kleine Fetzen zerrissen auf mehrere Papierkörbe verteilt worden war. Daraus ließ sich der Tathergang rekonstruieren, ganz nach Wolf Schneiders Devise: »Man darf weder Fotos noch Bildbeschaffung auf eine zahme und appetitliche Weise betreiben«. Zwei BILD-Redakteure, Texter Fridolin G. und Fotograf Klaus K. waren für den heißen Auftrag bestimmt worden: »Ihr fahrt jetzt mal zur Wohnung des Blutsaugers. Fotobeschaffung!« Eine Kamera brauchte erst gar nicht mitgenommen zu werden, ging es doch darum, einzusteigen und fremde Fotos zu entwenden.
Die beiden drückten die von der Polizei nur notdürftig vernagelte Wohnungstür ein, wurden beim Durchstöbern durch Schritte im Treppenhaus gestört und ließen in aller Hast erst mal nur sechs ihnen geeignet erscheinende Privatfotos des Michael K. mitgehen. Von einem nahe gelegenen Hotel aus telefonische Erfolgsmeldung an Schindlbeck und Peter V. Erste Reaktion: »Wahnsinnig, prima«, und die Order, noch mal zurückzugehen und die Türe wieder sorgfältig zu verschließen und schleunigst in die Redaktion zurückzukommen.
Dort triumphaler Empfang, Gratulation und zur Feier des Tages kleiner Sektumtrunk. Was in der Öffentlichkeit bisher nicht bekannt wurde: es blieb nicht bei diesem einen Einbruch:

Felix D., festangestellter Fotograf bei BILD und ein mit allen Wassern gewaschener Experte, war ebenfalls eingestiegen und holte gleich Dutzende von Fotos raus. Ein solches Überangebot, mit dem BILD ganze Serien hätte füllen können. Also

ging der clevere BILD-Beschaffer auch bei anderen Blättern damit hausieren.
Bei dem offensichtlichen Versuch, den ersten Beutezug zu wiederholen, wurden Felix D. und Fridolin G. vor dem Haus ihres »Vampirs« festgenommen. Vorher gelang es ihnen noch, ihren Chef Schindlbeck telefonisch zu warnen. Daraufhin wurden in der Redaktion auch noch bequarzte holländische Spezial-Geräte zum illegalen Abhören spezieller Kripomitteilungen – über den normalen Polizeifunk hinaus – versteckt.
Die Nacht über blieb Schindlbeck verschollen, auch noch am folgenden Tag. Er stellte sich erst, als die Staatsanwaltschaft ihn per Haftbefehl, bundesweit suchen lassen wollte.
»Was war schon geschehen?« heuchelte BILD, daß die Polizei gleich »in der Art eines Sturmangriffs« losschlagen mußte, und in einem »Blitzfernschreiben« an alle Redaktionen ist gar von einem »kriegsmäßigen Polizeiaufmarsch« die Rede, der um so unverständlicher sei, da »die Rechtsabteilung des Springer-Verlages bereits vor der Aktion ihre Bereitschaft erklärt« hätte, »die Polizei bei der Aufklärung des Verdachts zu unterstützen«.
Das ist ungefähr so, als würde der Staatssicherheitsdienst der DDR der Bundesanwaltschaft gegenüber seine »Bereitschaft erklären«, sie bei der Aufklärung von Spionagefällen zu unterstützen, nachdem gerade wieder mal einige Bundestagssekretärinnen wegen Spionage-Verdachts hochgegangen sind.
Diese »Unterstützung« ging weiter:
Die drei ausführenden Täter Fridolin B., Klaus K., und Felix D. wurden zu ihrer Verwunderung mit 1. Klasse-Flug nach Hamburg zitiert, ins Hotel Plaza einquartiert und noch am selben Abend in die »Höhle des Löwen«, ins Hauptquartier befohlen. Dort Anhörung oder Verhör – je nach Standpunkt – vor der Springer-Rechtsabteilung, die mit großer Besetzung antrat: dem schneidigen, arroganten Anwalt Kühle, dem eher tapsigen Donald Moojer und der kaltschnäuzigen Chefin Renate Damm (»Ich bin ein hartes Mädchen«).
Felix D. schlägt vor, der Polizei zu erzählen, er habe die Fotos für 200 DM von einem Kripomann gekauft, um sich dann auf Informantenschutz zu berufen. Doch das ist den Hausjuristen zu windig.

Dann wird darüber debattiert, wie man die gestohlenen Fotos wieder los wird. Die Idee, sie dem Michael K. in den Briefkasten zu stecken, wird verworfen.
Es geht wohl nicht anders, einer muß den Sündenbock machen – und das soll wohl Klaus K. sein, der einzige, der vor der Kripo ohne Absicherung und vorbehaltlos ein Geständnis abgelegt hat. Er gewinnt langsam den Eindruck, daß er als »Alleinschuldiger« geopfert und verheizt werden soll. Der Ausspruch seines Chefs und Auftraggebers Schindlbeck klingt ihm im Ohr: Vorfälle wie dieser »Einbruch seien nicht die Praktiken der BILD-Zeitung!« Und als er nach Hause zurückkehrt, liest er mit kühlem Kopf das Protokoll, das die Leiterin der Rechtsabteilung, Damm, von seiner Aussage angefertigt hat. Erst jetzt merkt er, daß überall, wo er von *wir* gesprochen hat, ein *ich* steht. Er begreift, daß BILD und der Konzern sich auf seine Kosten reinwaschen wollen.
Denen möchte er nicht weiter ausgeliefert sein und auch nie mehr in die Zwangssituation kommen, sich der Beihilfe für etwas schuldig zu machen, was das Lebenselixier des Blattes ist. Klaus K. steigt aus. Er entzieht dem BILD-Anwalt das Mandat und nimmt sich einen Verteidiger, von dem er glaubt, daß er unabhängig sei.
Renate Damm, die harte, fährt Klaus K. am Telefon ganz unbeherrscht an: Er sei »ein ganz mieser Kerl«. Und: »Menschlich sind Sie für uns unten durch!« Doch, sie sagt »menschlich«. Klaus K. kündigt seinen BILD-Vertrag, ohne bisher eine neue Stelle in Aussicht zu haben.
Seitdem hat er einige Schwierigkeiten: Zu Tag- und Nachtzeit werden Taxis in seinem Namen zu ihm beordert, die er nicht bestellt hat. – Und als er mit der Taxi-Zentrale Frankfurt ein Codewort vereinbart (»Kamera Nikon«) werden Taxis aus umliegenden Ortschaften zu ihm geschickt. Zweimal werden die Reifen seines Wagens durchstochen. Er erstattet Anzeige gegen *»Unbekannt«* und gibt eingeschüchtert zu Protokoll: »Ich will hier keine Redakteure der BILD-Zeitung dieser Handlungen bezichtigen, möchte nur vortragen, daß diese merkwürdigen Ereignisse sich zeitlich an meine Kündigung anschlossen.« –

Ein Besuch an seiner früheren Arbeitsstätte wird vom »Alleinvorstand« der Axel Springer AG, Tamm, zum Anlaß genommen, gegen Klaus T. wegen »Hausfriedensbruch« Anzeige zu erstatten, obwohl nie ein Hausverbot gegen ihn ausgesprochen war. Klaus T. hatte die Redaktion besucht, um die Herausgabe eines bis dahin vorenthaltenen Zeugnisses zu verlangen. Da arbeitslos, brauchte er es für eine Stellenbewerbung.

Auch sein Ex-Chef Schindlbeck habe seine Kündigung eingereicht, gibt die BILD-Zeitung bekannt. Er habe als stellvertretender Redaktionsleiter die Verantwortung für den Vorfall übernommen und im übrigen nach fünfjähriger BILD-Tätigkeit dort genug gelernt und würde sich gern mal anderen Aufgaben zuwenden. Eine reine Zweckmeldung zur Beschwichtigung der Öffentlichkeit: denn so ein Hauptverantwortlicher und Mitwisser wie Schindlbeck muß von der Zentrale gehalten werden. Er wird weiterhin im Impressum als Chefreporter geführt.
Ansonsten taucht er allerdings nach außen hin kaum noch auf (auch sein Name taucht im Springer-Telefonverzeichnis nicht mehr auf). Da wird er dann wohl im Stubenarrest unter Aufsicht der Rechtsabteilung zehntausendmal schreiben müssen: »Ich darf mich nicht erwischen lassen«. Und der tatsächlich existierende Vampir zapft seinen 14 Millionen willenlos gemachten Opfern tagtäglich weiter Hirn, Verstand und Phantasie ab.

Inzwischen haben Anwälte für Michael K. auf Anregung und mit Unterstützung des Rechtshilfe-Fonds für BILD-Geschädigte Schadensersatz-Ansprüche geltend gemacht und 15000 DM Schmerzensgeld erstritten.

Nachtrag

»Der Springer-Verlag hat (...) ein immanentes Interesse daran, daß nicht aus Anlaß eines Einzelfalles nun die gesamte Journalisten-Praxis der Abteilung in Neu-Isenburg aufgedeckt(!) wird«. (BILD-Anwalt Kohlhaas an die Frankfurter Staatsanwaltschaft)

Vom ersten Schock erholt, besann sich der Konzern seiner Machtmittel, sammelte seine Hilfstruppen, um zum Gegenschlag auszuholen.
Der ermittelnde Staatsanwalt bekam zu spüren, auf was er sich eingelassen hatte.
Der Springer-Verlag weigerte sich beispielsweise – noch die harmloseste Art der Obstruktion –, der Staatsanwaltschaft die Adressen von beschuldigten BILD-Verantwortlichen herauszugeben. Aus dem Aktenvermerk zweier Beamter, die von der Frankfurter Staatsanwaltschaft zur Vollstreckung eines Beschlagnahme-Beschlusses in die Neu-Isenburger Redaktion geschickt worden waren:

»KHM Salomon wollte Herrn Leichsenring (BILD-Chef Frankfurt) die beiden Beschlüsse verkünden, worauf dieser mit den Worten: »Das geht mich nichts an.« das Zimmer für kurze Zeit verließ. Die Beschlüsse wurden von KHM Salomon daraufhin auf einen Schreibtisch hinterlegt, nachdem Herr Leichsenring wieder eingetreten war. Herr Leichsenring schrie uns daraufhin in etwa wörtlich an:
»Wenn Sie das Papier nicht von meinem Schreibtisch nehmen, hole ich die Polizei. Ich löse den Hausalarm aus und lasse alles absperren. Das kostet Sie 150 DM. Sie werden das Gebäude nicht verlassen.«

Zuvor schon war von der Hamburger Staatsanwaltschaft und Kriminalpolizei ein richterlicher Durchsuchungsbeschluß der BILD-Redaktion ignoriert worden, der von Frankfurt aus angeordnet worden war, um Beweismittel sicherstellen zu lassen.
Aus den Akten:

»Im Laufe des 5. 1. 1979 lehnten sowohl die StA Hamburg als auch die Kripo Hamburg die Vollstreckung des Frankfurter Durchsuchungsbeschlusses ›mangels Verhältnismäßigkeit‹ ab.

Woher die Hamburger StA und Kripo die Befugnis herleiten, einen richterlichen Beschluß rechtlich zu überprüfen und die Vollstreckung eines richterlichen Beschlusses abzulehnen, kann von hier aus nicht erkannt werden ... gez. Dr. Körner 9. 1. 1979.«

Vielleicht weiß der Frankfurter Staatsanwalt nicht, daß die Staatsanwaltschaft und das Springer-Hochhaus in Hamburg nur einen Steinwurf weit voneinander entfernt liegen.
Die Leiterin der Springer-Rechtsabteilung, Damm, jedenfalls ist außer sich über diesen Juristen vom Main, der sich anmaßt, den Gleichheitsgrundsatz vor dem Gesetz auch auf ihren Arbeitgeber anzuwenden. Korrekte Ermittlungen gegen den Springer-Konzern kann sie sich nur dadurch erklären, daß Wallraff dahintersteckt. Aus einem Damm-Brief an Staatsanwalt Körne:

*»Sehr geehrter Herr Dr. Körner,
lassen Sie mich vorab etwas feststellen: Sie schreiben »An den Axel Springer Verlag Zentrale Rechtsabteilung«.
Diese Anschrift verwundert mich leicht, wurde sie doch bislang lediglich von Günter Wallraff bei seinem Versuch, die große geheimnisvolle »Zentrale« der BILD Zeitung zu erfinden, benutzt. Oder sollte wirklich die korrekte Anschrift der Axel Springer Verlag AG Rechtsabteilung Redaktionen bei der Staatsanwaltschaft Frankfurt noch nicht bekannt sein? ...
Ich vermag mich des Eindrucks nicht zu erwehren, als ob Sie versuchen, eine Fülle von Ermittlungsverfahren gegen die BILD Zeitung bei Ihnen zu einem Verfahren zusammenzufassen, um ein Ergebnis zu erzielen: Ein BILD-Strafverfahren nach den Wunschvorstellungen von Günter Wallraff.«*

Der Staatsanwalt antwortete immer noch uneingeschüchtert:

Die »Sprachforschung«, die Sie betreiben und die von Ihnen gesuchten Zusammenhänge mit Herrn Wallraff sind mir unverständlich. Zwar haben bereits Herr Rechtsanwalt Kühle in Verbindung von Frau Rechtsanwältin Laue, Frankfurt (Springer-Anwälte, G.W.), auf ihnen bekannte Aktivitäten und Äußerungen des Herrn Wallraff hingewiesen. Es scheint Ihnen jedoch entgangen zu sein, daß nicht Herr Wallraff, sondern die Staatsanwaltschaft Frankfurt oben genanntes Ermittlungsverfahren führt. Die Äußerungen und Verhaltensweisen des Herrn Wallraff mögen für Sie bedeutungsvoll sein. Im

Rahmen des Ermittlungsverfahrens spielen sie keinerlei Rolle, zumindest bislang nicht. Ich habe bestimmte strafrechtlich relevante Sachverhalte aufzuklären, nicht mehr und nicht weniger. Ich bin nicht gewillt, mir unterstellen oder vorschreiben zu lassen, welche Äußerungen und welche Personen im vorliegenden Verfahren von Bedeutung sind oder nicht. Soweit Sie mit Herrn Wallraff Streitigkeiten welcher Art auch immer haben, mögen Sie diese austragen, wo Sie wollen. Im vorliegenden Ermittlungsverfahren ist kein Raum für derartige Auseinandersetzungen ...
Mit vorzüglicher Hochachtung!
gez. Dr. Körner
Staatsanwalt

Ein Vierteljahr später wird Damm von der Verteidigung ausgeschlossen. Der Frankfurter Staatsanwalt Körner:

»*Nach den geführten Ermittlungen ist Frau Rechtsanwältin Damm in vorliegender Sache sowohl für den Beschuldigten B. als auch für die Beschuldigten K. und D. anwaltlich tätig geworden. In der Zeit vom 8. bis 10. 1. 1979 hat sie in der genannten Rechtsabteilung mit allen drei nach Hamburg zitierten Redakteuren die Einlassungen durchgesprochenen und ein Verteidigungskonzept für jeden entwickelt. Dieses entwickelte Verteidigungskonzept diente nach den geführten Ermittlungen dem Zweck, vornehmlich den Ruf des Hauses Springer zu wahren. Nach den vorliegenden Angaben des Beschuldigten K. scheute die Leiterin der Rechtsabteilung sich nicht, dessen Einlassung dahingehend zu verfälschen, so daß nur vom Einbruch eines Redakteurs die Rede sein konnte. Die Staatsanwaltschaft Frankfurt sah sich aufgrund der Angaben des Beschuldigten K. veranlaßt, gegen Frau Rechtsanwältin Damm ein Ermittlungsverfahren wegen Verdachts der Strafvereitelung einzuleiten.*«*

Nun brauchte auch Frau Damm einen Rechtsanwalt. Sie wählte den Hof-Anwalt der Axel-Springer-Vermögensgesellschaft, den Hamburger Rechtsanwalt Dr. Bernhard Servatius.

Noch interessantes Detail findet sich in den Akten zu den Ermittlungen gegen die Frankfurter BILD-Redakteure, die übrigens zum Teil einschlägig vorbestraft sind. Über die Festnahme des Fotografen D. gibt es da folgenden Vermerk:

»*In der Flurgarderobe wurden vom Unterzeichner in der Ärmeltasche einer Jacke zwei Paßbilder des Michael K. gefunden und sichergestellt.*
Daneben wurden sichergestellt:
fünf vermutlich belichtete Filme,
ein BPA (Bundespersonalausweis) (Nr. D 4684577, ausgestellt auf LITZINGER, Karl Heinz, geb. 5. 11. 1942 in Bensheim) und ...
Die Jacke, in der die Paßbilder gefunden wurden, sowie o. g. Quittungen wurden dem Beschuldigten nach seiner Vernehmung wieder ausgehändigt. Der BPA, an dessen Herkunft sich der Beschuldigte nach seinen Angaben nicht mehr erinnern kann, wird der ausstellenden Behörde (Gemeindeamt Okriftel a. M.) übersandt.«

Einem Kollegen gegenüber hatte D. sich gerühmt, bei Fotoeinsätzen außerhalb der Legalität bisher immer noch unerkannt davongekommen zu sein. – Vielleicht bedient er sich dabei – falls er mal ertappt wird – des falschen Personalpapiers?

Der Ausweis gehört einem Toten. Karl Heinz Litzinger wurde 1970 in dem Lokal »Medaillon« bei Frankfurt erschossen. Alle Frankfurter Zeitungen, auch überregionale Blätter, berichteten damals über die Schießerei. In BILD stand nichts. Zufall?

---

* *Dieses Verfahren wurde inzwischen eingestellt, dem allzu hartnäckigen Staatsanwalt Körner das Gesamtverfahren aus den Händen genommen, kurz vor Fertigstellung seiner Anklageschrift.*
Er hatte vorgehabt, neben den unteren ausführenden Instanzen auch die eigentlichen verantwortlichen Auftraggeber und Nutznießer vor Gericht stellen zu lassen.
Wieder einmal setzte die Macht des Springer-Konzerns als das »Recht des Stärkeren« geltende Rechte und Gesetze außer Kraft.

Publizistische Grundsätze des Deutschen Presserats (Pressekodex)

»*Achtung vor der Wahrheit und wahrhaftige Unterrichtung der Öffentlichkeit sind oberstes Gebot der Presse.*
Zur Veröffentlichung bestimmte Nachrichten und Informationen in Wort und Bild sind mit der nach den Umständen gebotenen Sorgfalt auf ihren Wahrheitsgehalt zu prüfen. Ihr Sinn darf durch Bearbeitung, Überschrift oder Bildbeschriftung weder entstellt noch verfälscht werden. Dokumente müssen sinngetreu wiedergegeben werden.
Bei der Beschaffung von Nachrichten, Informationsmaterial und Bildern dürfen keine unlauteren Methoden angewandt werden.
Die Presse achtet das Privatleben und die Intimsphäre des Menschen. Berührt jedoch das private Verhalten eines Menschen öffentliche Interessen, so kann es auch in der Presse erörtert werden. Dabei ist zu prüfen, ob durch eine Veröffentlichung Persönlichkeitsrechte Unbeteiligter verletzt werden.
Auf eine unangemessen sensationelle Darstellung von Gewalt und Brutalität soll verzichtet werden.« *(Auszüge)*

Der Bruch

Es ist Montag. Mehr als zehn Mitarbeiter von BILD-Sport sind im Konferenzraum der Hamburger Zentrale im 6. Stock des Springer-Hauses versammelt. Über Konferenzschaltung sind sie mit den Sport-Reportern der BILD-Außenstellen von München bis Hannover verbunden. Es ist die montägliche Routinesitzung, auf der Sport-Chef Willi Schmitt Tadel- und Fleißkärtchen verteilt.
Doch diesmal ist es der Montag nach den Einbrüchen beim »Vampir«. Die Sport-Reporter aus Neu-Isenburg sind sauer: Sie berichten, daß sie seit Bekanntwerden des BILD-Einbruchs auf der Straße angepöbelt werden: »Wir werden beschimpft. Einer hat uns sogar angespuckt.« Ihre Kollegen in Hamburg sind betroffen. So abgebrüht sie auch sonst sind – nackte einfache Kriminalität und ihre Folgen gehen ihnen doch zu weit.
Nur Sport-Chef und »Chefreporter« Schmitt bleibt gelassen: »Macht euch nichts draus. Jeder gute Reporter muß einbrechen. Ich bin auch schon eingebrochen.«
Herr Staatsanwalt, übernehmen Sie!

Seid nett zueinander!

Das Betriebsklima der BILD-Zeitung ist heilig. Wer – wie ich in meinem Buch »Der Aufmacher« – behauptet, in den BILD-Redaktionen würden Menschen geduckt, entwürdigt, herumgestoßen und beleidigt, zieht schnell eine umfängliche Klage des Konzerns auf sich. Als Zugabe findet man eine Reihe eidesstattlicher Erklärungen der Getretenen, sie seien nie und nimmer schlecht behandelt worden.
Ich werde deshalb nicht berichten, sondern mich aufs Zitieren beschränken – aus einem Protokoll des Betriebsrats über eine Abteilungsversammlung der Redaktion von BILD-Frankfurt (Spitzname des Büro-Leiters: Idi-am-Main) 8. Juni 1979:

»Anlaß für die Abteilungsversammlung waren Klagen von Kolleginnen und Kollegen über das schlechte Betriebsklima. Die freien Mitarbeiter beschweren sich über unkorrekte und unzureichende Honorierung. Die Abteilungsversammlung wurde auf Wunsch fast aller Mitarbeiterinnen und Mitarbeiter der Stadt- und Bundes-Redaktion durchgeführt ... Es wurde sich darüber beschwert, daß im Großraumbüro Stadtredaktion herumgebrüllt werde, und der Umgangston in der gesamten Redaktion – ausgenommen die Sport-Redaktion – sehr zu wünschen lasse. Insbesondere Herr Leichsenring und Herr Kolb würden Untergebene wie »Deppen« und »von oben herab« behandeln.
Verbale Beschimpfungen wie »Arschlöcher«, »Du Arschloch« – so klagten die Damen – seien keine Seltenheit.* Dies gehe soweit, daß Telefongespräche unmöglich seien, weil die Gesprächspartner diese Ausdrücke mithören könnten. Weiter wurde beklagt, daß die Redaktionsleitung nichts dafür tue, die Teamarbeit zu fördern. Es gäbe kein informatives Gespräch zwischen Redaktionsleitung und Mitarbeitern. Gegenseitige Rivalitäten seien die Folge. Neue Mitarbeiter würden nicht vorgestellt. »Plötzlich sitzt jemand neben mir und keiner weiß, wer das ist.«

---

* (Ein paar Monate später blieb es nicht mehr bei Worten: Ein Vorgesetzter schlug seinen Untergebenen ins Gesicht. G.W.)

Ein besonderer Grund für Beschwerden waren die in der Stadtredaktion reichlich und vor allen Dingen täglich anfallenden Überstunden und das mangelnde Verständnis der Redaktions-Leitung für private Verpflichtungen. Eine Kollegin: »Wenn ich um 20 Uhr gehen möchte, sagt Herr Kolb, ich hätte keinen Ehrgeiz.« Ein Kollege beschwerte sich, daß er ein komisches Gefühl habe, wenn er seinen monatlichen Überstundenzettel abgebe, da andere Kollegen auch in der Freizeit arbeiten würden, ohne dies aufzuschreiben. Für sein berufliches Fortkommen befürchte er Nachteile. Mitarbeitern, die sich nach ihren Rechten erkundigen, wird vorwurfsvoll vorgehalten: »Du warst ja beim Betriebsrat.«
Dringende Arztbesuche sollen während der freien Tage vorgenommen werden, ebenso Spesenabrechnungen. Wörtliches Zitat von Herrn Kolb: »Spesenabrechnungen müssen in der Freizeit gemacht werden.«
Viele redaktionelle Mitarbeiter wollen kündigen, da sie ihren Arbeitsplatz als inhuman empfinden ...
Im Sekretariat ist der Arbeitsanfall – bedingt durch Nebenarbeiten wie BILD kämpft etc. – so groß, daß die Sekretärinnen seit Wochen auf ihre halbstündige Mittagspause verzichten müssen ...
Urlaubsanträge, die sich über einen Zeitraum erstrecken, in dem gesetzliche Feiertage liegen, werden abgelehnt. Ähnlich wird mit Urlaubsanträgen verfahren, auf denen als letzter Arbeitstag der Freitag angegeben ist. Offensichtlich soll dadurch verhindert werden, daß die dem Gesetz nach nicht zählenden Samstage und Sonntage am Anfang eines Urlaubs liegen.«

So weit Frankfurt. Und anderswo? Da gibt es zum Beispiel in Köln den BILD-Redakteur Hartmut Träger*, zuständig für Kommunalpolitik und in der hausinternen Hackordnung ganz unten. Trager ist durch die ständig drohenden Anpfiffe des Redaktionsleiters Horrmann schon so verunsichert, daß er automatisch zum Telefonhörer greift und blindlings eine Nummer wählt, wenn Horrmann nur im Raum erscheint. So viel gezeigte Angst weckt natürlich den Sadismus anderer Ängstlicher: Eines Tages verstellte Büro-Vize Viola Tragers Wählscheibe um zwei Nummern und baute das Mikrophon aus. Als Horrmann erschien, griff Trager zum Hörer, wählte und redete los: »Hallo, verstehen Sie mich. Hier ist Trager ...«

Hat Horrmann um 10 Uhr die Angebote des Kölner BILD-Büros an die Zentrale durchgegeben, die nun auswählt und die Schlagzeilen für die Bundesausgabe festlegt, ist Arbeitspause. Doch zum Lesen oder Nachdenken kommt keiner. Denn dann kommt Horrmann aus seinem Zimmer, holt einen Fußball unter einem der Schreibtische hervor, tritt ihn mit voller Wucht in Richtung Hartmut Trager und brüllt: »Hardy, paß auf!« Trager, wie immer mit dem Telefonhörer in der Hand, kann mal abwehren, wird mal getroffen, sucht mal Deckung hinter seinem Schreibtisch, rutscht vom Rollstuhl und reißt das Telefon zu Boden. Alles lacht, wenn Trager ins Sekretariat fliehen will.
Horrmann: »Du bleibst hier! Jetzt wird Fußball gespielt!«
Trager: »Ich spiele nicht.«
Horrmann: »Gut, dann bist du der Zuschauer in der Südkurve.«
Und schon wieder tritt der Chef den Ball nach seinem Untergebenen.

So sind wir

»An meiner Tür steht nicht mal mehr mein Name, und auch im Telefonbuch steh ich nicht mehr drin. Das hat schon seinen Grund. Die Sache hat ja mit Wallraffs erstem BILD-Buch nicht aufgehört, das geht ja jetzt erst richtig weiter. Und diesem zweiten Buch sehe ich, ehrlich gesagt, mit großen Ängsten entgegen. Ich möchte halt ungern, sollte mein Name da tatsächlich auftauchen, daß die Leute dann das Telefonbuch befragen können: Wo wohnt dieser N., das Dreckschwein.«

N. kann beruhigt sein. Sein Name taucht nicht auf. Auch die folgenden Aussagen werden anonym wiedergegeben, wo es notwendig war; um eine Identifikation zu verhindern, wurden auch die Orte geändert. Es sind Selbstbezichtigungen, Geständnisse oder Rechtfertigungsversuche des gewöhnlichen Journalismus, des gewöhnlichen BILD-Journalismus. Ungewöhnlich nur insofern, als er sich hier selbst zu Protokoll gibt – in Form von Tonbandaufzeichnungen, Briefen, Tagebuch-Notizen. Unkommentiert sollen sie Antworten auf die Frage anreißen, was das denn eigentlich für Menschen sind.

»Ich bin Polizeireporter und es gibt in der Stadt niemanden, der das machen möchte, was ich tue, es ist hart genug und es stellt auch hohe Anforderungen an dich als Person selbst, du mußt also über sehr viele Gewissensschranken darüberhinweg steigen, du mußt also am Tag mehrmals in der Lage sein, daß du sagen kannst, jetzt bin ich mal nicht der Privatmann X., sondern jetzt bin ich halt mal der hartgesottene BILD-Reporter. Und wenn ich dann abends nach Hause komm', muß ich auch in der Lage sein zu sagen, jetzt bin ich nicht der hartgesottene BILD-Reporter, jetzt bin ich der X. ... Das kann eigentlich nicht jeder ...«
»Wenn sich BILD-Redakteure zugeben müßten, daß die ein Millionenvolk verarschen, dann müßten sie folgerichtig vielleicht nicht Selbstmord machen, einige haben es schon getan, aber sich so mindestens dem schleichenden Selbstmord hingeben, das tun ja auch viele mit dem totalen Alkoholkonsum. Dadurch kommt auch diese totale

Verschuldung zustande, ich hab mal so ausgerechnet, da geben welche pro Tag zwischen 20 und 30 Mark für Alkohol aus.«

»Ich bin gewillt, von BILD wegzugehen, nur, ich hatte verschiedene Gespräche, aber es gibt zahlreiche Versuche, mich zu halten: das reicht von nächtlichen Telefonaten bis hin zu – na, fast Erpressung. Ich würde auch nicht weggehen von der BILD-Zeitung wegen der Manipulation. Nein. Sondern, schlicht und einfach, wegen meiner augenblicklichen Lage. Ich halte die BILD-Zeitung für eine glänzende Idee und sollte es die nicht geben, dann müßte man die erfinden. Im Prinzip bin ich auch der Typ, der gerne bei einem Objekt wie der BILD-Zeitung arbeitet. Es macht mir Spaß und es fordert mich auch jeden Tag aufs neue heraus. Und nicht nur jeden Tag. Ich zelebriere hier und es ist gar nichts los und fünf Minuten später kommt wieder was ganz anderes. Das ist das, was mich halt reizt. Und immerhin lesen Millionen meinen Namen.« –

»Ich hab mal im Gespräch damals mit Boenisch gesagt, ganz deutlich: ›Ich glaub nicht, daß ich politisch Ihrer Meinung bin.‹ Und da hat er gesagt: ›Das ist mir völlig wurscht. Da gibt's genug Kontrollfunktionen.‹
Ich bin natürlich auch manipuliert worden – beispielsweise, als ich mal geschrieben hab, als man gegen diese Demonstranten in Hannover vorging – da haben die daraus 'ne Geschichte gemacht, wie Hannover die Gammler wegfegt. Das habe ich nie geschrieben. Gammler oder solche Begriffe kenne ich gar nicht, weil ich festgestellt hab, Gammler sind meist liebenswerter als meine Kollegen.«

»Unser Redaktionsleiter Schlaeger* hat Telefone aus der Wand gerissen und hat u.a. auch auf eine Mitarbeiterin Telefone geworfen. Wenn er befand, daß jemand zu lange telefonierte, drückte er ihm im Vorbeigehen die Telefongabel runter.
Ich muß dazu sagen, daß ich eine Schwäche für Fritz Schlaeger habe, weil er, wenn man eine gute Geschichte bringt, sollte man vielleicht auch schreiben, wird man belohnt.«

»Beim letzten Sonntagsdienst: Um 10 Minuten vor 5 Uhr ein Anruf, ein Junge hatte sich gestellt, hat seine Freundin vor vier Tagen umgebracht. Michael und ich raus. Und er ist der erste, den ich hassen lernte. Wir kamen mit der Kripo hin, rein in die Bude, sie lag nackt da, schon blau und grün und seine erste Frage, auch ohne nur eine Gefühlsregung zu zeigen: ›Ich möcht wissen wie und ob er sie vorher gefickt hat. Sieht richtig schön aus, hätt' ich auch Lust dazu gehabt.‹

Vielleicht war es nur eine Schutzbehauptung von dir, Michael, vielleicht hattest du wirklich Angst? Aber warum hast du dich dann noch darum gerissen die Geschichte zu schreiben und auf der Fahrt in die Redaktion von nichts anderem gesprochen, als vom Bumsen und wie er es denn wohl getan habe, und wie er sie wohl umgebracht hat. Nicht einmal nach dem Warum hast du gefragt.«

»Um ausgedachte Scheidungs- oder Sex- und Crime-Geschichten dem Leser als Tatsachenstory verkaufen zu können, mußte man die Geschichte mit einem kleinen Dreh glaubhaft machen, sie sozusagen mit irgendeiner allgemein anerkannten Informationsquelle dokumentieren, auch wenn sie noch so dubios war.
Rechtsanwälte waren dazu am allerbesten geeignet, ob fingiert oder namentlich genannt. Der Grund: Anwälte konnten sich immer auf ihr Anwaltsgeheimnis berufen, der Redakteur wiederum brauchte seine Informanten nicht zu nennen (was bei nicht existierenden Informanten mitunter praktisch war) – damit konnte man die Story auch vor eventuellen Nachrecherchen schützen.
Natürlich mußten dies in der Regel Fälle sein, die im sogenannten Privatklageweg liefen und ohne polizeiliche Ermittlungen, denn die Polizei wäre nach dem Pressegesetz zu Auskünften auch an andere Zeitungen verpflichtet gewesen.
Noch günstiger war natürlich, wenn man einen richtigen Anwalt namentlich anführen konnte. Auch das war kaum ein Problem. Jeder geschickte Redakteur hatte irgendeinen mehr oder weniger bekannten Scheidungsanwalt an der Hand, der bereitwillig seinen Namen zur Verfügung stellte, nachdem man ihm die Story am Telefon erzählt hatte. Anwälte dürfen ja keine Werbung betreiben, und so ein Artikel sorgte für eine hervorragende und völlig kostenlose Publizität, wenn er dem Anwalt nicht außerdem noch ein leicht verdientes »Informationshonorar« eintrug, zumindest jedoch eine großzügige Bewirtung auf Verlagskosten im Rahmen eines sogenannten »Informationsgesprächs«.
»Zwei schlimme Tage und Nächte hinter uns. Wir haben Willi-Peter Stoll gejagt. Er war schon tot – sonst hätten wir ihn wohl »getötet«. Es war so grausam: Terrorismus ohne Waffe. Bis morgens um 3 Uhr vor dem Polizeipräsidium mit Klaus und Kurt. In der Redaktion waren sie besoffen, schon ab 11 Uhr. Die feierten, daß Stoll in Düsseldorf erschossen worden war. Endlich die Riesen-Bund-Geschichte. Was war es wohl für ein Fest gewesen, wenn Christian Klar noch in der Stadt gewesen wäre?«

»Als es darum ging, den ■ (einen Spitzenpolitiker, G. W.) zu Fall zu bringen, wollte unser Redaktionsleiter ein wenig nachhelfen. Eines Tages schleppte er ein Mädchen an, die in einem Bordell gearbeitet hatte. Er quartierte sie zusammen mit ihrem Freund in ein teures Hotel ein, zahlte ihr 2000 Mark und brachte sie dazu, vor einem Notar kompromittierende Falsch- Aussagen gegen den politiker zu beeiden. Von dem Geld kaufte sie sich ihren Stoff. Sie war heroinsüchtig.«

»Wir hatten einen neuen Umbruchredakteur, der sich etwas schwer tat, den Zeilen die BILD-übliche Gewalt anzutun. Ständig wurden Scherze auf seine Kosten gemacht. Als wieder mal alle unter Strom standen, haben ihn welche festgehalten, andere fingen an, ihn mit Gewalt auszuziehen. Dann hat ihn jemand mit dem BILD-Stempel abgestempelt, sogar seinen Penis.«

»Rudi Racker*, BILD-Fotograf, wird auch »Handschellen-Racker« genannt. Hatte eigentlich vorgehabt, Polizist zu werden. Trug etliche Jahre immer Handschellen mit sich. Einmal fesselte er einen kleinen Dieb mit seinen Handschellen an einen Baum, fotografierte ihn und rief dann die Polizei. Wurde daraufhin von seiner Zeitung entlassen. Stieg dann bei BILD ein und bespitzelte einen Kollegen wochenlang, fotografierte ihn heimlich – »auch nachts mit Infrarot« – als der sich mit Wallraff traf. Hat seit kurzem einen festen Vertrag in Aussicht.«

»Innerhalb von zwei Stunden nach Arbeitsbeginn muß man dem Nafü (Nachrichtenführer) sein Angebot machen, ihm die noch nicht ganz ausrecherchierten Geschichten kurz schildern. So ist der Nafü sozusagen das erste Sieb, mit dem die Geschichte auf ihre BILD-Tauglichkeit geprüft wird. Zuerst fragt er: ›Wo ist der Gag?‹
Hat die Geschichte keinen, erklärt er kategorisch: ›Die kannste vergessen!‹
Ist sie wenigstens im Ansatz brauchbar, gibt er mitunter Tips, wie der Gag in die Story kommen könnte: ›Weißt du, wenn jetzt der Mann seine Frau anzeigen würde, dann wäre das eine herrliche Geschichte. Ruf ihn doch mal an, vielleicht will er sie tatsächlich anzeigen.‹
Wer bis 11 Uhr nichts anzubieten hat, wird vom Nafü vor allen anderen abgekanzelt: ›Ach, du bist 'ne Blinze! Komm, setz dich hin und ruf die Landpolizei-Stationen ab!‹
Bevor die Geschichte fertig recherchiert, geschrieben und nach Hamburg durchgegeben wird, werden dort die Layouts und die Überschriften gemacht. Da kann es schon passieren, daß die vorgefertigte Überschrift mit der Geschichte nicht mehr übereinstimmt. In so ei-

nem Fall ruft der Nachrichtenchef vorwurfsvoll an: ›In Ihrem Angebot hieß es doch, daß der Mann seine Frau anzeigen will. Jetzt ist davon keine Rede mehr. Wenn Sie das nicht so halten können, fliegt die Geschichte aus dem Blatt.‹
Ich berate mich mit dem Nafü. Der überzeugt mich: ›Komm, die schöne Geschichte können wir nicht sterben lassen. Hast auch lange nichts mehr im Blatt gehabt. Du hast doch mit dem Mann telefoniert. Hast ihn eben so verstanden, daß er seine Frau anzeigen will. Wenn es Schwierigkeiten gibt, bin ich neben dem Telefon gestanden und habe mitgehört, klar!‹
Die Geschichte kommt also ins Blatt. Sie hat zwar inzwischen kaum mehr etwas mit dem zu tun, was ich verfaßt hatte, denn mein Manuskript hatte zuerst der Nafü umgeschrieben, dann wurde es in der Hamburger Nachrichtenredaktion nochmals verändert und gekürzt. Von mir stammt eigentlich nur noch der Name, der darübersteht.«

»... Sie hat zwar geweint am Telefon, aber Selbstmord hat sie nun nicht begehen wollen. Woraufhin Schlaeger zu mir sagte, das wird sie dann tun, ruf sie doch an und mach ihr mit aller Geschicklichkeit, wie ich zugeben muß, die ich besitze, die Leute dazu zu bringen, etwas zu sagen, was sie ungern sagen. Und ich habe die angerufen und habe sie nicht nur noch einmal zum Weinen gebracht, sondern habe sie selbstverständlich auch dazu gebracht zu sagen, ich werde mich umbringen.
Und wir sind anschließend, ein Fotograf und ich, wir sind dann auch noch hingefahren und haben sogar ein persönliches Interview mit der Frau bekommen, und wir haben sie auch fotografiert, vorher zum Weinen gebracht, was sie nicht wollte.«

»Ich hab' einen Job, der läßt mir keine Wahl. Bin ich morgen beim Stern jubelt ihr, bin ich bei einem Yellow-Blatt zeigt ihr mit dem Finger an die Stirn. Ist dieser Job wirklich etwas anderes als Steineklopfen, Fließbandarbeit, Zahlen addieren? Wo liegt der Unterschied? – Ich schreibe Geschichten – auf der Schreibmaschine. Ja, ich hab ihn mal geliebt. Aber er ist mir egal geworden. Und es ist mir egal, wo ich arbeite. Auf der Lokalredaktion XYZ hab' ich 3000 Mark im Monat. Und hier kann ich 5000 brutto und mehr verdienen, in einem guten Monat. Ist das kein Wort? Hier lesen Millionen meinen Namen? Ist das nichts! Sei doch mal stolz. Verändern kannst du doch sowieso nichts – es sei denn durch das Zerstören von Strukturen.«

Im folgenden sei noch ein unfreiwilliger Beitrag zu diesem Kapitel mit Selbstdarstellungen dokumentiert. Ursprünglich zu meiner Einschüchterung verfaßt, liefern die »Rechtsanwälte, Wirtschaftsprüfer, Steuerberater und Interjuristen« unter imponierendem Briefkopf eine treffliche Charakteristik ihres Mandanten.

(Es ist ein Beispiel von zahlreichen Anwaltsschreiben, mit denen ich vor Fertigstellung des Manuskripts bombardiert wurde.)

Man darf sich nicht auf deren Ebene begeben, sonst macht man sich mit ihnen gemein. Frank Reglin, ehemaliger Sprecher der Lehrlinge im Gerling Konzern und seit Jahren mein Mitarbeiter, erteilt ihnen die richtige Antwort (s. S. 159)

```
THEODOR-HEUSS-RING 62           GURLAND, SCHLÜTTER & LÜER          DR. H. GURLAND
D 5000 KÖLN 1/COLOGNE 1                   RECHTSANWÄLTE            DR. E. SCHLÜTTER DIPL-KFM
                                                                   FACHANWALT FÜR STEUERRECHT
(02 21) 12 30 65-67                                                DR. H.-J. LÜER, LL.M.
(02 21) 12 30 98-99                 BORKOWSKY, JANSSEN             DR. H.-J. GOLLING STEUERBERATER
(02 21) 12 30 90              WIRTSCHAFTSPRÜFER · STEUERBERATER    DR. A. SCHULTZE - v. LASAULX
TELEX 8 885 109 JUS D                                              M. KRÄMER
CABLE INTERJURIST KOELN                                            RECHTSANWÄLTE

         Herrn                                                     DR. DR. R. BORKOWSKY
         Günter Wallraff                                           F. C. JANSSEN DIPL-KFM
         Thebäerstraße 2o                                          WIRTSCHAFTSPRÜFER · STEUERBERATER

         5000 Köln 3o                                              Köln, den 12.9.1979
                                                                   Lü/ko


         SÜNDER   ./.    1) KIEPENHEUER & WITSCH
                         2) Günter WALLRAFF
         _____


         Sehr geehrter Herr Wallraff,

         Herr Heinz Sünder, Leiter der Redaktion der Bild-
         Zeitung in Kettwig, hat uns mit der anwaltlichen
         Wahrnehmung seiner Interessen beauftragt.

         Unser Klient informiert uns darüber, daß Sie in
         dem von Ihnen verfaßten Buch

              " ZEUGEN DER ANKLAGE - DIE 'BILD'BESCHREI-
                BUNG WIRD FORTGESETZT "

         Tatsachenbehauptungen aufstellen, die unmittelbar
         die Person und die Persönlichkeit unseres Klienten
         betreffen.

         Insbesondere stellt dieses Buch die Behauptungen
         auf:
```

I. Herr Sünder habe Herrn SKOLIK so
tyrannisiert und fertiggemacht, daß
Herr SKOLIK Magengeschwüre bekommen habe
und daran gestorben sei.

II. Eine Bild-Redaktion habe geschlossen
zurücktreten wollen, weil Herr Sünder
dort Redaktionsleiter werden sollte.

Diese Behauptungen sind nachweislich unwahr und
sind dazu geeignet, die Person unseres Klienten in
der öffentlichen Meinung herabzusetzen. Sie stellen
eine Verletzung der <u>Grundrechte</u> unseres Klienten
aus Art. 2, Abs. 1 und Art. 1, Abs. 1 GG dar.

Unserem Klienten steht daher ein Unterlassungsanspruch gemäß §§ 823, Abs. 1 und 1oo4 BGB zu.

Da sich aus Presseveröffentlichungen Ihres Verlages
entnehmen läßt, daß das Erscheinen des Buches für
Anfang Oktober geplant und eine schnelle Auslieferung sofort nach Erscheinen vorgesehen ist, sind
wir gezwungen, Ihnen eine kurze Frist zur Abgabe
der beigefügten strafbewehrten Unterlassungserklärung
zu setzen.

Wir fordern Sie daher auf, diese Erklärung, <u>bei uns
eingehend</u>, bis spätestens

        Mittwoch, den 19.9.1979,
        12.oo Uhr
        _____

abzugeben.

Sollten Sie diese Frist nicht einhalten, werden wir
unverzüglich die gebotenen rechtlichen Schritte einleiten.

Ordnungsgemäße Bevollmächtigung wird anwaltlich versichert. Schriftliche Vollmacht werden wir nachreichen.

Dieses Schreiben geht Ihnen einerseits per Einschreiben mit Rückschein, andererseits mit normaler Post zu.

        Hochachtungsvoll

        (Dr.Lüer)
        Rechtsanwalt

```
THEODOR-HEUSS-RING 62          GURLAND, SCHLÜTTER & LÜER          DR. H. GURLAND
D 5000 KÖLN 1/COLOGNE 1              RECHTSANWÄLTE                DR. E. SCHLÜTTER DIPL-KFM
                                                                  FACHANWALT FÜR STEUERRECHT
(02 21) 12 30 65-67                                               DR. H.-J. LÜER, LL. M.
(02 21) 12 30 98-99              BORKOWSKY, JANSSEN               DR. H.-J. GÖLLING STEUERBERATER
(02 21) 12 30 90              WIRTSCHAFTSPRÜFER · STEUERBERATER   DR. A. SCHULTZE - v. LASAULX
TELEX 8 885 109 JUS D                                             M. KRÄMER
CABLE INTERJURIST KOELN                                           RECHTSANWÄLTE

                                                                  DR. DR. R. BORKOWSKY
  Herrn                                                           F. C. JANSSEN DIPL-KFM
  Günter Wallraff                                                 WIRTSCHAFTSPRÜFER · STEUERBERATER
  Thebäerstraße 20
                                                                  Köln, den 20.9.1979
  5000 Köln 30                                                    Kr/ko
```

SÜNDER ./. 1) KIEPENHEUER & WITSCH
2) <u>Günter WALLRAFF</u>

Sehr geehrter Herr Wallraff,

zwischenzeitlich sind wir von unserem Klienten darüber unterrichtet worden, daß das von Ihnen verfaßte Buch, welches wir in unserem Schreiben vom 12.9.1979 erwähnten, "ZEUGEN DER ANKLAGE - DIE 'BILD'-BESCHREIBUNG WIRD FORTGESETZT" auch die Behauptung enthält, Herr Sünder sei während seiner Zeit in Frankfurt in 1975/76 bei einer Gelegenheit in eine Schlägerei mit drei Polizisten verstrickt gewesen. Auch diese Behauptung ist erweislich unwahr.

Namens und im Auftrage unserer Klientin fordern wir Sie hiermit auf, die beigefügte erweiterte Unterlassungserklärung bis

Freitag, 28.9.1979
12.00 Uhr

bei uns eingehend unterzeichnet zurückzureichen.

Auf uns lautende Prozeßvollmacht anbei.

Hochachtungsvoll

(M. Krämer II)
Rechtsanwalt

GÜNTER WALLRAFF

Einschreiben

Rechtsanwälte
Dr. H.-J. Lüer u.a.
Theodor-Heuss-Ring 62

5000 Köln 1

5 Köln 30
Thebäerstraße 20

24.September 1979

Sehr geehrter Herr Rechtsanwalt,

mit Interesse nehmen wir zur Kenntnis, daß behauptet worden sein soll, daß eine "Bild-Redaktion geschlossen habe zurücktreten wollen", weil ein unbeliebter Redaktionsleiter neu eingesetzt werden sollte.

Herr Wallraff kann Ihren Mandanten beruhigen: aufgrund seiner langjährigen Erfahrungen mit "Bild" hält er einen so "ungeheuerlichen" Vorgang in diesem auf Befehl und Gehorsam aufgebauten Zentralorgan des Rufmords für ganz und gar unmöglich, setzte eine solche streikähnliche Widerstandsaktion doch so etwas wie solidarische Verständigung und demokratische Willensbildung voraus. Herrn Wallraff würde sehr interessieren, wie es bei Ihrem Mandanten dazu gekommen ist, derartige zur Zeit leider noch utopisch klingende Ängste freizusetzen?!

Bei dem weiteren Anliegen handelt es sich allem Anschein nach - ob begründet oder unbegründet sei dahingestellt - um Verfolgungsängste Ihres Klienten.
Sie haben zwar richtig erkannt, daß Herr Wallraff an einem Buch mit dem Titel "ZEUGEN DER ANKLAGE - Die Bild-Beschreibung wird fortgesetzt" arbeitet. Die von Ihnen aufgeführten "Behauptungen", die Sie bzw. Ihr Mandant unterstellen, stammen allerdings nicht von Herrn Wallraff. Er wußte davon bisher auch nichts.
Vor daher sieht er sich auch außerstande, eine Unterlassungserklärung über etwas abzugeben, was er weder behauptet hat, noch vor hat zu veröffentlichen.

Sie weisen z.B. Herrn Wallraff auf angebliche Vorkommnisse in Form eines Dementis hin:

> "Herr Sünder habe Herrn Skolik so tyrannisiert und fertiggemacht, daß Herr Skolik Magengeschwüre bekommen habe und daran gestorben sei."

Derartiges war Herrn Wallraff bisher völlig unbekannt. Aber selbst wenn sich so etwas zugetragen hätte, - konstruieren wir doch mal so einen Fall - der natürlich nichts mit Ihrem Mandanten und erst recht nichts mit der "Bild"-Zeitung zu tun haben dürfte, sähe die Rechtslage doch wie folgt aus:

Es würde sich aller Erfahrung nach - das wissen Sie als Anwalt ebenso gut wie Herr Wallraff - nie juristisch nachweisen lassen, ob z.B. ein brutal-sadistischer Vorgesetzter den Tod eines ihm Untergebenen auf dem Gewissen hat oder nicht. Hier würde weder eine Autopsie Beweiskraft herstellen, noch könnten die subjektiven Einschätzungen der Kollegen vor Gericht bestehen.
Nur der Tote selbst könnte hier den letzten Beweis liefern. Selbst die hinterbliebenen wären erfahrungsgemäß hierzu nicht in der Lage. Sie müßten sich ehrlichkeitshalber als befangen erklären, wenn sie z.B. von einem großen Konzern eine hochdotierte Betriebsrente erhielten.

Ein von Ihnen im Auftrag Ihres Mandanten Sünder nachgereichtes Begehren hat Herrn Wallraff ganz besonders amüsiert:

"Herr Sünder sei in eine Schlägerei mit
drei Polizisten verstrickt gewesen."

Herr Wallraff hat sich nun lange genug mit Verhaltensweisen und der auf dem "Bild"-Dung besonders gedeihenden Aggressiv-Psyche von Springer-"Chefredakteuren", -"Chefreportern", -"Redaktionsleitern" und sonstigen lange gewachsenen "Bild"-Produkten befaßt: Ein fast schon ungeschriebenes Gesetz im einschlägigen "Bild"-Milieu ist: "Getreten wird grundsätzlich und immer nur nach unten."
Der Obrigkeitshörigkeit verfallen, wäre so ein "Widerstand gegen die Staatsgewalt" - dazu noch gegen eine Übermacht von drei Polizisten - etwas ganz und gar atypisches. - Insbesondere bei der Persönlichkeitsstruktur Ihres Klienten wäre so eine Aktion allenfalls im besinnungslosen Zustand der Volltrunkenheit denkbar, wenn er z.B. Polizisten mit untergebenen Redakteuren verwechselt hätte.

Da Herr Wallraff davon allerdings nichts weiß, konnte er dergleichen auch nicht "behaupten", und von daher kann er Ihnen leider auch in diesem Fall nicht den Gefallen tun, eine Unterlassungserklärung über etwas abzugeben, was er nicht vorhat, zu veröffentlichen.

Mit Interesse sieht Herr Wallraff allerdings weiteren Informationen und neuen Hinweisen Ihres Mandanten entgegen. Um sein Augenmerk in Zukunft auf etwas ergiebigere und realistischere Vorkommnisse in "Bild"-Redaktionen zu lenken, als Anhaltspunkt vorerst nur soviel: Vor einigen Tagen noch schlug ein "Bild"-Vorgesetzter - mangels besserer Argumente - einen Untergebenen ins Gesicht. Dieser Fall lag allerdings nicht im Zuständigkeitsbereich Ihres Mandanten.
Sollte Herr Sünder womöglich über ähnliche Fälle aus eigener Erfahrung für das Buch von Herrn Wallraff etwas beitragen können, fordern wir ihn hiermit auf, seine Erlebnisse zu Papier zu bringen und dies bis spätestens

Montag, 1.10.1979
12.00 Uhr

bei uns eingehend abzugeben.

Sollten Sie diese Frist nicht einhalten, kann Herr Wallraff nicht garantieren, daß die Erlebnisberichte Ihres Mandanten im Buch noch Berücksichtigung finden. Die Warteliste der Beichtenden ist lang.

In diesem Sinne,

mit freundlicher Begrüßung
i.A.
(Frank Reglin)
-Sekretariat-

Der BILD-Konzern

> »Ich bin nicht der Meinung, daß dem Wohle der Allgemeinheit dient, was in der BILD-Zeitung steht. Es ist meines Erachtens auch möglich, das wissenschaftlich nachzuweisen und vor Gericht vorzulegen. Also besteht hier die Möglichkeit einer Enteignung!«
>
> Professor Fritz Eberhard (SPD), ehemaliges Mitglied des Parlamentarischen Rates und der älteste noch lebende »Vater« des Grundgesetzes

Alfred Hugenbergs Zeitungskonzern war nicht der größte seiner Zeit. Und doch gelang es seinen aggressiv nationalistischen und antikommunistischen Blättern, Entscheidendes dafür zu tun, daß die Weimarer Republik durch Hitlers Horden liquidiert werden konnte. Auch Axel Springer ist nicht der größte Verleger der Bundesrepublik. Und doch haben seine Zeitungen, allen voran BILD, das politische Klima in der Bundesrepublik stärker geprägt als alle anderen Presseerzeugnisse. Ohne Springer wäre diese Republik heute demokratischer: es gäbe weniger Nationalismus und Rassismus, weniger Polizeistaat, weniger Schnüffler, weniger Mißtrauen, weniger Lüge, weniger Prostitution, sexuelle wie politische. Die Bundesrepublik wäre ein friedlicheres Land, nicht so gefährlich für seine Nachbarn und seine eigenen Minderheiten.
Wenn Axel Cäsar Springer heute vom siebzehnten Stock seines Verlagshauses in der West-Berliner Kochstraße hinunterblickt, kann er ein Denkmal sehen, das vor achtzehn Jahren auch ihm und seiner Politik gesetzt wurde: die 45 Kilometer lange Berliner Mauer, erbaut auch für einen Verleger, der in seinem politischen Wahn beinahe einen Dritten Weltkrieg ausgelöst hätte. »Politik ist mir wurscht«, sagte der junge Axel Springer dem britischen Presseoffizier Nikolaus Huijsmans, als er ihm zur Besatzungszeit zweieinhalb Zeitungslizenzen abschwatzte: für »Hör zu«, die »Norddeutschen Monatshefte«

und die halbe »Constanze«. Den »Constanze«-Anteil verkauft er, die »Norddeutschen Monatshefte« benannte er in »Kristall« um, ehe er sie eingehen ließ, aus der »Hör zu« aber machte er die größte Zeitschrift Europas. Das war nicht schwer, denn in jener zeitungsarmen Zeit war die Lizenz, Rundfunkprogramme nachzudrucken, so gut wie die Erlaubnis zur Herstellung von Banknoten.
Aus den »Hör zu«-Gewinnen finanzierte Springer den Start der BILD-Zeitung, eines Groschenblattes, das sich mit zunächst noch politisch recht unauffälligem Groschenjournalismus eine Auflage erkämpfte. »Gnade euch Gott«, hatte Lizenzgeber Huijsmans einmal gesagt, »wenn der Mann anfängt zu politisieren.« Doch der war vorerst, wie der Slogan seines »Hamburger Abendblatts« hieß, »nett zueinander«, wechselte seine Frauen, kaufte Villen in aller Welt und verdiente prächtig.
Doch dann kam die Silvesternacht 1957. Damals, so erzählt es die Verlagslegende, zog es ihn von einer fröhlichen Feier an der Seite seiner Frau Rosemarie in die menschenleeren Straßen vor dem Brandenburger Tor. Und dort, im Mondlicht, ereilte es ihn: »Schlagartig wurde mir das deutsche Elend bewußt. Ich habe heftig geweint.« Wolfgang Neuss sagte es später anders: »Er weinte eigenhändig Tränen.« Jedenfalls entschloß er sich, Politiker zu werden.
Springer beantragte ein Visum und flog nach Moskau, um zu fragen, was die Wiedervereinigung koste. Zwei Wochen ließ man ihn in Moskau warten, bis der Generalsekretär der KPdSU Zeit hatte, Herrn Springer kurz und bündig die Meinung zu sagen.
Da schwor sich der große Verleger: »Ich werde ihn ausmanövrieren.« Hatte BILD bis dahin einen eher pazifistischen Kurs gesteuert (»Keine Atomwaffen für Westdeutschland«), wurde das Boulevardblatt ab sofort des Verlegers »Kettenhund«, der die Zähne gen Osten blickte und Stimmung für »atomare Abschreckung« machte. Das Millionenblatt heizte die antikommunistische Stimmung an: Täglich produzierte und meldete es neue Flüchtlingsrekorde (»Alarmierende Flucht aus der Zone«), was auf die in der DDR Herrschenden

die gleiche Wirkung haben mußte wie die Meldungen der Goebbelspresse über die Flüchtlinge aus Polen auf die damalige Regierung in Warschau. Als Springers Blätter meldeten: »Der Strom wird zur Lawine«, nahte der 13. August 1961. Danach erschien die BILD-Zeitung lange Zeit mit Stacheldraht-umrandetem Signet und der Datumszeile »soundsovielter Tag nach dem Bau der Mauer«.
BILD aber war endgültig aus der hinreichend fragwürdigen Tradition der Boulevardpresse ausgestiegen und vom Flaggzum Flakschiff des Konzerns geworden: zu einem Kampfblatt mit klarem politischem Auftrag, der alle Reste journalistischer Ethik verschwinden ließ. Zum guten Springer-Zweck war jedes Mittel recht. Als Mitte der sechziger Jahre die Revolte der Studenten eine demokratische Erneuerung der Republik zu verlangen schien, ließ Springer seinen »Kettenhund« von der Leine. Die Konzern-Presse erzeugte Pogromstimmung und forderte physische Liquidation (»Störenfriede ausmerzen«) des »immatrikulierten Mobs«. Als sie Erfolg hatte, Benno Ohnesorg von einem aufgehetzten Polizisten erschossen (Springer wie Wilhelm II. 1917: »Das habe ich nicht gewollt«) und Rudi Dutschke von einem überzeugten BILD-Leser lebensgefährlich verletzt worden waren, blockierten Studenten die Verlagshäuser des Konzerns in der ganzen Bundesrepublik. Wie heute das »Atomkraft – nein danke«, trug damals die protestierende Jugend die Plakette »Enteignet Springer!« Es entstanden wissenschaftliche Untersuchungen, die die reaktionäre Konzern-Politik dokumentierten und entlarvten – wie Hans Dieter Müllers »Der Springer-Konzern« und Jürgen Alberts' »Massenpresse als Ideologiefabrik – Am Beispiel BILD«.
Nur kurz kam Springer aus dem Gleichgewicht, dachte ans Verkaufen, doch dann faßte er wieder festen Tritt. Die Studenten verliefen sich, die Plaketten verschwanden, Zeit für Springer, seinen Konzern politisch zu verfestigen: als die A.S.-Sturmabteilung nationalistischer, zwischen CSU und NPD angesiedelter Politik. Während die immer noch größte Programmzeitschrift »Hör zu« diese Politik unauffällig im Unterhaltsamen unterbrachte und die inzwischen Springer al-

lein gehörende »Welt« das Bildungsbürgertum agitierte, sollte BILD die Massen ergreifen und für den Weg in einen autoritären Polizeistaat gefügig machen.
Nicht ohne Erfolg. Zwar konnte auch BILD nicht verhindern, daß die Mehrheit seiner über zehn Millionen Leser – entsprechend ihrer sozialen Lage – die SPD wählt, doch gelang es Springers »Kettenhund« tatsächlich, das gesamte politische Spektrum der Bundesrepublik in seine Richtung zu ziehen. In Feindschaft zu BILD, mußten auch sozialliberale Politiker lernen, läßt sich nicht ruhig regieren. Und so gibt es kaum einen führenden Politiker von SPD oder FDP, der es noch wagt, sich kritisch zu Springer zu äußern, während fast alle eilfertig zu jedem BILD-Interview bereit sind. Selbst Willy Brandt empfing während seines Kur-Urlaubs in Südfrankreich bevorzugt den Chefreporter von BILD AM SONNTAG.
Von Staats wegen, von seiten der regierenden Bonner Parteien ist also gegen die menschenverachtende und in ihrem Kern der Verfassung der Bundesrepublik feindliche Presse des Springer-Konzerns nichts zu erwarten. Obwohl es – rechtlich – durchaus möglich wäre, das Springer-Monopol zu brechen. Im sogenannten »Spiegel-Urteil« des Bundesverfassungsgerichts heißt es: »... doch ließe sich etwa auch an eine Pflicht des Staates denken, Gefahren abzuwenden, die einem freien Pressewesen aus der Bildung von Meinungsmonopolen erwachsen können.«
BILD AM SONNTAG und »Welt am Sonntag« halten mit ihrer Auflage von rund 2,5 Millionen das absolute Monopol der Sonntagszeitungen. BILD mit seinen täglich fast fünf Millionen Exemplaren ist zehnmal so groß wie die nächst größere Boulevard-Zeitung. »Enteignet Springer!« ist aktueller denn je.

Bekenntnis eines Unverbesserlichen: »Ich würde alles noch einmal so machen, wie ich's gemacht habe, einschließlich der Fehler.«
(Axel Cäsar Springer)

Der Gigant lächelt

Als mein Buch »Der Aufmacher« erschien, versuchte BILD zuerst noch mit Gelassenheit zu reagieren: »Ja, der Gigant zeigt Wirkung. Er lächelt.« – Springers Fürsprecher in der Provinz reagierten da bereits heftiger. So zum Beispiel der Vorsitzende des Verbandes Nordwestdeutscher Zeitungsverleger, Georg Pfingsten, »Zeitungsverleger und Druckereibesitzer, Chefredakteur der Cellesschen Zeitung«, steht auf seinem Briefkopf, mit dem er sich Mitte August 77 an den Pressesprecher der Niedersächsischen SPD wandte:

»Sehr geehrter Herr Henning, halten Sie es wirklich für richtig, daß ein gewisser Herr Wallraff sich als ›Wanze‹ in die Redaktion der ›BILD-Zeitung‹ eingeschlichen hat? Vielleicht haben Sie die Ereignisse an den darauffolgenden Tagen – ich denke dabei an den verderblichen Mord an Herrn Jürgen Ponto – eines Besseren belehrt.«

Fortsetzung in BILD, beim lächelnden Giganten: »Leute wie Wallraff haben den Terroristen Zielvorgaben geliefert. Wallraff nennt es: ›Demokratische Kritik‹. Wir nennen es: Tödliche Hetze.« So weit Will Tremper, der ab 30. September für Tausende DM Sold über mich in BILD losgeiferte.

Aber »tödliche Hetze« und »Zielvorgabe« für Terroristen schien noch nicht auszureichen. Da mußten noch ein paar Etiketten her: »Faschisten und Kommunisten wie Wallraff haben nun freilich kein realistisches Weltbild. Deshalb stehen faschistische und kommunistische Journalisten auch dauernd unter Enthüllungszwang. Ununterbrochen müssen sie irgendwelche ›Machenschaften aufdecken‹.«

So lächelt ein Gigant.

Da sich nun aber BILD und Serien-Schreiber Tremper ihrerseits einem Enthüllungszwang ausgesetzt sahen, nämlich Enthüllungen über mich zu fabrizieren, wurde eine ganze Mannschaft von »Rechercheuren« auf mich angesetzt.

Wie absurd und kindisch es zum Teil dabei zuging, zeigt der Bericht eines Kölner BILD-Redakteurs. So hat ihn sein Redaktionsleiter für den Spezial-Job angeheuert: »Du kennst ja die Geschichte mit dem Wallraff. Wir brauchen alle Details über ihn, und das schon seit vorgestern. Die Hamburger wollen eine Geschichte über ihn schreiben. Du hast ja Beziehungen. Also alles über Wallraff, jedes Detail kann wichtig sein, auch das kleinste. Auf keinen Fall darf jemand in der Redaktion etwas darüber erfahren. Am besten, du fängst sofort an. Ruf mich aber bitte laufend an, die Hamburger drängen.«
Aber Behnde, so will ich ihn nennen, wurde dieser Aufgabe nicht gerecht. Informanten verweigerten ihm die Aussage, und er scheiterte gar an dem Auftrag, die Urteilsbegründung aus meinem Gerling-Prozeß zu beschaffen. Der Kölner zuständige Oberstaatsanwalt lehnte die Herausgabe des Urteils ab, und Staatsanwalt Bellinghausen vom Politischen Dezernat war vorsichtig. Eine Kölner Justizangestellte von der Pressestelle mit besten Kontakten zur BILD-Zeitung: »Der Dr. Bellinghausen ist ja so froh, daß er nicht zu dieser Deutschlandtagung nach Hannover gefahren ist. Sonst hätte ihn der Wallraff auch auf dem Bild mit Otto von Habsburg und Löwenthal.«
Also Funkstille. Dabei hätte sich Behnde das Urteil für 3,80 Mark in jeder Buchhandlung kaufen können. In Christian Linders rororo-Bändchen »In Sachen Wallraff« ist es abgedruckt.
Am zweiten Tag erfolgloser Recherchen wurden die beiden BILD-Redakteure Trager* und John zur Verstärkung von Behnde abgeordert. Auch aus der Hamburger Zentrale wurde später noch ein Rechercheur nach Köln geschickt.
Aus Behndes »Arbeits«-Bericht:

»Ich wußte, daß Wallraff 1942 in Burscheid geboren ist. Deshalb rief ich dort das Standesamt an und erhielt Datum und Uhrzeit der Geburt. Als Ort wurde das Krankenhaus angegeben. Mit dem Fotografen Heinz Rothe fuhr ich hin. Das Krankenhaus gab es nicht mehr, es ist jetzt ein Altersheim. Ich ging hinein, aber keiner wußte dort etwas über Wallraff. Der ehemalige Kreißsaal ist jetzt wohl der Aufenthaltsraum.«

Ist solch Enthüllungszwang auch Wahnsinn, so hat er doch Methode. Schön chronologisch: Geburt, Kindheit, Schulzeit. Während des Krieges hatte mich, ein Baby, meine Großmutter aufgenommen. Sie wohnte in Altenberg. Auch dieses Dörfchen wurde besucht. Anschließend die Kommunion. Behnde berichtet:

»*Auf Anweisung besuchte ich die katholische Pfarrgemeinde in Mauenheim. Als ich mich bei dem Geistlichen vorstellte, steckte ich zunächst einen Zwanzigmarkschein in die Sammelbüchse für die Mission. Dann schilderte ich mein Problem: ›Ich komme wegen diesem Wallraff.‹ Der rundliche Herr nickte verständnisvoll: ›Ach ja, das ist der, der bei Ihnen war.‹ ›Ja, und wir haben festgestellt, daß er in Ihrer Pfarrei die erste Heilige Kommunion empfangen hat. Kann ich von Ihnen ein paar Adressen haben von Angehörigen der Pfarrgemeinde, die damals seine Schulkameraden waren?‹*«

Er konnte. Der Pfarrer nannte drei Namen, aber keiner meiner ehemaligen Schulkameraden war erreichbar.
Dann ordnete die Kölner Redaktionsleitung an: »Der Wallraff ist in das Neusprachliche Gymnasium in Köln-Nippes gegangen. Ihr müßt dort Wohnungen aufsuchen und vor allem ältere Leute fragen, ob sie sich an ihn noch erinnern.« Zwei Stunden lang wurden Kölner Bürger in der Nähe des Gymnasiums nach mir ausgefragt, natürlich ergebnislos, so ergebnislos, wie die Befragung eines meiner alten Lehrer, wie die Befragungen meiner heutigen Nachbarn.
Die Zentrale in Hamburg wurde ungehalten: »Wie sollen wir denn die Serie abfahren, wenn nichts oder nur Mist aus Köln kommt!«
Mehrmals wurde auch meine 76jährige Mutter vom BILD-Spürtrupp heimgesucht.

»*Was Christian John in seinem ersten Bericht über die Mutter zu Papier brachte*«, schreibt Behnde, »*war ohne Belang: ›Er war so ein lieber, netter Junge‹. Also befahl Viola (stellvertretender Redaktionsleiter): ›Nochmals hinfahren.‹ Diesmal sollte Fotograf Rothe mitkommen. Ich warnte vergeblich: ›Ihr seid ja bekloppt. Der Wallraff weiß doch mit Sicherheit von seiner Mutter, daß du schon da warst. Wenn der sich hinter die Schlafzimmertür stellt, oder ein Tonband mitlau-*

fen läßt, dann kann das ins Auge gehen.‹ Kommentar von Viola: ›Die Hamburger verlangen es aber.‹ Abends rief ich noch Rothe an, um das Ergebnis zu erfahren: ›Hab ich ja gleich gesagt, nichts ist dabei rausgekommen‹.«

Nichts herausgekommen? Doch. Ein Nervenzusammenbruch meiner Mutter und mißtrauische Nachbarn. Allenfalls, daß sie getröstet wurde: »Lassen Sie mal, Frau Wallraff, die Eltern von der Gudrun Ensslin können auch nichts für ihre Tochter.«
Tremper allerdings hat in der Tat kaum etwas aus den Kölner »Recherchen« für die Wallraff-Serie verwendet. Seine Hetz-Beiträge hat er zusammen mit Chefredakteur Prinz, der die Schlagzeilen und Bildunterschriften verfaßte, zu verantworten.
Ich stelle mir vor, wie Prinz, meinen »Aufmacher« vor sich, die erste Schlagzeile entwickelte: »Wallraff: Angstschweiß und Herrenparfüm«. Um richtig in Fahrt zu kommen, besorgte er sich aus dem Archiv ein Foto seines Opfers – jenes Bild aus dem Jahre 1974, das mich hohlwangig und kaputt zeigt, erschöpft und buchstäblich ausgehungert. Es wurde unmittelbar nach meiner Entlassung aus dem Gefängnis der griechischen Faschisten aufgenommen. BILD illustrierte damit seinen ersten »Bericht«. Bildunterschrift: »Günter Wallraff vor dem Einschleichen: Brille, Schnauzbart, schiefe Zähne. So kennt ihn jeder.« Tremper machte und macht aus seinem Herrenmenschen-Rassismus keinen Hehl (vor einigen Monaten diffamierte er in seiner Fernsehkolumne in der »Welt am Sonntag« Hansjürgen Rosenbauer vom WDR wegen dessen Frau, einer Schwarzen*). Das Athener Foto wird im Textteil noch mit Bemerkungen über mein »bleiches Fanatiker-Antlitz«, »mit Höhensonne vermenschlicht«, ergänzt.

---

* »Mal ehrlich: ›Was haben die Jecken am Rhein bloß all' mit den Schwarzen! Bin ich ein Rassist, wenn ich finde, daß die Fernsehbonzen sich mit Schwarzer Problematik viel zu wichtig tun ..., wenn wir Pech haben, kümmert sich das katholische Tagebuch immer noch um die Unterdrückten in Rhodesien und Südafrika. Was uns im Weltspiegel erwartet, ist ohnehin klar, zumal Moderator Rosenbauer eine Black-Beautiful Amerikanerin zur Frau hat, die stolz auf ihren Kommunismus ist.‹«

Tremper hat es sich zur Aufgabe gemacht, »Wallraff, den einsamen Helden des neudeutschen Kommunismus«, als ein Exemplar lebensunwerten Lebens darzustellen: »Wallraff vereinigt die klassischen Symptome eines schweren Psychopathen in sich, wirkt, wie aus einem Lehrbuch der Psychiatrie gehüpft.« In einer weiteren Folge formuliert Tremper schlichter: »Die Frage drängte sich auf: Hat Wallraff noch alle Tassen im Schrank?« Und für BILD-Leser mit Fremdwörterbuch war ich »in Wahrheit wie ein Faschist tätig«, der »seine privaten Neurosen vermarktet« – Zitate aus der zweiten Tremper-Folge, die den »Faschisten« wiederum in einem großformatigen Foto zeigte. Bildunterschrift: »Günter Wallraff mit zwei Gesinnungsfreunden: (...) Heinrich Böll und dem kommunistischen Liedermacher Biermann.«

Natürlich hatte diese Hetze Folgen. Eine davon stank zum Himmel: Eine, »treue BILD-Leserin« mit Namen Degenhardt, aus Regensburg, schickte mir ein Päckchen ins Haus. Inhalt: mein Buch – noch die unzensierte Ausgabe. Sie hatte hineingeschissen.

Nach fünf Folgen wurde die Serie vorzeitig abgebrochen. Zum Abschluß, am 6. Oktober, schrieb BILD: »Jetzt wollen wir den Fall Wallraff aus den Spalten der Zeitungen in den Gerichtssaal verlegen. Die Richter sollen urteilen.«

Und sie haben geurteilt. Wie sie sollten.

Die Justiz lächelt auch

Springer wußte, wo er klagen ließ: Er mußte nicht nach München. Die Hamburger Gerichte enttäuschten ihn nicht.
Um mich und meine Arbeit kriminalisieren zu können, wird unbesehen die Springer-Version über meine Tätigkeit bei »BILD« bis in die Urteile hinein übernommen:
Ich habe nicht bei der BILD-Zeitung gearbeitet, ich habe mich – so jetzt auch die Justiz – »eingeschlichen«.
Die Bedeutung und die Berechtigung meiner Arbeit über die BILD-Zeitung wird dadurch heruntergespielt, daß die Justiz aus der größten Tageszeitung Europas, aus einer der größten Boulevard-Zeitungen überhaupt in der Welt, die täglich von rund 14 Millionen Lesern konsumiert wird, und den mächtigsten Pressekonzern in der BRD repräsentiert, lediglich eine der »großen Zeitungen in der Bundesrepublik« macht – so das Hamburger Oberlandesgericht –.
Kein Wort von der Marktbeherrschung des Meinungsführers Springer. Kein Wort von der Falschmeldungsmethode der BILD-Zeitung, den Diffamierungskampagnen gegen Kommunisten, Studenten, Linke, Intellektuelle, gegen Minderheiten. Kein Wort von den Kampagnen zur Unterstützung der Christparteien, zugunsten der AKW-Industrie, des Pinochet-Regimes und der Obristen-Junta in Griechenland.
Die gesellschaftspolitische Bedeutung des Machtapparats BILD-Zeitung wird von der Justiz ignoriert.
Auf Antrag des Springer Verlags haben die Hamburger Gerichte gegen das Buch »Der Aufmacher« rund 20 Verfahren entschieden. Mehr als 60 Verbote haben sie ausgesprochen. Die weitere Veröffentlichung des Buches war damit unmöglich gemacht worden.
Die Streitwerte der Verfahren (danach werden bekanntlich die Kosten berechnet) liegen in bedrückender Höhe: bis zu 500 000 DM. Die Kosten in einem einzigen solchen Verfahren durch zwei Instanzen belaufen sich auf rund 50 000 DM.
Die Justiz hat es schon in ihren ersten Entscheidungen gegen

das Buch »Der Aufmacher« ohne Einschränkung zu erkennen gegeben, wen sie bereit ist, zu schützen: Den sogenannten »eingerichteten und ausgeübten Gewerbebetrieb«. Das ist, nicht-juristisch ausgedrückt: Das funktionierende kapitalistische Großunternehmen. Ihm wird plötzlich ein Schutzbereich zuerkannt, wie sonst nur der sogenannten Intimsphäre des einzelnen Menschen. Die Ausweitung dieses Schutzbereichs wird damit gerechtfertigt, daß ich die Informationen – dabei kam es nicht darauf an, ob diese wahr oder nicht wahr sind – durch unberechtigtes Eindringen, das sogenannte »Einschleichen«, erlangt habe. In Ausnahmefällen – so das Gericht – hätte ich die eine oder andere Information dann allerdings doch veröffentlichen dürfen:

»*Es wird sich bei diesen Fällen jedoch nur um Ausnahmen handeln können, die ihre Rechtfertigung ausschließlich daraus herleiten, daß anders »die Aufklärung« schwerwiegendster, elementarer, das Allgemeininteresse berührender Gefahren nicht möglich ist. Hierbei wird es sich nicht nur um Fälle gravierenden strafrechtlichen Bezuges (Informationen zum Beispiel über die Vorbereitung eines »Staatsstreichs«, Planung eines Mordes, einer Geiselnahme) handeln, sondern auch um sonstige Tatbestände, an deren Kenntnis ein wirklich überragendes öffentliches Interesse besteht.*«

Von wenigen Ausnahmen abgesehen, haben die Gerichte dann befunden, daß meine Erlebnisse bei der BILD-Zeitung nicht zu den »Tatbeständen« gehören, »an deren Kenntnis ein wirklich überragendes öffentliches Interesse besteht.«

In Zukunft wird also Berichterstattung über Interna von Markt-Giganten und Meinungsführern fast unmöglich. Erlaubt ist nur noch der Bericht über das Innenleben von kriminellen Vereinigungen. Der Rest ist Tabuzone. Ob und wie ein solcher Multi die demokratische Presse und damit demokratische Einrichtungen des Staates gefährdet und bedroht, darf nicht Gegenstand öffentlicher Erörterung sein. Ein Marktbeherrscher als kriminelle Vereinigung – das darf nicht laut gedacht werden –.

Was ist im einzelnen verboten »im Interesse der Pressefreiheit«:
Ich darf mein eigenes, auf Seite 75 des Buches »Der Aufmacher« abgebildetes Manuskript mit den handschriftlichen Änderungen des Chefreporters nicht mehr veröffentlichen.
Begründung des Gerichts:

»Selbst wenn (Wallraff) das Manuskript verfaßt hatte, ist es spätestens mit der Vorlage an (den Chefreporter) und die Bearbeitung durch ihn zu einem Teil des mit der Entstehung der Zeitung verbundenen Schriftwerks geworden: Damit unterliegt es der alleinigen Verfügungsbefugnis des Verlags. Daß der Verlag derartige Dokumente vertraulich behandelt wissen will, kann ernstlich nicht in Zweifel gezogen werden. Diese Urkunden gehören schließlich auch zum Kernbereich des Betriebes. Ein Angriff auf ihren Inhalt mit dem Ziel der Veröffentlichung kommt damit einem Eingriff in den Betrieb selbst gleich.
Auch für die Wiedergabe dieser Manuskriptseite (kann) kein ins Gewicht fallendes Öffentlichkeits-Interesse geltend gemacht werden ... insbesondere ist diese Urkunde für sich genommen nicht dazu geeignet, den Nachweis dafür zu erbringen, daß in diesem konkreten Fall oder allgemein von den Mitgliedern der BILD-Zeitungs-Redaktion in Hannover journalistisch unredlich gehandelt worden wäre.«

23 Zeilen einer Manuskriptseite gehören also zum »Kernbereich des Betriebes«. Hier wird vom Gericht nicht einmal behauptet, daß es sich um Redaktions- oder Betriebsgeheimnisse gehandelt habe. Ernsthaft hätte das natürlich auch nicht behauptet werden können. Aber das Gericht hatte schon verstanden, daß mit der abgedruckten Manuskriptseite deutlich geworden ist, daß hier das Umformulieren gleichzusetzen ist mit Veränderung der Wahrheit. Ein Verlag muß selbstverständlich gegen die Offenlegung derartiger Praktiken geschützt werden.
Ich darf auch nicht mehr den Ablauf einer Redaktionskonferenz der BILD-Zeitung schildern (Seite 24 bis 26 des »Der Aufmacher«). Hier wurden u.a. in Ausschnitten die kaputte Sprache, der Zynismus des Redaktionsleiters bei der Selektion der angebotenen »Geschichten« referiert.
Dabei gingen die Hamburger Gerichte davon aus, daß hier

ohne Einschränkung wahrheitsgemäß berichtet worden war, daß dabei keine Betriebsgeheimnisse, wenn es solche in diesem Zusammenhang überhaupt geben sollte, mitgeteilt wurden.
Dennoch: Verbot der Berichterstattung hierüber.

»Die Wiedergabe des Ablaufs einer Redaktionskonferenz einer Tageszeitung in Form eines Protokolls oder Gedächtnisprotokolls stellt objektiv einen Eingriff in das Recht am eingerichteten und ausgeübten Gewerbebetrieb des Verlages dar.«

Obwohl ich in meinem Protokoll keine Informanten bekanntgegeben habe, bemüht das Oberlandesgericht Hamburg zur Stützung seiner Entscheidung gerade den Gesichtspunkt des Vertrauensbruchs (Informantenschutz):

»Der Wille der in einer Redaktionskonferenz tätigen Journalisten und des Verlages, über deren Hergang Vertraulichkeit zu wahren, ist grundsätzlich vom Recht zu respektieren. Die Wahrung dieser Vertraulichkeit ist für den Bestand eines freiheitlichen Presseunternehmens von grundlegender Bedeutung. Der Angriff (Wallraffs) richtete sich damit gegen den Kernbereich des Gewerbebetriebs, er gefährdete unmittelbar dessen Funktionsfähigkeit. Das gilt schon im Hinblick darauf, daß ohne die Sicherheit des Redaktionsgeheimnisses die Presse von den Informationen abgeschnitten wird, die ihr im Vertrauen auf dessen Bestand ständig zufließen. Die Pressefreiheit und damit ein großer Teil der Meinungsfreiheit sind an der Wurzel berührt, wenn dieser Schutzbereich angetastet wird.
Eine Verletzung des Rechts am eingerichteten und ausgeübten Gewerbebetrieb liegt hierin ohne Rücksicht darauf, ob die unter Bruch des Redaktionsgeheimnisses der Öffentlichkeit zugänglich gemachten Tatsachenbehauptungen der Wahrheit entsprechen oder nicht ... die Rechtsverletzung liegt hier nicht in einer Ehrverletzung oder Rufschädigung des Betroffenen, sondern darin, daß unter Durchbrechung der Schranken der Vertraulichkeitsbereiche betriebsinterne Vorgänge zum Gegenstand öffentlicher Erörterung gemacht werden.«

Und schließlich spielt sich das Oberlandesgericht Hamburg noch zum Oberzensor des Autors und aller Leser auf:
Zwar habe mein Buch dem Leser Einsichten gebracht, »aber keine Einsichten, deren er in so hohem Maße bedurfte, daß

dies die dargestellte Rechtsbeeinträchtigung als hinnehmbar erscheinen lassen könnte.«

Ich darf auch nicht mehr den Bericht über die Fortsetzung meines Einstellungsgesprächs bei dem Redaktionsleiter der Hannoveraner BILD-Zeitung veröffentlichen (Seite 31 bis 39 des »Aufmachers«). Nach dem Urteil des Oberlandesgerichts Hamburg ist es mir verboten, »die Schilderung von Einzelheiten über das Privatleben »des Redaktionsleiters zu veröffentlichen«. Dabei habe ich in meinem Bericht über meinen Besuch ausdrücklich alle Beobachtungen und Informationen über das Privatleben und über die Intimsphäre dieses Redaktionsleiters ausgespart. Ich referiere lediglich den Ablauf dieses einmaligen Besuches. Dabei ist von Beginn an für den Leser verständlich, daß dieser Besuch keinen Privatcharakter hatte, sondern von dem Redaktionsleiter »angeordnet« worden war. Mir blieb nichts anderes übrig, als dieser »Einladung« Folge zu leisten. Ich hatte meine Arbeit bei der BILD-Zeitung gerade begonnen und konnte es mir nicht leisten, durch eine Ablehnung »aufzufallen«.

Das Gericht kommt zu dem Verbot auf Grund einer sogenannten »Interessenabwägung«. Einerseits Schutz des Persönlichkeitsrechts des Redaktionsleiters und auf der anderen Seite das Interesse der Öffentlichkeit an einer Publizierung.

Um zum rechten Ergebnis zu kommen, reduziert das Gericht den Redaktionsleiter erst einmal zu einem »nicht besonders hervorgehobenen Arbeitnehmer im Axel-Springer-Verlag«. Sodann wird aus dem dienstlich angeordneten Besuch in der Bewertung durch das Gericht ein »im Schwergewicht völlig privater Vorgang«. Dies vorausgeschickt, hatte es die Justiz dann nicht mehr schwer, den Schutz und damit das Interesse des »kleinen« angestellten Redaktionsleiters besonders hoch anzusetzen.

Und auf der anderen Seite kommt das Gericht dann außerdem zu dem Ergebnis, daß das öffentliche Interesse an der Verbreitung ausgesprochen gering sei. Das Oberlandesgericht, wieder in seiner Funktion als Oberzensor: Der Gesamtdarstellung »kommt in keinem ihrer Teile ein die Publizierung rechtfertigender hoher Öffentlichkeitswert zu«.

Selbst über meine rein subjektive Empfindung aus der Tätigkeit in der BILD-Zeitungs-Redaktion darf ich nicht einmal mehr berichten. Zum Beispiel, daß ich mich bei der Vorlage eines Manuskripts vor dem Redaktionsleiter fühlte wie der Schüler vor dem Lehrer. Dieses subjektive Empfinden mag auch mit eigenen Schulängsten zu tun haben. Aber auch hier wieder der Zensureingriff der Justiz: Welche Gefühle ich gegenüber meinem damaligen Redaktionsleiter haben durfte, wird im nachthinein von den Gerichten festgelegt.
Aus der weiteren Fülle der verbotenen Tatsachenbehauptungen sollen nur einige noch herausgegriffen werden. Die Hamburger Justiz hat diese Verbote ausschließlich so begründet: »Die diesen Behauptungen zu Grunde liegenden Informationen hat (Wallraff) durch Einschleichen erlangt. An ihrer Verwertung besteht kein überragendes öffentliches Interesse.«
So darf ich also nicht weiter behaupten,
– an Schreibtischen in der BILD-Redaktion prangten ...,
– einer der BILD-Redakteure bekam (...) bei der Schilderung seines bevorstehenden redaktionellen Termins bei der Polizeispezialeinheit;
– der Chefreporter bringt als Mobiles ...
Auch darf ich nicht mehr das auf Seite 82 meines Buches abgedruckte Foto (ein Blick in den Redaktionsraum) veröffentlichen. Begründung:

»Es gibt zwar kein Recht am Bild über die eigene Redaktion. (Folgerichtig hätte die Veröffentlichung dieses Fotos selbstverständlich nicht verboten werden können.)«
Aber mir sei das Fotografieren erst durch das »Einschleichen« ermöglicht worden. Der jetzige Veröffentlichungszweck sei nicht der, zu dem ihm die Fotografiererlaubnis erteilt worden sei. – Das Gericht läßt dem Redaktionsraum also die Diskretion eines Schlafzimmers angedeihen.

Die bisher mit dem »Aufmacher« befaßten Gerichte sind, wie zu befürchten war, an keiner Stelle der ihnen gestellten justizpolitischen Aufgabe gerecht geworden. Das Institut der Klassenjustiz hat sich selbst bestätigt.
An keiner Stelle der vorliegenden Entscheidungen ist der

Machtapparat Springer-Verlag bzw. BILD-Zeitung problematisiert worden. Die Rechtfertigung für meine Tätigkeit aus dem Gesichtspunkt des Demokratieschutzes und einer längst fälligen Notwehr gegen Mißbrauch von Macht und Informationen blieb unerörtert. So verwundert auch nicht die erste Reaktion eines hohen Hamburger Richters, nachdem die erste Auflage auf dem Markt war:
»Das Buch ist ein Skandal. Es hätte nicht erscheinen dürfen!«.
Übrigens nachdem Richter Engelschall seine Urteile für BILD gesprochen hatte, wurde seine Tochter als Redakteurin in die Hamburger BILD-Zentrale aufgenommen.

Beeidet wurde alles und jedes, »zur Vorlage bei Gericht und in Kenntnis der Strafbarkeit einer falschen ...« Die flinken »BILD«-Fälscher waren schnell bei der Schwurhand – ganz und gar unabhängig als freie Vertreter eines freiheitlichen Pressehauses der freien Welt leisteten sie total freiwillig ihre Schwüre. Sie wären es wert, in einem Buch für sich herausgegeben zu werden. Unter dem Titel: »Mein-Eid«.
Zur Auswahl wenigstens ein paar Beispiele: So »bemeineidete« der frühere »BILD«-Chefredakteur Peter Boenisch etwa:

Peter Boenisch   *Berlin*, 5. Oktober 1977

> Hiermit versichere ich
> an Eides Statt, daß ich
> BILD-Leser niemals als
> "Primitivos" bezeichnet
> habe.
>
> *Peter Boenisch*

165

Als ich den damaligen Zeugen dieser seinerzeit im »Spiegel« zitierten und nie beanstandeten Herrenmenschenäußerung ausfindig gemacht hatte, einen »Spiegel-Redakteur«, machte der Springer-Verlag von Boenischs Eidesstattlicher Versicherung keinen Gebrauch mehr.
Eide am Fließband, 53 Stück, wurden eingesammelt – eine ganz und gar freiwillige Kollekte für »ACS« – um mir die Bemerkung verbieten zu lassen, ein im ›Aufmacher‹ abgedrucktes zynisches »Merkblatt für Selbstmörder« stamme von einem »BILD«-Redakteur.

Eidesstattliche Versicherung

In Kenntnis der Tatsache, daß diese eidesstattliche Versicherung bei Gericht vorgelegt werden soll und daß die Abgabe einer falschen oder einer unvollständigen eidesstattlichen Versicherung strafbar ist, erkläre ich hiermit folgendes:

Ich bin Leiter der Zentralorganisation von BILD und BLLD an SONNTAG, und zwar seit Anfang 1970.

Auf Bitten der Leiterin der Rechtsabteilung Redaktionen, Frau Renate Damm, haben 53 Redakteure der BILD-Zentralredaktion der Lokalredaktion Hamburg und der Sportredaktion von BILD in Hamburg folgende eidesstattliche Versicherung unterzeichnet:

"Das im STERN Nr. 41, auf Seite 28 zitierte 'Merkblatt für Selbstmörder', welches im Wallraff-Buch 'Der Aufmacher" auf Seite 169 abgebildet ist, ist uns nicht bekannt."

Das Original dieser eidesstattlichen Versicherung liegt mir vor. Darüber hinaus kann ich bekunden, daß allen Redakteuren, die wir befragen konnten, das zitierte Merkblatt unbekannt ist.

> Aufgrund meiner langjährigen Tätigkeit in der obigen Position und aufgrund meiner zahlreichen persönlichen täglichen Kontakte mit den Redakteuren, hätte ich meiner Ansicht nach von der Existenz eines solchen Merkblattes erfahren müssen.
>
> Friedhelm Voss
>
> Hamburg, den 29. September 1977

Unter der erdrückenden Beweislast der Massen-Vereidigung muß ich nun die Urheberschaft für etwas übernehmen, das nicht von mir stammt.
»Wir mußten wieder mal Eidesstattliche Erklärungen unterschreiben, daß wir nie Eidesstattliche Erklärungen unterschreiben mußten«, beklagte sich ein »BILD«-Redakteur im Beisein von Zeugen. –
Einen der klassischen Eide von Lothar Schindelbeck sollte man noch auf sich einwirken lassen:

EIDESSTATTLICHE VERSICHERUNG

Hiermit erkläre ich, Lothar Schindlbeck,
über die Strafbarkeit einer falschen eidesstattlichen Versicherung belehrt und in
Kenntnis dessen, daß diese eidesstattliche
Versicherung bei Gericht vorgelegt werden soll,
folgendes:

Es verging in meiner Zeit als Redaktionsleiter
von BILD-Hannover wohl kein Tag, an dem ich die
Redaktionsmitglieder nicht aufgefordert hätte,
sie sollten "sich Geschichten ausdenken", sie
sollten "sich etwas einfallen lassen". Alle
gutwilligen Kollegen haben dies auch so verstanden,
wie ich es gemeint habe und wie dies auch in anderen
Redaktionen gefordert wird: Ideen zu Geschichten
zu entwickeln, die nicht von der Tages-Aktualität
bestimmt sind und die einer Redaktion nicht aufgrund
von Ereignissen frei Haus auf den Schreibtisch
flattern. Beispiele:

- Niedersachsen ist ein Pferdeland.
  Viele wohlhabende Frauen besitzen hier
  ein eigenes Reitpferd. Also war die Geschichte, die wir uns auszudenken hatten,
  ein Bericht über sechs, in der Öffentlichkeit
  bekannte Frauen und ihre Pferde: Was die
  Tiere gekostet haben, wie oft sie geritten
  werden, wie sie gepflegt werden, etc.

- Eine Reihe bekannter Männer in Hannover
  fahren neben ihren normalen Autos schwere
  Motorräder. Also ließen wir uns einfallen,
  sie und ihre Maschinen vorzustellen.

- Im Raum Hannover gibt es zahlreiche Industriebetriebe, deren Produkte weltweit bekannt sind:
  Conti-Reifen, Bahlsen, Elektronik-Firmen. Also
  mußte die Idee geboren werden, je einen der Chefs
  und einen Arbeiter mit kurzen Zitaten vorzustellen,
  die Produkte und ihre Bedeutung auf dem Markt zu
  beschreiben, die Herkunft der berühmten Markenzeichen zu erklären und im Foto zu zeigen.

Die Beispiele ließen sich beliebig lang fortsetzen.

Solche Berichte verfolgten den Zweck, Menschen und Dinge in Hannover über das Medium Zeitung unter neuen Aspekten bekanntzumachen. Entsprechende Ideen zu entwickeln, auf diese Weise kreativ zu sein, ist unbestreitbar eine der Aufgaben einer Redaktion.

Nur in diesem Sinne war ich zu verstehen, wenn ich die Kollegen aufforderte, "sich eine Geschichte auszudenken!"

Hamburg, 12. Mai 1978

(Lothar Schindlbeck)

Der Gigant lächelt weiter

Diese Prozesse jedoch konnten die Verbreitung des »Aufmacher« nicht verhindern. Was auf dem »Rechtsweg« scheiterte, mußte mit Einschüchterung weiterversucht werden. Zum Beispiel hat die Springer-Rechtsabteilung Drohbriefe an einzelne Buchhändler verschickt, in denen vor dem Verkauf des Buches gewarnt wurde. Manche davon zeigten Wirkung, andere wurden trotzig als unfreiwillige Reklame im Schaufenster ausgehängt. Dann wurden Kaufhäuser und Ladenketten unter Druck gesetzt. Für einen Zeitschriften-Konzern bieten sich hier mit seinen variablen Lieferbedingungen gute Möglichkeiten. »Montanus« beispielsweise hatte plötzlich eine umfangreiche Nachbestellung des »Aufmacher« wieder rückgängig gemacht, und erst der geschlossene Widerspruch der »Montanus«-Verkäufer konnte die Nachbestellung doch noch durchsetzen. Auch die Buch-Großhändler, die Grossisten, wurden bedrängt.

Und dann gab es Druck mit Druck. Wolfram Schütte und Helmut Schmitz von der »Frankfurter Rundschau« beispielsweise hatten ein sehr ausführliches Interview mit mir über meine Arbeit geführt. Eine ihrer Fragen: »Sie wissen, daß Sie hier mit einer Zeitung sprechen, deren Verlag demnächst ›BILD‹ drucken wird?« Meine Antwort durften die »FR«-Leser nicht erfahren. Statt des Interviews erschien eine Rezension des Feuilleton-Chefs Horst Köpke, die später gern in den Springer-Blättern zitiert wurde: »Ich bin nicht sicher, ob Wallraff an den BILD-Methoden ebenso Anstoß genommen hätte, wenn es sich für dieselbe Sache engagierte wie Wallraff selbst.« Auch die »Hannoversche Allgemeine Zeitung«, ebenso eine von Springer unabhängige Zeitung, leistete freiwillig Schützenhilfe. Sie verteidigte in einem Beitrag die von mir geschilderten BILD-Methoden als »Vorgänge, die sich in jeder Redaktion und in jedem Betrieb ereignen. Dazu gehört der interne Jargon, der in allen festen Gruppen als Kurzsprache unerläßlich ist und nur Außenstehenden als primitiv oder zynisch erscheint.«

Werden derartige Reaktionen manchmal durch ökonomische Hintergründe verständlich, lohnt ein Zitat aus dem »Bayernkurier« nur wegen seiner lächerlichen Überzeichnung. Herausgeber Strauß, der Bundeskanzler werden möchte, und der dem BILD-Reporter Hans Esser kurz zuvor noch ein Autogramm gegeben hatte, ließ schreiben: »Die Internationale der Reaktionäre, in der Wallraff nur Handlanger ist, versucht seit Jahren, den Springer-Verlag zu entmachten und damit den Leser zu entmündigen.«
Einige Zahlen mögen das Kräfteverhältnis der von mir entmündigten Leser gegenüber der Macht des lächelnden Giganten verdeutlichen.

Insgesamt hatte der »Aufmacher« zwölf Auflagen, 350000 Exemplare wurden verkauft. Die Büchergilde Gutenberg brachte zwei Sonderauflagen heraus, von denen allein die IG Metall 20000 Stück abgenommen hat. Die Honorare finanzierten die Fortsetzung der »BILD-Beschreibung« und flossen in den Hilfsfonds für BILD-Geschädigte. Hierfür wurde auch auf den zahlreichen Veranstaltungen gesammelt, die überall im Bundesgebiet, meistens von DGB-Gewerkschaften, oft auch von Bürgerinitiativen oder SPD-Organisationen, durchgeführt wurden. Zigtausend Besucher diskutierten *ihre* und meine Erfahrungen mit BILD: in kleinen Runden oder in Großveranstaltungen wie in der Hamburger Ernst-Merck-Halle mit 1500 Teilnehmern. Über hunderttausend von ihnen unterschrieben einen Boykott-Aufruf, der unter anderem auch in der Gewerkschaftszeitung »Metall« abgedruckt wurde. Fast immer waren auch Springer-Mitarbeiter dabei. In Ahrensburg bei Hamburg zum Beispiel, bestand die Hälfte des Publikums aus fast 300 Arbeitern und Angestellten der dortigen Springer-Druckerei, und es wurde eine der besten Veranstaltungen.

Aber natürlich waren ständig auch weniger angenehme Mitarbeiter des Verlags anwesend. So wie sie zuvor versuchten, den geheimgehaltenen Druckort des »Aufmachers« ausfindig zu machen, um die Auslieferung zu verhindern (der Springer-Agent Hauke Brost, ein ehemaliger Mitarbeiter von Zimmer-

manns XY-Menschenjagd, reiste beispielsweise tagelang in Holland von Druckerei zu Druckerei – ich hatte ihn auf eine falsche Spur gelockt), so wie sie also versuchten, die Auslieferung zu verhindern, versuchten sie nun, wenigstens die Veranstaltungen zu dem Buch zu stören.
Zum Beispiel München. Zitat aus einer Erklärung des DGB-Kreises der bayerischen Landeshauptstadt:

»Am 25. 11. 1977 fand im Münchner DGB-Haus eine Informationsveranstaltung für Gewerkschaftsmitglieder mit dem Schriftsteller Günter Wallraff statt: ›Günter Wallraff. Der Mann, der bei BILD Hans Esser war‹. Eintrittskarten wurden über die Gewerkschaften und Betriebsräte an über 700 Mitglieder ausgegeben. Zu dem großen Erfolg der Veranstaltung trugen lebhafte Diskussion und das rege Interesse der Teilnehmer wesentlich bei. Um so bedauerlicher war die Störung durch einen ungebetenen Gast, der weder im Besitz einer Eintrittskarte noch eines Presseausweises war: Herr Werner Zwick machte im Auftrag der Rechtsabteilung des Axel-Springer-Konzerns heimlich Tonbandaufnahmen. Anschließend wurde er vom Veranstalter mehrmals aufgefordert, den unerlaubten Mitschnitt zu löschen, andernfalls würde die Polizei benachrichtigt. Herr Zwick schien es jedoch auf Provokation anzulegen, da er mehrmals die Umstehenden aufforderte: ›Zerschlagt mir doch das Tonbandgerät, verprügelt mich doch‹ usw. Der Veranstalter war gezwungen, die Polizei zu benachrichtigen. Kurz nach Eintreffen der Polizei entriß ein im Gewerkschaftshaus Unbekannter Herrn Zwick das Tonbandgerät und konnte unerkannt entkommen. Das leere Gerät wurde später aufgefunden.«

Springer-Spitzel auch anderswo:

»Ich, Gerald Viola, Redakteur der BILD-Zeitung, wohnhaft in Köln, An der Alten Pist 21, erkläre hiermit an Eides Statt die Richtigkeit und Vollständigkeit meiner nachstehenden Erklärung. Günter Wallraff las am Dienstag, 18. Oktober 1977, bei einer öffentlichen Veranstaltung im Kolping-Saal in Köln-Ehrenfeld Passagen aus dem Buch ›Der Aufmacher‹ vor. Dabei erklärte er wörtlich: ›Beim gerade vorgelesenen Zitat darf ich Ihnen laut Gerichtsbeschluß nicht sagen, wer es gemacht hat.‹ Er reichte das Mikrofon an einen Mann zu seiner Rechten auf dem Podium weiter (was so nicht stimmt. G.W.), der erklärte: »Das Zitat stammt von Axel Springer – könnte man meinen. In Wirklichkeit stammt es von Heinrich Himmler.‹ Danach las Wallraff weiter aus seinem Buch vor.«

Der Konzern versucht auch überhaupt nicht, derartige Spitzeleien zu leugnen. Im Gegenteil: Springers Rechtswahrer Sophus Witt hat sogar vor Gericht Seite um Seite von Tonband-Abschriften und Stenogrammen aus meinen Veranstaltungen vorgelesen. Eine rechte Fleißarbeit, leider nur oft genug sehr fehlerhaft.
So zitierte er zum Beispiel einen Agenten-Bericht von der Berliner Veranstaltung am 17. 11. 77, bei der ich gesagt haben soll:

»*Mein Anwalt, eher ein Liberal-Konservativer, spricht in letzter Zeit von Klassenjustiz. Ich kann ihn nicht davon abhalten ...*« Oder, aus dem Rapport von der Hamburger Veranstaltung am 1. Dezember 77: »*Unter Bezugnahme auf das Urteil des Oberlandesgerichts Stuttgart (Untergrundkommunist) meinte der Antragsgegner (nämlich ich, G. W.) dann noch, daß er nach diesem Urteil jetzt auch Herrn Springer, seinen Schnüffler Brost, Strauß und Dregger Untergrundfaschisten oder meinetwegen sogar Oberfaschisten nennen dürfe, was er allerdings nicht tue, weil er für eine sachliche Auseinandersetzung sei.*«

Als besonders eifriger Springer-Spitzel hatte sich während dieser Wochen Gerhard Zams herausgestellt. Er scheute sich auch nicht, mich selbst anzusprechen: »Hör mal, stimmt das eigentlich, Du hast doch keinen Führerschein. Hast du den wegen Alkohol verloren? Du bist doch (in Hannover) immer gebracht und wieder abgeholt worden.« Tatsächlich war ich während meiner BILD-Arbeit nicht selbst in die Redaktion gefahren, woraus Zams von etlichen seiner »Kollegen« auf mich schloß, daß ich meinen Führerschein wegen Alkoholmißbrauchs verloren hätte. Ich ließ ihn in dem Glauben. Einige Tage später stoppte mich im Auto ein Streifenwagen vor meiner Kölner Wohnung. Die Polizisten wollten meinen Führerschein sehen. Nicht die übrigen Papiere, ausdrücklich nur den Führerschein. Nachdem sie ihn geprüft hatte, entschuldigten sie sich. Freunde und Helfer. Auch in Niedersachsen:
Als ich mich eines Nachts auf dem Weg von einer Veranstaltung in Lübeck zurück nach Köln zwischen drei und fünf Uhr früh mit einer ehemaligen BILD-Kollegin in der Autobahn-

raststätte Hannover-Garbsen treffen wollte, bin ich in eine der damals üblichen Terroristen-Kontrollen geraten. Vor der Raststätte, ich hatte einen Ordner mit Schriftsätzen unter dem Arm, fragten mich die Polizisten, mit wem ich verabredet sei. »Tut mir leid«, antwortete ich, »ich bin wie Sie in Ausübung meines Berufs hier und muß auf Informantenschutz bestehen.« Auch sie hatten mich erkannt. Etwas später bat mich ein Ober in der Gaststätte, noch einmal kurz hinauszugehen. »Polizei«, sagte er nur. Draußen empfing mich ein Beamter mit geschulterter Maschinenpistole: »Wir haben rückgefragt. Wir müssen jetzt doch wissen, wen Sie hier treffen wollen.« Kurzer Wortwechsel, keine Auskunft. Am folgenden Tag wurde meine Informantin von ihrem neuen Arbeitgeber zur Rede gestellt: was ihr einfiele, sich nachts auf der Raststätte Garbsen mit mir getroffen zu haben. BILD hatte ihn informiert.

Der Gigant zeigte Wirkung, er lächelte. Und viele, die Kontakt zu mir aufgenommen hatten, bekamen dieses Lächeln zu spüren. Eine jüngere BILD-Redakteurin, die nach meiner Veröffentlichung mit mir zusammen gesehen wurde, wurde von ihren Kollegen nicht mehr gegrüßt, und Anrufe wie »Du Nutte, du bist keine Journalistin, du gehörst auf den Strich« zählten noch zu den harmloseren Folgen.
Hauke Brost, der Springer-Spitzel mit dem Detektiv-Ausweis, machte beispielsweise Angela H., die Philosophie-Studentin aus dem »Aufmacher« so fertig, daß sich bei ihr der »Katharina Blum«-Effekt einstellte: »Den bring ich um«, äußerte sie in ihrer Ohnmacht.

Brost intervenierte auch in den Niederlanden, bei Jan Kuiper, einem Fernsehproduzenten, der uns bei den Dreharbeiten zu Jörg Gfrörers Film in der Hannoveraner BILD-Redaktion sehr geholfen hatte. Brost verlangte, den BILD-Film zu sehen, der gerade für die Ausstrahlung im Holländischen Fernsehen vorbereitet wurde. Kuiper lehnte natürlich ab, es folgte das Fernschreiben eines renommierten Amsterdamer Anwaltsbüros: »Betrifft: Axel Springer Verlag/Günter Wallraff. Bitte postwendend Bestätigung, daß Sie den Film nicht ausstrahlen werden, jedenfalls nicht, bevor Sie nicht Vertretern meines Klienten Gelegenheit gegeben haben, den Film zu sehen.«

»Dann folgten«, berichtet Jan Kuiper, »unzählige Sitzungen mit den Anwälten der Rundfunk- und Fernsehdachorganisation NOS, die mich sogar baten, nicht in die Bundesrepublik zu reisen, andernfalls ich möglicherweise an der Grenze verhaftet würde.«

Die Fernsehstation IKON gab den BILD-Pressionen nach und gab die Senderechte zurück. So wurde der Film schließlich von dem größten und wirtschaftlich stärkeren holländischen Sender VARA ausgestrahlt. Die sehr engagierte Einführung der Holländer war mit deutschen Untertiteln versehen. So konnte der Film auch im Westen der Bundesrepublik gesehen werden. Im Süden wurden die Bundesbürger vom Schweizerischen und vom Österreichischen Fernsehen versorgt, im Norden vom Dänischen. Denn der WDR, der ihn ausstrahlen sollte (selbst in Springers Programm-Zeitschriften war er bereits unter dem Tarntitel »Informationen aus dem Hinterland« angekündigt), setzte ihn kurzfristig zugunsten einer Tennis-Übertragung ab. In einer nachgeschobenen Erklärung begründete der WDR: »Einer Ausstrahlung des Materials stehen prinzipielle journalistische und zum Teil rechtliche Bedenken im Wege. Der WDR ist als öffentlich-rechtliche Anstalt den Prinzipien der Objektivität, Wahrheit und Fairneß in besonderem Maße verpflichtet.« Redakteur-Versammlungen in verschiedenen Sendeanstalten protestierten.

Wo Objektivität, Wahrheit und Fairneß nicht durch Springer-Interventionen definiert werden konnten, wurde der Film gesehen. Von vielen tausend Zuschauern in Programmkinos und bei Gewerkschafts- und politischen Gruppen. Und eben in fast allen westeuropäischen Nachbarländern.

In Schweden zum Beispiel reagierte die Öffentlichkeit auf den siebenstündigen Versuch des Springer-Beauftragten Günther Freitag (Springer Inlandsdienst), auf den Redakteur von Sveriges Radio TV 2, Frank Hirschfeld, »Einfluß zu nehmen« so: »Anschlag auf das Schwedische Fernsehen!« Das war, in einer Schlagzeile von Skandinaviens größter Zeitung, »Expressen«, Schwedens Antwort auf die versuchten BILD-Pressionen.

Ganz im Sinne von WDR-Programmdirektor Hübner und ganz in der BILD-Diktion (immerhin ist er auch gelegentlicher Kolumnist in Springers Blättern), hat sich übrigens auch der ehemalige SFB-Intendant Franz Barsig geäußert. In seiner Abschiedsrede als Chef des Senders, der sich frei nennt, widmete er den »Informationen aus dem Hinterland« eine auffällig lange Passage. Leseprobe: »Einschleichermethoden und Hinterhältigkeit halte ich nicht für ein zu deckendes Prinzip.«

Das mag damals schon ein Bewerbungsschreiben gewesen sein. Der heutige »freie Journalist« Franz Barsig (SPD) veröffentlicht seine Beiträge nicht nur gern in der »Welt«, er hat auch sein neues Büro im Bonner Haus des Springer-Blattes. Nebenbei: Im Juni 1979 reiste Barsig zusammen mit Springers Verlagsdirektor Rolf von Bargen nach Las Vegas, um sich dort – natürlich als »freier Journalist« – auf einem internationalen Verlegerkongreß zusammen mit Vertretern auch aus Südkorea für die privatwirtschaftliche Nutzung der neuen Medien und für Privatfernsehen auszusprechen.

Seit eh und jeh in Springer-Diensten steht auch der SFB-Chefkommentator Matthias Walden, alias Freiherr von Sass. Regelmäßig empfängt er Honorare für anonyme BILD-Kommentare auf Seite 2. Mit 150,– bis 300,– DM Springer-Salär, häufig täglich, belohnt man ihn. Im Österreichischen Fernsehen, »Club 2« hielt er es für angebracht, zu erklären: »Für die BILD-Zeitung habe ich nie geschrieben.« Kann schon sein. Auch ohne dies ist er sein Geld wert. (Siehe Waldens Rufmord-Kommentar gegen Heinrich Böll in der Tagesschau) Und das sind solche Kommentare, zum Beispiel der vom 25. Januar 79 in BILD Seite 2:

»Nun hat sich also zum zweitenmal ein Späher in die Redaktion der BILD-Zeitung eingeschlichen – erst Wallraff und jetzt einer, der dringend verdächtig ist, für den SED-Staat spioniert zu haben. Der Einschleicher Wallraff und der mutmaßliche Spion haben die Redaktion gestört – zerstören konnten sie nichts von dem, was uns wichtig und für uns entscheidend ist: In Freiheit eine große Zeitung für freie Bürger zu machen.«

»Dabei war doch aber der ›Einschleicher Wallraff‹ eigentlich ein Beweis dafür, wie frei meine Zeitungen sind. Wir fragen nicht nach Meinungen, sondern danach, was die Leute können.« Sagt jedenfalls Axel Springer selbst. Wenn er meint, in der Bundesrepublik dafür nicht ausgelacht werden zu können. Das Zitat stammt aus einem Interview, das der BILD-Verleger dem norwegischen Boulevard-Blatt »VG« gegeben hat.

Derweil wurde zu Hause die Freiheit, eine große Zeitung für freie Bürger zu machen, mit Lüge, Nötigung und Bespitzelung verteidigt.

Aber dafür hat Springer schließlich ja auch das Große Verdienstkreuz mit Stern und Schulterband erhalten – eine Auszeichnung, zu der ihm Mildred Scheel mit den Worten gratulierte: »Bleiben Sie unserem Land ein unbequemer Mahner.«

Der Spitzel

Unvergeßlich: das Vibrato in der Stimme der Renate Damm, Chefin der Rechtsabteilung Redaktionen des Axel Springer Verlags, als sie vor Gericht die Unsittlichkeit meines »Einschleichens« bei der BILD-Zeitung geißelte. Ihr und ihres Verlagsherrn Vertrauen in die Menschheit mußte durch mein unmoralisches Handeln einen Schlag erlitten haben, über den sie einfach nicht hinwegkommen konnten.

Oder doch? Denn sonst hätte ich wohl den Philipp Schimaniak, 38, nie kennengelernt. Er stellte sich mir als freiberuflicher Fotograf vor, der viel Zeit hat und mich bald häufiger besucht. Er begleitet mich zu Veranstaltungen, um »Fotos für Agenturen und Zeitungen« zu machen, bietet seine Hilfe an, gewinnt mein Vertrauen, wird ein Freund. Das geht so zwei Jahre lang. Inzwischen steht fest: Schimaniak war ein Mitarbeiter des Detektivbüros Hoyer + Jonatis, Hamburg, das im Hamburger Springer-Haus am Auf- und Ausbau des Sicherheitsdienstes mitgewirkt hat.
Ein glücklicher Zufall hat mich in den Besitz von Philipps Berichten an seine Auftraggeber gebracht. Dennoch bleiben einige Fragen offen, die wohl nur Philipp beantworten kann:
– In seinem Bericht schildert Philipp ein Gespräch, das ich mit dem Berliner Rechtsanwalt Christian Ströbele über die Planung einer neuen Tageszeitung geführt habe. Das Gespräch fand unter vier Augen statt, Philipp war zu dieser Zeit nicht in meiner Wohnung. Wurde ich über eine Wanze abgehört?
– Wie kam es zu dem sinnentstellenden Protokolleintrag, Ströbele habe erzählt, Ulrike Meinhof habe meine Bücher zwar sehr geschätzt, »SIE sei aber irgendwo stehengeblieben«? In Wirklichkeit hatte Ströbele erzählt, Ulrike Meinhof sei der Meinung gewesen, ICH sei irgendwo stehengeblieben.
– Was war das für ein Apparat, der in der Spesenabrechnung vom 3. Juli 1978 mit »elektronisches Gerät DM 150,– o. Beleg« umschrieben ist?

Philipp selbst, das zeigen mir seine Berichte, ist nicht der klassische Bösewicht. Seine Aufzeichnungen sind – im Gegensatz etwa zu meinen Akten beim Verfassungsschutz – frei von Haß und ideologischer Verblendung. Er hat sich – von Mißverständnissen und Überbewertungen abgesehen – sogar darum bemüht, nahe an der »Wahrheit« zu bleiben. Vielleicht hoffte er sogar, durch eine verhältnismäßig sachliche Berichterstattung Schlimmeres zu verhindern. Er war ausführendes Organ der untersten Instanz. Die Täter, die wahrhaft kriminellen, waren seine Auftraggeber und Nutznießer.

Philipp scheint übrigens nicht der einzige von Springer auf mich angesetzte Spitzel gewesen zu sein. Da war beispielsweise dieser Student, der zu mir kam, weil er mich als »Examensthema gewählt« hatte – und dann stellte sich heraus, daß er keine Zeile von mir gelesen hatte.

Uwe Herzog, ein junger Kollege, wurde im Speisewagen eines Intercity-Zuges von Bremen nach Köln fotografiert, als er von wichtigen Recherchen kam. Geistesgegenwärtig knipste er zurück:

Eines der heimlich von Uwe Herzog aufgenommenen Fotos lag später auf den Schreibtischen der BILD-Redaktionen, mit einem Vermerk auf der Rückseite:

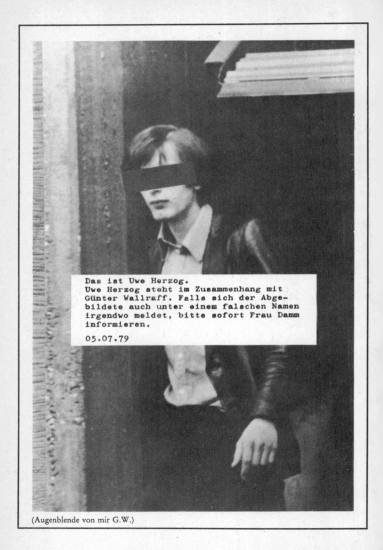

Das ist Uwe Herzog.
Uwe Herzog steht im Zusammenhang mit Günter Wallraff. Falls sich der Abgebildete auch unter einem falschen Namen irgendwo meldet, bitte sofort Frau Damm informieren.

05.07.79

(Augenblende von mir G.W.)

Zu dieser Jagd auf Uwe war es gekommen, weil er sich bei BILD-Köln als Redakteur beworben hatte. Er wollte in Erfahrung bringen, ob BILD mein Telefon – vielleicht mit Amtshilfe des Verfassungsschutzes oder des BND über den »kleinen Dienstweg« – immer noch abhört. Aber Uwe wurde beim Vorstellungsgespräch bereits »enttarnt« – vermutlich aufgrund der Observationsberichte von Philipp.
Hier nun Auszüge aus Philipps Berichten. Passagen, die mein oder meiner Freunde Privatsphäre zugehören, habe ich gestrichen. Die Recherchen allein dieses Agenten haben den Springer-Konzern mehr als 100000 Mark gekostet. Auf meinen Fersen ist Philipp (laut Spesenabrechnung) mit seinem PKW ein halbes Mal um die Erde gefahren. Was hätte er alles beobachten können, wenn er's tatsächlich gemacht hätte.
Statt dessen das hier:

ERGEBNISBERICHT

Freitag, 4. November 1977:
12.00h Abfahrt von Hamburg, km-Stand 2676.
19.30h Ankunft in Köln (diverse Staus). Fahrt zur Thebäer Straße. Hier und in unmittelbarer Umgebung wird der genannte Audi 80, amtl. Kennz. K-LZ 694, nicht gesehen. In der Wohnung der Zielperson brennt Licht.

Samstag, 5. November 1977
08.00h Bei Ankunft in der Thebäer Straße parkt der gelbe Audi vor dem Eingang des Hauses Nummer 22.
16 57h Mit einer dunkelhaarigen Frau verläßt die Zielperson das Haus und fährt zur ■ und parkt dort auf dem Hof.
17.15h Ich kehre zur Thebäer Straße zurück. Der Audi ist noch nicht hier.
18.22h Ankunft des Audi. Die vier Personen, die Kinder sind vermutlich seine Töchter, gehen ins Haus.
18.33h Ein etwa 35jähriger mit Aktenkoffer kommt per Pedes und erhält Einlaß.
20.21h Nachdem eine Taxe vorgefahren ist, verläßt der Herr mit dem Aktenkoffer das Haus und fährt mit der Taxe ab. Bald danach verläßt die Zielperson mit den Mädchen das Haus und geht in das griechische Restaurant »Marktschänke«, Venloer Straße 275. Ich setze mich, etwas später kommend, an den Nebentisch, ihm gegenüber. Bald danach folgt seine Begleiterin. Als Freunde von ihm kommen, zwei Herren und eine Dame, bittet er, die Tische doch zusammenzustellen. Mein Angebot, mich an einen anderen Tisch zu setzen, lehnt er ab, sofern ich mich nicht eingeengt fühle. Ich bleibe an dem Tisch

und sitze jetzt neben ihm. Die Dame gibt ihm ein Manuskript und erklärt seiner Begleiterin, daß er das Manuskript – Gedanken über einen Herrn Kisch – diktiert hätte. Einer der Herren ist Rumäne und im Kindesalter nach Deutschland gekommen. Der zweite Herr studiert Kunst o. ä. und Fotografie. Aufgrund meiner Kamera fragt er, ob ich Fotograf sei, nachdem ich mich bei einem Unistreik-Thema eingemischt hatte. Ich gebe mich als Fotograf aus, und er fragt, ob ich nicht eine Aufnahme von der Gesellschaft machen wolle. Ich zeige mich jedoch nicht sehr interessiert. Da ich direkt neben der Musikbox sitze, bekomme ich nur wenige Gespräche mit. Zeitweise unterhält er sich auch mit mir, und ich »erkenne« aus dem Gespräch als Leser seines letzten Werkes, daß er Herr W. ist. Das finde ich so interessant, daß ich ihn jetzt um Aufnahmen bitte. Er willigt ein, wobei ich ihm versprechen muß, daß er Abzüge erhält.
Später fragt er die Tischrunde, wer Tischtennis spielt. Als er keinen Partner findet, fragt er nach einem Schachpartner, und wir verabreden uns für Sonntag, 16 Uhr in seiner Wohnung.
Gegen 23 Uhr brechen die sieben Personen auf, nachdem W. an der Theke ein Telefonat und dem griechischen Wirt ein Exemplar seiner neuesten Ausgabe signiert hat.

Sonntag, 6. November 1977:
09.00h Ankunft an der Thebäer Straße. Die Mädchen verlassen bald das Haus, um eine Kinovorstellung in der gleichen Straße zu besuchen und danach zurückzukehren.
12.20h bis 13.20h Hotelwechsel.
14.44h Ein Bärtiger, etwa 30 Jahre alt, verläßt das Haus und fährt ab mit einem alten VW-Käfer (K–PA ■).
16.00h Mit einer Flasche Wein vom Griechen erhalte ich Einlaß zum Schachspielen. Während der zwei Spiele, die ich verliere, kommt der blonde Sciroccofahrer Frank um 17.34h.
Das Telefon klingelt. Frank meldet sich. Frank zieht W. beiseite »Ein Freund aus ■ ist am Apparat«, W: »Welcher?«, Frank zeigt auf einen Stapel Bildzeitungen, der im Raum liegt. W. geht in den Nebenraum zum Telefonieren.
18.30h Ich verabschiede mich, weil W. am Abend noch arbeiten will, er werde nicht mehr weggehen. Er schenkt mir ein Taschenbuch mit dem Titel »In Sachen Wallraff«, herausgegeben von Christian Linder als rororo-Sachbuch No. 7093.
Anschließend Information des Auftraggebers. Fahrt zum Hotel und Abfahrt zum Ausgangspunkt.
Rückkunft Montag, 7. November 1977 01.10 Uhr, Tachostand 3599.

Samstag, 12. November 1977
16.30h Ablieferung des Weines bei W. in der Thebäer Str. 20. Anwesend sind Frank und eine Lateinamerikanerin, die eine Tüte mit Medikamenten, u.a. eine Flasche von H. Böll bringt. Mit dem Fahrer des VW-Käfers K-■ (siehe Bericht v. 6. 11. und Fotos) spielt W. bei Wind, Regen und schlechter Beleuchtung Tischtennis (Foto).
Es kamen Bernhard Götte o. ä. von den Kölner Jusos mit einem Plakat und Fragen bezüglich Veranstaltungen im Kölner Raum, ferner der Filmemacher Jörg Gfrörrer.

19.00 h Ich verabschiede mich, da W. sich um die Anliegen der Gäste kümmern will und anschließend noch zu seinem Schwiegervater fahren will.

Sonntag, 13. November 1977

10.35 h Auf mein Klingeln öffnet mir eines der Kinder. W. liegt noch im Bett. Gegen 11.50 h erscheint W. zum Frühstück. Ich erfahre beim Tischgespräch, daß er morgen eine Besprechung beim DGB in Düsseldorf und ein Essen mit DGB-Funktionären hat. Auf dem Tisch liegt ein schwarzes Rowenta-Feuerzeug, signiert von Willy Brandt.

14.00 h Abfahrt nach Hamburg.

18.30 h Rückkunft. Tachostand 5433.

```
Firma
Hoyer & Jonatis
Beim Strohhause 34

2000  Hamburg  1                           21. November 1977



R E C H N U N G    für Recherchen in Sachen Wallraff
─────────            4.-7.11., 9.-13.11. und am 16.11.1977



    4. 11. 77   12.00 h - 23.30 h  =  11.5 Std.,
    5. 11. 77   08.00 h - 23.30 h  =  15.5 Std.,
    6. 11. 77   09.00 h - 01.10 h  =  16.0 Std.,     923 km,

    9. 11. 77   08.30 h - 20.00 h  =  11.5 Std.,
   10. 11. 77   11.00 h - 02.00 h  =  15.0 Std.,
   11. 11. 77   10.00 h - 04.30 h  =  18.5 Std.,
   12. 11. 77   12.00 h - 19.00 h  =   7.0 Std.,
   13. 11. 77   10.35 h - 18.30 h  =   8.0 Std.,   1797 km,

   16. 11. 77   15.45 h - 03.15 h  =  11.5 Std.,    340 km,

                                    114.5 Std.,   3060 km.
                                    ==========================


   114.5 Stunden       á  DM  20.--    =   DM  2290.--
   3060 Kilometer      á  DM   -.40    =   DM  1224.--
   12 Fotos 18x24      á  DM   3.--    =   DM    36.--
   51 Fotos 10x14      á  DM   1.60    =   DM    81.60
                                           DM  3631.60
   11 % Mehrwertsteuer                     DM   399.48

                                           DM  4031.08
                                           ==========
```

Samstag, 26. November 1977
10.40h Treffen mit W. zum Frühstücksgespräch im Café Höflinger an der Schleißheimer-Ecke Agnesstr. Ich erfahre, daß er sich in München mit Kurt Hirsch vom PDI getroffen hätte, als er sich mit dem kurz nach uns eingetroffenen etwa 36 bis 38 Jahre alten ■ (BILD München) unterhält. W. fährt heute noch zu einer Veranstaltung nach Gießen.
11.55h Abfahrt nach Hamburg, nachdem W. über die Reaktionen der Redaktion nach Erscheinen des »Aufmachers« berichtet hatte. ■ hatte W. einen Aktendeckel mit Informationen übergeben, den W. kurz durchgeblättert hatte.
21.15h Rückkunft nach Hamburg, Tachostand 7692 km.

Dienstag, 29. November 1977 Nachtrag
W. zog sich in der Gaststätte an der Manhagener Allee in Ahrensburg an die Bar zurück, um mit dem Redakteur, ev. ist er der ■??, ungestört zu sprechen.

Donnerstag, 1. Dezember 1977
 Am Nachmittag verabrede ich mich mit W. telefonisch zu um 18.00h in der Cafeteria der Festhalle auf dem Messegelände Planten un Blomen. W. hat hier eine Pressekonferenz, zu der er leicht verspätet kommt.
17.50h Abfahrt vom Büro.
18.10h Bis zum Beginn der Veranstaltung um 20.00 Uhr lerne ich den Fotografen Günter Zint persönlich kennen: Z. ist freier Fotograf und arbeitet gelegentlich für das Haus Springer. Wallraff kenne er bereits lange Zeit.
 Während der Veranstaltung läßt mir W. einen Zettel zukommen, auf dem er auf einen Stenografen hinweist und mich bittet, den zu fotografieren. Da mir das ›Blitzen‹ zu auffällig erscheint, wird das Foto nichts.
 Nach der Veranstaltung trifft W. Peggy Palmers, Journalistin bei »Konkret«, Wolf Biermann und Mutter Emma, die er mit dem Vornamen anspricht, einen ehemaligen BILD-Mann, der Bönisch gut kennt, und der von der Betitelung »Primitivos« weiß. W. bittet den, er möge die Bezeichnung an Eides statt versichern, jedoch bittet der sich Bedenkzeit aus, einen ■ den er befragt, ob er bereits mit Klose gesprochen hätte. Als dieser verneint, bittet W., es doch noch einmal zu versuchen.

Freitag, 2. Dezember 1977
 Zum heutigen Nachmittag hatte ich W. zum Essen eingeladen. Am Vormittag ruft er mich an und erklärt, daß er aus Terminschwierigkeiten nicht kommen könne, jedoch könnten wir uns um 18.30h in der Konkret-Redaktion an der Rentzelstraße 7 treffen.
18.30h Treffen mit W.
 Er berichtet, daß er bei W. Biermann am Hohenzollernring ein Interview gehabt hätte, und daß jetzt noch viel aufzuarbeiten sei.
 In der Redaktion treffe ich auch Hartmut Schulze, einen Journalisten des Verlages, der auch schon in Ahrensburg und in Hamburg bei den Veranstaltungen anwesend war.
 Während unseres Treffens ruft Frank aus Köln an. Dessen Fragen beantwortet er knapp, meist mit ja und nein.
 Bei einem anderen Telefonat mit D■?? bedankt er sich für die guten

        Unterlagen, die er am Vorabend während der Veranstaltung erhalten hätte. Er bittet den Anrufer um dessen Aufrechterhaltung der Kontakte zu ›BILD‹-Leuten. Ihm sei der Kontakt zu denen in Hamburg »zu heiß«, da er davon ausgehen müsse, beobachtet zu werden.
20.30 h Verlassen der »Konkret«-Redaktion. Rückkehr zum Büro.

Mittwoch, 21. Dezember 1977
09.35 h Abfahrt vom Büro zum Ziviljustizgebäude am Sievekingplatz. Vor der Kammer 24 findet ein Prozeß des Axel-Springer-Verlages gegen den Verlag Kiepenheuer & Witsch statt.
        Unter den Zuschauern befinden sich u. a.
        Michael Wolf Thomas vom NDR,
        Hermann Gremliza und Peggy Parnass von Konkret,
        Vivica Granten, eine schwedische Journalistin,
        eine »BILD«-Geschädigte aus Hannover,
        Günter Zint, ein Fotograf,
        Wolf Biermann, der später eintrifft.
10.48 h G. Wallraff trifft ein mit Begleiterin.
        Nach Prozeßende gehen die Genannten ohne W. Biermann ins »Ristorante La Siciliana« an der Straße »Beim Schlump« 28. Wallraff
16.00 h hatte sie und auch mich zum Essen eingeladen. Gegen 16.00 Uhr brechen wir auf. Am Abend findet in der »Ernst-Merck-Halle« ein Biermann-Konzert statt, zu dem auch W. kommen will.
19.10 h Abfahrt zur »Ernst-Merck-Halle« zum Konzert mit Wolf Biermann, Beginn 19.30 Uhr. Bis zur Pause um
22.20 h wird G. Wallraff nicht gesehen.
22.35 h Rückkunft zum Büro.
P. S. Später erzählt mir W., daß er umdisponiert hätte und bereits am gleichen Abend nach Köln zurückgefahren sei.

Kommentierung der Fotos:
Nr. 20: von links Biermann, Wallraff, dahinter verdeckt Hermann Gremliza, Peggy Parnass, Anwalt Senfft.
Nr. 24: Wallraff, Senfft.
Nr. 25: Hermann Gremliza, Wolf Biermann, Wallraff, unbekannte Dame, Peggy Parnass,
Nr. 26: Wolf Biermann, verdeckt Hermann Gremliza, Wallraff, unbekannte Dame, Peggy Parnass.

Montag, 30. Januar 1978
11.10 h Aufsuchen des Hauses Thebäer Straße 20. Beim Frühstück und bei lockerer Atmosphäre berichtet W., daß er am vergangenen Nachmittag unerwartet abgefahren sei und mich nicht mehr benachrichtigen konnte, von seinem Urlaub an der See und von einer einwöchigen Veranstaltungstournee durch Holland im Auftrage des Göthe-Institutes: In Holland sei jetzt »Der Aufmacher« in niederländischer Sprache erschienen.
        Mit der Post erhält er u. a. einen DIN A 5-Brief aus Frankfurt mit Material aus der »BILD«-Redaktion, etwa 5 Fotokopien und ein Begleitschreiben. Mit dem kurzen Kommentar, das seien die Unterlagen, auf die er bereits gewartet hätte, legt er es beiseite.
        Am Nachmittag assistiere ich ihm bei der Installation einer zweiten Alarmanlage in seiner Wohnung. Danach begleite ich ihn bei einem

Waldlauf über 10 km, kann ihm jedoch nur teilweise folgen. Als wir gegen
18.00 h zurückkehren, befindet sich in seiner Wohnung eine Dame namens Magitta. Auch Frank Reglin trifft irgendwann ein. Die Unterhaltung ist allgemein. Zum Abend hatte ich W. und Magitta zum Essen eingeladen, beide ziehen es später jedoch vor, fernzusehen, u. a. einen Film von Fritz Lang über Vorkommnisse nach dem Mord an Heydrich. Während der Besetzung der Tschechoslowakei während des 2. Weltkrieges. W. bittet Frank, er möge Speisen und Wein vom Griechen holen, das ich dann bezahle.
23.30 h Nach einer Diskussion über den Film verlasse ich das Haus, nachdem Frank bereits gegangen war, und ich den Eindruck hatte, die Intimsphäre zu stören.

Dienstag, 21. Februar 1978
10.10 h Abfahrt vom Büro km 81942
14.30 h Ankunft in Köln, Thebäer Straße 20.
Frank Reglin empfängt mich, da W. mit dem schwedischen Journalisten Arne Ruth von der Tageszeitung Expressen zum Schlittschuhlaufen gefahren ist. A. Ruth hatte mit W. zuvor ein Interview bezüglich der Prozeßsituation mit dem A.-Springer-Verlag gemacht.
Frank erwähnt nebenbei, daß er in Köln einen Raum zum Musizieren suche (vielleicht eine Möglichkeit mit ihm Kontakt aufzunehmen, indem man ihm einen Raum anbietet!).
Schon vorher hatte W. mich wissen lassen, daß er heute nach München fahren will, um dort einen Journalisten der B.-Ztg. und Parlamentarier aus Ländern mit mehr Demokratieverständnis zu treffen.
Ich fuhr bereits an diesem Tage nach Köln, um mit W. ev. nach München zu fahren. Als W. eintraf erkläre ich ihm, daß ich mich frei machen könne, um ihn zu begleiten. Er lehnt das jedoch mit den Begründungen ab, daß der Bild-Mann mit ihm nur unter vier Augen sprechen wolle.

12.0 Stunden

Donnerstag, 23. Februar 1978
10.10 h Abfahrt von Frankfurt nach Köln.
12.30 h Ankunft in Köln, Thebäer Straße 20. Frank Reglin und Jörg Gförrer befinden sich in der Wohnung. Gförrer drehte den Film in der Bild-Redaktion Hannover »Informationen aus dem Hinterland«.
Frank teilt mit, daß ein für heute angesetztes Geheimtreffen Wallraffs mit ■ verschoben worden sei. Hauptthema sollte ■ gegen die BILD-Zeitung sein.

Über zukünftige Pläne erfahre ich:
Eine Veranstaltungsreihe im bayerischen Wald steht bevor.
Reisen nach Dänemark und Norwegen sind geplant.
Am Freitag, den 21. 4., fährt er nach Berlin, um sich eine BILD-Ausstellung anzusehen. Er will dort einen BILD-Mann treffen, der Schindelbek-Berichte aus dem Archiv kopiert hat. Sch. war dort Polizeireporter bei der BZ.
Eine Reise nach Paris ist geplant.
Am Dienstag, den 11. 4., hat er sich nachts in der Hotel-Bellevue-Bar mit Herrn ■ von Bild ■ getroffen. W. erhält laufend weitere Informationen. Wie im Archipel Gulag bei Solschinizin (?) kämen oft BILD-Mitarbeiter zu W.,

um wie beichtende zu berichten. KGB-Leute kamen zu Solschinizin, um zu berichten.

Sonntag, 28. Mai 1978
Anruf bei W. in Köln.
■ erfahre von einer Journalistengruppe und von dem Rechtsanwalt Christian Ströbele (bekannt aus Baader-Meinhof-Prozessen), die ihn am Montag besuchen wollen.
Da ich ein Mädchen in Köln kennengelernt hätte, beabsichtige ich heute, sie und ihn zu besuchen.
13.05 h Abfahrt nach Köln, Tachostand 9130.
18.00 h Ankunft in Köln.
Mir werden die unter dem Dach gelegenen Räumlichkeiten angeboten, sofern ich nicht bei dem Mädchen schlafen kann, was ich dankend annehme.

12 Stunden

ERGEBNISBERICHT in Sachen Wallraff

Montag, 29. Mai 1978

10.30 h Gemeinsames Frühstück mit Frank, nachdem ich einige Zutaten besorgt hatte.
W. hat am Vormittag einen Termin beim Zahnarzt. Ich fahre ihn zu seinem Fahrzeug, das zum Verkauf an einer Tankstelle abgestellt ist. Ich gebe vor, erneut meine Bekannte aufzusuchen.

14.00 h Rückkehr zur Thebäer Strasse. Gemeinsam mit W. Überprüfung der Alarmanlagen.
W. erklärt, dass er sich nach Eintreffen von Herrn Ströbele unter vier Augen mit ihm in den oberen Räumen unterhalten werde. Ich gebe vor, noch einmal meine Bekannte aufsuchen zu wollen.
Zwei Telefonate mit Hamburg (Frau Ju.). Anschliessend Fahrt zum Sonnenweg in Köln 80 und Rückkehr zur Thebäer Strasse. Ich packe meine Utensilien in der oberen Etage zusammen und verlasse das Haus, als Herr Ströbele eintrifft.
Bei lauter Musik (Cat Stevens) wird über die Prozesssituation zwischen Kiepenheuer & Witsch ./. ACS-Verlag gesprochen und offenbar über weitere juristische Möglichkeiten.
Ferner gab es Gespräche über zwei geplante neue Zeitungen: Str. berichtet über ein Projekt in Berlin, während W. über ein Projekt im westdeutschen Raum zu berichten weiss, und dass es geheime ▬▬▬▬▬▬▬▬▬▬▬▬▬▬▬▬▬▬▬▬▬▬
▬▬▬▬▬▬▬▬▬▬▬▬▬▬▬▬▬ Kontaktmann ▬▬▬
W. fragt ob in Berlin an die Integrierung ehemaliger Bild-Journalisten gedacht sei. Str. verneint, es sei zumindest für ihn fraglich, ob diese Journalisten in der Lage seien, die Art ihres Journalismus kurzfristig umzustellen.
Gesprochen wird auch über die "Selbstmordtheorie": Andreas Baader hätte einmal geäussert, dass für die Inhaftierten dieser Gruppe erhöhte Lebensgefahr bestünde, ergäbe sich einmal die Möglichkeit einer Freipressung. Ulrike Meinhof hätte W. sehr geschätzt, sie sei aber irgendwo stehen geblieben. ▬▬▬▬

Mittwoch, 21. Juni 1978
17.10 h Abfahrt mit W. nach Bonn.
Hier sollte in einem Café in der Innenstadt ein Treffen mit einem unbekannten Bild-Redakteur stattfinden, der jedoch zum verabredeten Termin nicht erschienen ist. W. war diese Verabredung suspekt.

Donnerstag, 22. Juni 1978
11.00 h Gemeinsames Frühstück.
14.00 h bis 16.30 h Besuch eines Mitarbeiters aus dem Hause Springer, eventuell aus Essen. Zum Teil finden diese Gespräche ohne mich statt. Es wird über die BILD-Lehrstellenaktion, über das Umschreiben von Berichten durch Vorgesetzte, über das »aktualisieren« alter Artikel, über eingeführte Sicherheitsmaßnahmen, etc, gesprochen.
Personenbeschreibung: Etwa 28 Jahre alt, ca. 167 cm groß, dunkelblondes, leicht welliges Haar über die Ohren reichend. Er trug eine schwarze Lederjacke über einem grauen Pullover und eine verwaschene Jeans. Am linken Ringfinger trug er einen Ehering.

Freitag, 23. Juni 1978
0.00 h W. will zu dieser Zeit in den Kölner Stadtwald zum Laufen gefahren sein, weil er nicht schlafen konnte.
08.00 h gemeinsames Frühstück.
09.15 h Rückfahrt nach Hamburg mit W., der zur Konkret-Red. will.
14.00 h Nachdem ich W. in der Rentzelstraße abgesetzt habe, Rückkunft zum Büro. Tachostand 1971 km.

941 km
31.5 Std.

```
Firma
Hoyer & Jonstis
Beim Strohhause 34

2000 Hamburg 1                          3. Juli 1978


AUSLAGENABRECHNUNG in Sachen Wallraff
_____


    03. 4. 1978   Telefonat HH-Köln           DM    4.00   o. Beleg
    14. 4. 1978   DB HH-Sylt-HH               DM   60.00   Beleg 21
                  Taxiruf Sylt                DM   15.00   Beleg 22
                  Strandsauna Anteilig 2x     DM   20.00   Beleg 23
                  1/2 Flasche Storsdorfer     DM    8.95   Beleg 24
    15. 4. 1978   Bus Kampen-Westerland       DM    1.50   Beleg 25
    29. 5. 1978   Telefonat HH-Köln           DM    2.30   o. Beleg
                  Gaststätte Marktschänke     DM   42.10   Beleg 26
                  Telefonat Köln-HH           DM    4.14   Beleg 27
                  Telefonat Köln-HH           DM    7.76   Beleg 28
                  elektronisches Gerät        DM  150.00   o. Beleg
                  Restaurant LINI             DM   17.00   Beleg 29
    20. 6. 1978   Telefonat HH-Köln           DM    4.60   o. Beleg
    22. 6. 1978   Leichtathletik-Sportfest    DM   30.00   Beleg 30
    03. 7. 1978   Telefonat HH-Köln           DM    5.75   o. Beleg

                              Gesamt:        DM   368.10
                                             ==========
```

Samstag, 23. September 1978
Während unserer Unterhaltung und aus Gesprächen mit Helga und Horst erfahre ich:
Am 21. 9. besuchte W. die Redaktion des »Playboy«, bei dem ein ehemaliger Bild-Redakteur tätig ist, und er traf einen Bild-Mitarbeiter. Er will auch unerkannt in der Bild-Redaktion an der Augustenstraße gewesen sein.
Am 23. 9. ist W. zu einer Pressekonferenz und zu einem Treffen mit dem spanischen Politiker Carillo in Antwerpen.

Am 7. 10. will W. auf eine portugiesische Cooperative fahren. Hier will er die Politiker ■ treffen. In Spanien will er ■ treffen. Über Einzelheiten wollte er nicht sprechen. Es fällt der Name Martin Schankowski o. ä., ein Bild-Mitarbeiter, den W. in den letzten Tagen getroffen hat. Eine neue Auflage des »Aufmachers« ist und wird in nächster Zeit nicht erscheinen. Die Prozeß-Situation soll bis zur höchsten Instanz gehen.
W. fährt jetzt einen anderen Pkw: Passat L, amtl. Kennz. K–EE ■

In der folgenden Monaten hält sich Philipp Schimaniak privat in Mittelamerika auf. Am 9. Mai 79 wird er mit einem Telegramm der Detektei aus Nicaragua zurückbeordert:

ES ERSCHEINT MIR SINNVOLL – STOP – VON DORT GRUESSE – STOP – NACH KOELN ZU SENDEN – STOP – WIR SOLLEN ERNEUT TAETIG WERDEN – STOP – KOENNEN WIR MIT IHNEN RECHNEN – STOP –

Mai 1979

Am Anfang des Monats ist W. in Hamburg beim »Stern« gewesen um dort Freunde zu besuchen und um mit Verantwortlichen über Veröffentlichungsrechte aus seinem im Oktober erscheinenden Buch zu diskutieren.
In Schleswig Holstein hat W. mit dem SPD-Politiker Günter Janssen etliche Wahlveranstaltungen besucht und auch bei ihm in Süsel gewohnt.
W. hat gute Kontakte zur »Express«-Redaktion in Düsseldorf.

1.0 Std. Arbeitsaufwand

6. Juni 1979

Bei einem Telefonat nach Köln erfahre ich, daß W. an diesem Tage im Hamburger Curiohaus an der Rothenbaumchaussee an der Veranstaltung der IG Druck und Papier zum Thema »Rettet die Morgenpost« teilnimmt, zu der ich deshalb gehe.
Nach der Veranstaltung gehen wir in die Gaststätte »Jacques« an der Rothenbaumchaussee, und ich berichte, daß mich ein Telegramm aus Mittelamerika zurückgerufen habe, da mein Fotoauftrag in Köln fortgesetzt würde. Während unseres Aufenthaltes im Vorgarten des Lokals verläßt der Richter Engelschall, der bei den BILD./.Kiepenheuer & Witsch-Wallraff-Prozessen in Hamburg den Vorsitz hatte, in Begleitung einer Dame und nicht nüchtern wirkend, die Gaststätte, sich noch einige Schritte nach W. umsehend, den er erkannt hat.

4.0 Stunden

12. bis 14. Juni 1979

Bei meiner Ankunft liegt W. mit starken Rückgratschmerzen danieder, die er sich beim Laufen zugezogen hat.
Es traf ein etwa 25 Jahre alter Mann ein, den W. mit »Jean« vorstellt, der sich aber bei einem Telefonat mit Uwe Herzog meldet.
H. ist sichtlich nervös, denn er soll bei BILD in Köln eingeschleust werden, und W. redet beruhigend auf ihn ein. Er will sich am Donnerstag vorstellen.
Ich erfahre, daß er aus Bremen angereist ist, und daß er bei einer Bekannten wohnen wird. H. rasierte seinen Bart ab und ließ sich beim Friseur seine langen Haare schneiden.
Ich lerne ■ (lt KFZ-Schein) kennen, die etwa 25 Jahre alt ist. Sie ist befreundet mit dem ■ Botschafter in Bonn. W. bespricht mit ihr einen BILD-Artikel, der einen ■ Mann in Bonn betrifft, und dessen Richtigkeit W. anzweifelt. BILD hatte darin die Ausweisung des ■ gefordert. W. bittet ■, die einmal für die ■ tätig gewesen ist, Recherchen bei dem Botschafter, der den ■ Mann kennt, über die Richtigkeit der BILD-Angaben anzustellen.
Ein BILD-Mann kam zu Besuch, und W. bat mich spazierenzugehen, weil dieser sich durch meine Anwesenheit verunsichert fühle.
W. telefoniert mit einem Mitarbeiter/Journalisten der ■, der zuvor für BILD gearbeitet hatte, und der jetzt noch gute Kontakte zu dieser Redaktion unterhält. Ein Name fiel nicht.
Ich erfahre von einem Kontakt ■ eines BILD-Redakteurs, der für den Geheim- und Militärbereich zuständig sein soll.
Ich höre den Namen ■, der BILD Köln verlassen will. W. selbst hat zu ihm keinen Kontakt, erhielt aber über Dritte Informationen.
Ein Böll-Sohn besucht W. Er ist etwa 30 Jahre alt und hat mit einem Verlag zu tun. W. gibt ihm einen großen Umschlag mit »wichtigen Unterlagen«.
Um den Druck macht W. noch ein großes Geheimnis. Es war nicht in Erfahrung zu bringen wie weit die Vorbereitungen gediehen sind und wo es in Druck gegeben werden soll.

Montag, 2. Juli 1979

10.00 h Anruf bei X. und anschließendes Treffen in der Nähe der Th.-Straße. Ich sollte nicht zu seiner Wohnung kommen. Da sein Fahrzeug in der Werkstatt ist, fahren wir mit meinem über die Autobahn in Richtung ... Hier trifft er einen Freund, den evangelischen Pfarrer ■, etwa 40 Jahre alt, der ein Steinhäuschen mit seiner Frau ■ bewohnt. Gegen Mittag traf die Schwedin ■ aus Göteborg mit ihren beiden Töchtern etwa 6 und 12 Jahre, mit einem Pkw ein. Die kleine Tochter schmuste mit X. Ula übergab einen großen Briefumschlag von ■ aus Oslo, von der sie auch Grüße bestellte. Der Umschlag soll Unterlagen von ACS'S Domizil in Norwegen enthalten haben. Ula bestellte auch Grüße von ■ (phon.), dem Kulturchef einer dänischen Tageszeitung, der Interesse an Vorveröffentlichungsrechten des neuen Buches bekundete.
Am Nachmittag traf ein großer Blonder, etwa 35jähriger, aus Bonn ein, den X. KDF (Klaus-Detlef) nannte. KDF brachte Protokolle »über das Treiben der Herren Barsig und von Bargen in Las Vegas« mit, die er nicht mit der Post schicken wollte, da mit X.'s Post »etwas nicht stimme«. Die Informationen überstiegen X's Erwartungen.
X. fragte KDF, ob der noch immer den großen Amischlitten führe, und »wenn Du weiter mit so unzüchtigem Gefährt daherkommst,

kann ich mich nicht mehr mit Dir sehen lassen«. KDF verneinte und erklärte, mit einem Dienstwagen gekommen zu sein, den er aber weiter weg geparkt hätte.

X. war erst in der Nacht zum Montag aus Nordholz bei Bremen zurückgekommen, wo er sich in einem primitiven Häuschen von Freunden aufgehalten hatte, um sich mit Freunden aus Hannover zu treffen.

Donnerstag, 19. Juli 1979
08.00 h Frühes Aufstehen. Ich besorge Brötchen und Zutaten zum Frühstück. Beim Frühstück berichtet X. von einer Abhöraktion des Bundesamtes für Verfassungsschutz der beiden auf seinen Namen laufenden Telefonanschlüsse. Am Nachmittag läuft X. 20 Kilometer in 81 Minuten, und ich begleite ihn auf dem Fahrrad. (Fotos) Mit Frank diskutiert er die Einschleusung einer Person in eine »Zeitungs«-Redaktion: Am nächsten Morgen soll die Person kommen und Instruktionen entgegennehmen.

Am Abend fährt X. nach Düren, um einen Familienbesuch zu machen, wie er mir unglaubwürdig sagte. Ich könne aber in der Wohnung schlafen, und ich erhielt die Schlüssel für die obere Etage. Noch in der Nacht will er nach ■ fahren, und ich könne am nächsten Tag nachkommen. Ich lehne ab, da angeblich etwas für meinen Fotoauftrag zu tun sei. Während meines Aufenthaltes gelingt es ein Foto von der Benachrichtigung des Bundesministers des Innern zu machen, aus der hervorgeht, daß X's Telefon abgehört wurde wegen des Verdachts auf Hochverrat (Anlage).

Am Abend gemeinsames Essen mit Frank beim Griechen und Diskussion bis
01.00 h Ich begebe mich in die obere Etage, während Frank abfährt. Während der Nacht werde ich wach von Geräuschen an meiner Tür: Wiederholt entstand bei mir der Eindruck, daß X. mir nicht uneingeschränkt Vertrauen schenkt. Ließ er mich in der Nacht kontrollieren? Bereits vorher hatten wir Gespräche über seine Sicherheit gesprochen: Wird sein Telefon abgehört? Was machte der Briefträger in seiner Wohnung? Warum wurde einige Male morgens um halb sechs seine Alarmanlage ausgelöst? Wer waren die zwei Männer, die sich Anfang Mai und Mitte Juli dieses Jahres für »eine Persönlichkeit des öffentlichen Lebens« interessierten, und die ausgerechnet ihn ausgesucht hatten? Der Besucher im Mai war angeblich Student, hatte aber keines seiner Bücher gelesen, weil er nicht gern lese, wie er sagte. Der zweite kam aus dem Ruhrpott und interessierte sich für Schriftsteller für Arbeiterliteratur.

31. Juli bis 2. August 1979
K. will Unterlagen von einem höheren Beamten des ■ besitzen, aus denen hervorgeht, daß er weiterhin abgehört und bespitzelt wird, die er im Übrigen noch gut in das neue Buch mit aufnehmen kann, denn dadurch seien Recherchen, die er angestellt hatte, dem ACS-Verlag zu Gehör gekommen, woraus X. einen Kontakt zwischen Verlag und Verfassungsschutz hervorleitet. Ähnliches will er auch direkt aus der ACS-Zentrale erfahren haben.

X. führt ein Telefonat mit dem Verlag K & W: Der Termin für die Fertigstellung des Manuskriptes könne eventuell nicht eingehalten werden, denn er sei durch den Abhörskandal in Verzug geraten.

X. will illegalen Waffengeschäften auf die Spur gekommen sein. In diesem Zusammenhang fiel der Firmenname Conti und der Familienname Damm als Direktor in Johannisburg/Republik Südafrika. X. recherchiert, ob ein Verwandtschaftsgrad zu Frau Damm aus der ACS-Rechtsabteilung oder dem CDU-Verteidigungsexperten Damm besteht.

X. hat Meinungsverschiedenheiten mit Uwe Herzog: Er macht UH Vorwürfe. Frank hatte gelegentlich Partei für UH ergriffen, was auch Spannungen zwischen Frank und X. ableiten läßt. Es ist zu erfahren, daß X. dem Frank kein Geld leihen kann oder will, da er »nichts flüssig« hätte. Frank möchte mit seiner Musikgruppe »Desire« Platten machen lassen und benötigt dafür Geld.

Anmerkung: Gäbe es hier nicht einen Ansatzpunkt zu Frank Kontakte aufzunehmen? Frank weiß bestens über das Manuskript bescheid, denn er schreibt es, weil nur er X.'s Schrift lesen kann.

15. August 1979
12.00 h Abfahrt vom Büro.
Bei meiner Ankunft erklärt X., daß er noch nicht wisse, ob er am Abend Zeit hätte zum Empfang zu gehen. Zu Besuch ist Hermann Gremliza, Herausgeber von »Konkret«, Hamburg. Später kommt ■ o. ä., der 1971 einmal bei X. gewohnt hat. X. fragt ihn, ob er im gleichen Jahre einmal die ■ in seiner Wohnung getroffen hätte. ■ war im Rahmen der Terroristenszene genannt worden. Der verneint mit der Bemerkung, daß X. doch wisse, daß er bei Frauen kein Glück hätte. Um etwa
21.00 Uhr kommen wir beim Verlag K & W an, als die Ansprachen bereits zuende waren.
X. fragt Böll, wenn er es mit dem Buch geschafft hat, ob er es ihm einmal zeigen dürfe, und ob er dann dazu etwas sagen wolle? Böll: zeigen gern, an einem Vor- oder Nachwort sei er aber nicht interessiert. Er habe bereits alles zum Thema Springer und Bild gesagt, was er zu sagen habe.
Böll erzählt, daß ihn zwei Vertreter der »Welt«, die anwesend waren, gefragt hätten, ob er an deren Serie »Dichter und ihre Arbeitszimmer« interessiert sei. Böll: Diese Schelme, da müßte sich grundlegend etwas ändern, bevor ich mich dazu hergebe.
X. im Gespräch mit Neven DuMont: Es stünde X. im Moment alles bis zum Hals, und ihm seien neuerlich durch die Hausdurchsuchungsgeschichte zwei Informanten der BILD-Zeitung scheu geworden, von denen er die Neuigkeiten zu aktuellen Fällen bekommen hatte. Wenn es Neven aber beruhige, dann könne er die Hälfte des Manuskriptes schon haben, um es setzen zu lassen. Es wird vereinbart sich am Donnerstag, den 23. 8. bei X. zu treffen um über den Drucker zu sprechen.
X. spricht mit Frau ■ von K & W: Sie macht ihm Vorhaltungen, daß durch den verschobenen Termin die Vertreter verunsichert seien. Sie spricht von Abbestellungen wenn das Buch nicht zeitig erscheint. X. antwortet etwas ungehalten, er hätte das nun schon vielmals gehört, jedoch sei er letztenendes nicht für die Werbung verantwortlich. Wegen Ersatzforderungen möge sie sich an Herrn Springer wenden.
Anschließend wird in der Thebäer Straße noch eine Flasche Wein mit

zwei Freunden geleert. Aufschlußreiche Gespräche gab es nicht mehr.
Nachtruhe 02.15 Uhr.

16. August 1979
Um 10.00 Uhr trifft sich X. mit dem SPD-Mann ■ in Bonn. Gegen 12.00 Uhr wollte er zurück sein. Ich warte, um über das Ergebnis des Gesprächs zu erfahren. Gegen 15.00 Uhr kommt er zurück, will aber gleich wieder abfahren, da er einen weiteren Termin wahrzunehmen hat. Ich erfahre lediglich, daß er mit dem Ergebnis der Unterredung zufrieden ist.

Donnerstag, 23. August 1979
06.50 h Abfahrt vom Büro.
18.45 h X. kehrt aus Hamburg zurück.
Er zieht sich bald um, da er zu einem Fest gehen will. Mit einer fremden Brille, einem hellgrauen Sommeranzug, weißem Hemd und Krawatte geht er los und kehrt gegen Mitternacht ■ und sichtlich amüsiert zurück.
Meine Frage, ob er sich mit Terroristen getroffen hätte, beantwortet er folgend: »Nein, mit viel Schlimmeren, mit Menschenjägern.«
Fotografieren durfte ich ihn so nicht. X. war auf dem BILD-schönen Sommerabend der BILD-Zeitung in Bonn gewesen, wofür er eine Einladungskarte erhalten hatte (siehe Foto). X.-Äußerung: Die scheinen sich verdammt sicher zu fühlen, denn nachdem Genscher gegangen war gab es dort keine Sicherheitskräfte mehr.

18.5 Std.

Freitag, 24. August 1979
09.00 h X. bereitet sich vor für ein Treffen, das er um 10.00 Uhr hat. Trotz Abwarten seiner Rückkehr erfahre ich nichts über das Treffen.
Während seiner Abwesenheit ordne ich BILD-Zeitungen der Druckorte Hamburg, München, Frankfurt und Kettwig nach Datum. Diese waren angeliefert worden und sollten am Nachmittag abgeholt werden.
15.45 h Rückfahrt nach Hamburg.
20.15 h Rückkunft.   11.5 Std., 870 km

Weitere Informationen:
In der Küche lag ein Bild-Band vom 2. Quartal aus München (Foto). Der war angeblich am Mittwoch angeliefert worden und soll am Freitag wieder abgeholt werden.
Weitere Fotos zeigen einen Brief und Arbeitsnotizen.
Lieferung: 4 Fotos.

Donnerstag, 30. August 1979
05.45 h Abfahrt.
10.00 h Ankunft in Köln.
Der Verleger Neven DuMont ist zu Gast. In der Küche sitzend höre ich mit:
Neven hat ein einstündiges Telefonat mit einem Rechtsanwalt in den USA geführt. Thema waren Filmrechte. Geplant ist in den USA ein Film über X. Ein besonderer Teil soll den Auseinandersetzungen mit der B-Zeitung und dem ACS-Verlag gewidmet werden.

Zur Entstehung des Buches:
Neven meint, daß es am schnellsten bei Clausen und Bosse entstehen könnte, man würde wohl nie vermuten, daß es abermals dort entstehen wird.
X. ist nicht sicher, Springer könnte schon lange Kontakte dorthin aufgebaut haben.
X. nimmt lieber eine weitere Verzögerung in Kauf, um das Buch dort entstehen zu lassen, wohin der Arm Spr's nicht reicht, dorthin, wo die Zeitung nicht verkauft wird.
Neven erwägt die Kostenfrage, die damit verbunden wäre. Er schlägt auch vor, das Buch im Lichtsatz herstellen zu lassen. Satz und Druck müßten so kurz wie möglich sein.
Beide ziehen sich später ins Obergeschoß des Hauses zurück. Dort sollen Druck und Satz weiter diskutiert worden sein. Man ist aber zu keinem endgültigen Ergebnis gekommen, da N. noch weitere Telefonate mit Setzern und Druckern führen will.
Zu Frank scheinbar scherzhaft: »Ob er das macht? Das Erscheinen des Buches bei Lloyd versichern?«

19.5 Std.

Samstag, 1. September 1979
Ich erfahre, daß er am Sonntag zum Geburtstag des Jürgen Körth nach Düsseldorf fahren will, wo er auch dessen Rechtsanwalt treffen wird.
Von Sylt aus hatte ■ am Montag ein Manuskript für ein Portugalbuch nach Köln geschickt, das bis zum Freitag nicht angekommen war. Bei dem Manuskript soll es sich um Berichte handeln, die aus der Zusammenarbeit des Auswärtigen Amtes in Lissabon mit dem BND entstanden sind.
Später erfuhr X. vom Frank aus Köln, daß das Material, am Montag abgestempelt, heute angekommen ist.
X. zu mir: »Das Päckchen war an einer Ecke aufgerissen. BND-Beamte haben wohl vergessen es wieder rechtzeitig abzuschicken«.

Weitere Informationen:
Ich erfahre von der Überlegung das Bild-Buch im Format und in der Art wie die Zeitung herauszubringen. Der Verleger Neven soll/will über diese Idee reden.
X. hat einer Frau, deren Sohn »kaltblütig« erschossen worden sein soll, kostenlos einen Anwalt angeboten.
X. hatte versucht zu einem »Express«-Fotografen, der früher bei der Zeitung in Düsseldorf gewesen ist, Kontakte aufzunehmen, was aber fehlgeschlagen ist. Ebenfalls fehl schlug der Versuch, Kontakte zu einer Frau G ■, ev. bei Bild-Düsseldorf?, aufzunehmen. X.: Wir beißen auf Granit, die haben Angst.
X. hatte Kontakte zu Herrn Bissinger, Pressesprecher des Hamburger Senats: Es soll eine Pressedokumentation geben, die alle Springer-Verlag-Veröffentlichungen bezüglich Bürgermeister Klose enthält, u. a. zu den Themen Stamokap und Extremistenerlaß. X. möchte das für sein Buch verwerten und daher mit dem Bürgermeister sprechen, der bis zum 8. 9. im Urlaub ist.
Der Serienschreiber Franz-Josef Wagner, »einer der schlimmsten Schmierenlyriker«, hat beim ACS-Konzern Hausverbot.
Herr Neven hat X. zum Besuch der Frankfurter Buchmesse eingeladen und ihm ein Hotelzimmer angeboten.

Montag, 10. September 1979
09.50h Abfahrt nach Köln.
Den Empfang empfand ich als zurückhaltend bis reserviert, und während meines Aufenthaltes wurde ich selten allein gelassen, sogar in der Nacht: Ich schlief in einem Zimmer mit Jörg Gfrörrer.
Von dem Grund erfuhr ich zunächst nichts, entnahm aber aus Gesprächen mit anderen, daß X. Unterlagen aus einem Zimmer abhanden gekommen waren, und daß bei einem Informanten ein Einbruch stattgefunden haben soll, worin X. direkte Zusammenhänge sieht.
X. fragt mich, wie früher bereits einmal, nach meiner Arbeit in Köln. Die erste Antwort schien ihm nicht aufschlußreich zu sein, sodaß er weiterbohrte. Letztenendes hatte ich den Eindruck, daß er mir meine Geschichte glaubte.
X. will ein Angebot durch Herrn Böll erhalten haben, das Buch in einem Jesuitenkloster fertigstellen zu können. In diesem Zusammenhang fiel der Name Schuch (phon.).
Zu Besuch bei meiner Ankunft war der schwedische Journalist Nils Lolin.
Nils berichtete von seinen Versuchen, ein Interview mit Herrn Springer zu bekommen, die aber alle fehlgeschlagen sind. Er hätte gern das Interview in seiner Zeitung auf der gleichen Seite zusammen mit einem X. gesehen. Er erbittet von mir Fotos von X.'s Halbmarathonlauf. Nils schrieb ein Buch über Terrorismus und hatte Interviews mit Silke Meyer-Witt, Christian Wachernagel, u.a. Jetzt recherchiert er die Todesfälle von Stammheim. Mit X. spielte er Tischtennis und sie liefen gemeinsam.
Am späten Nachmittag kam Jörg Gfrörrer. Beim Abendessen in einem Lokal höre ich von der Idee Jörgs, bei X. einen Videofilm zu machen für den Vorgespräche in den Niederlanden und in Schweden laufen sollen. Vereinbart wird ein möglicher Drehbeginn ab Anfang Oktober, da Jörg dann ohnehin in Köln sei.
Uwe Herzog ist ebenfalls hier. Sein Verhältnis zu X. macht weiterhin einen gespannten Eindruck. Aus Gesprächen erfahre ich, daß er seltener hier ist.
Mit Frank unterhalte ich mich über das Erscheinen des Buches, bekomme aber keine neuen Informationen.
Aufgrund der gespannten Vertrauenssituation und der mangelnden Schlafgelegenheiten gebe ich vor, bis zur Erledigung meines Auftrages in Köln bei anderen Freunden oder, wenn nötig, im Hotel zu übernachten.

10.9. 15 Std.,
11.9. 13 Std.,
869 km

Montag, 17. September 1979
Nach telefonischer Vereinbarung treffen wir uns um 17.15 Uhr in der Konkret-Redaktion.
Das ZDF beginnt gerade mit Aufzeichnungen für eine noch am Abend auszustrahlende Nachrichtensendung zum Thema »Giftmüllskandal«. X. hatte be-

reits in einem im Jahre 1970 erschienenen Buch auf die Firma Stolzenberg hingewiesen.

Um 19.00 Uhr fahren wir nach Lokstedt in die Fernsehstudios. Im III. Programm wird die Sendung »Kulturspiegel« wegen der Aktualität des Giftmüllskandals geändert. Teilnehmer einer Gesprächsrunde sind neben dem Moderator der stellvertretende Feuerwehrchef Puchner, Helga Schuchart, MdB, und X.

Anschließend folgten X. und ich einer Einladung des Sendeleiters (?) Neitze in dessen Haus am Dachsberg in HH-Schnelsen zum Abendessen.

Gegen 24.00 Uhr trennen wir uns in Hamburg 13.

Zu Themen des neuen Buches erfuhr ich:

Selbstmord:

Im Zusammenhang mit weiteren Buchthemen fielen die Namen Haukbrost und Nils von der Heid.

7.0 Std.,
22 Kilometer,
Buch DM 9.80
1 Foto

Freitag, 21. September 1979
10.30h Abfahrt.
> Zu Gast ist Martin, Journalist einer Zeitung, der aber scheinbar nichts mit der B-Zeitung zu tun hat. Diskutiert werden die Themen Giftgas und das neue Buch. Es gibt jedoch keine neuen Erkenntnisse für mich. Am Abend wird im Hause gegessen.

14.5 Std.

Samstag, 22. September 1979
> Heute kommt ein Fotograf namens »Gunni«. Er bringt Fotos von B-Redakteuren, Aufnahmen die in deren Stammkneipen gemacht worden sind. Ich konnte diese Fotos nicht sehen.

16.0 Std.

Sonntag, 23. September 1979
11.30h Im Stadtpark läuft X. 15 Kilometer. Gegen ■
19.00h wird mit dem WDR ein Interview zum Thema Giftgas gemacht.
23.30h Abfahrt.

14.0 Std.

Montag, 24. September 1979
03.55h Rückkunft.

4.0 Std. 871 km

Weitere Informationen:

Von sechs Personen, auch von mir, ließ X. sich eidesstattliche Erklärungen unterschreiben, daß diese das verschwundene Dokument nicht entwendet haben.

X. arbeitet zur Zeit wenig am neuen Buch. Intensiv kümmert er sich zur Zeit um die Giftgassache und gibt viele Interviews, was zu Unstimmigkeiten führt: Frank kam am Freitag vom Verleger K & W, der besorgt ist, daß das Buch zu sehr verzögert erscheint. X. möge sich doch auf der Buchmesse sehen lassen.

Es ergab sich die Möglichkeit, die ersten Seiten von zwei Geschichten abzulichten. Die Geschichten sind vermutlich ein Teil des Manuskriptes zum neuen Buch.

48.5 Std.,
871 Kilometer,
2 Fotos

Montag, 1. Oktober 1979, Dienstag, 2. Oktober 1979
Besuch in Köln, denn X. hat Geburtstag. Mit einigen Flaschen Wein aus dem Elsaß komme ich zum Gratulieren.
Neven, Uwe, Bernd und Frank sind aus dem gleichen Grunde anwesend.
Bernd:
Bernd ist nicht zum 1. 10. bei der Zeitung in Köln angefangen, wie ursprünglich geplant. Er hätte ein viel interessanteres Angebot bei der Zeitung in Kettwig. X. meint, daß das auch besser sei, denn dort könne Bernd viel Rabiates lernen: Dort sei der, der nicht nur so heiße sondern auch einer sei. ■ sei der schlimmste Schläger in der Truppe, erklärte X. mir. Er erzählt von einem zusammengeschlagenen Bettler auf Jamaica. S. sei dafür erst ins Gefängnis gekommen und dann ausgewiesen worden mit anschließendem Einreiseverbot. Irgendwoanders (X. nannte den Ort) hätte S. jemandem mit einem abgeschlagenen Bierglas den Rücken aufgeschlitzt. Eine ähnlich grausige Geschichte soll sich zur Zeit einer Fußballweltmeisterschaft beim ■ abgespielt haben.
Neven:
Im Nebenzimmer sitzend bekomme ich mit:
Er müsse X. enttäuschen, aber im Ausland sei der Druck zu kompliziert. N. hätte mit Bosch verhandelt. Es dauere im Ausland zu lange, und die Fehlerquote sei zu hoch, da man dort zu schlecht unsere Sprache beherrsche. Es wurde auch über die Möglichkeit der Beschlagnahme an der Grenze gesprochen.
Daher sei es dort schnell und absolut dicht. Der Verlag würde außerdem nie darauf kommen ■ rund um die Uhr in drei Tagen gedruckt werden, da der Betriebsrat politisch motiviert sei. Bei einer späteren Nachfrage von mir erklärt X., daß der Druck im Ausland stattfinden werde.
Von der SPD waren rote Rosen angeliefert worden. X. Kommentar: die unerwiederte Liebe der SPD.
Durch die KP Portugals aus dem Alentejo kamen rote Nelken.
Frank macht ein Spiel mit uns bei dem herauskommt, daß X. die »Grünen« gewählt hat. Ich werde als FDP-Wähler erkannt.
Im Interview mit dem ■ hatte X. sich zur SPD bekannt. Darauf angesprochen: Das sei die Dialektik der Geschichte, indem er die Grünen wähle mache er auch die SPD fortschrittlicher.

1. 10. 10.00h – 02.00h = 16 Std.,
2. 10. 09.58h – 16.00h = 6.0 Std, 865 km

Donnerstag, 4. und Freitag, 5. Oktober 1979
Bei meiner Ankunft ist X. noch bei einer Pressekonferenz in Düsseldorf die im Zusammenhang steht mit der möglicherweise einzustellenden Strafanzeige der B-Zeitung wegen Nötigung und Diebstahls (siehe FR vom 5. 10.: Wallraff nennt »BILD«-Zeitung »Zentral-Organ des Rufmordes«). X. hat Tonaufzeichnungen von der Konferenz gemacht, die Frank abschreiben soll, um

festzustellen, was Radau (Bildmann) daraus macht. X. hätte Köder ausgelegt, um damit weitere juristische Dokumente zu schaffen.
Der Schriftsteller Dibelius war hier und erbat Unterlagen von X. für einen Schlüsselroman über bundesdeutsche Verleger. F. C. Dibelius wohnt in Nijmegen/Holland. Er schrieb eine Satire über die Siemenswerke und ein Gedicht über Horten, erfahre ich. X. gibt ihm Material mit der Bedingung, daß D. es nicht vor Mitte nächsten Jahres veröffentlicht, um die Wirkung seines Buches nicht zu beeinträchtigen. Es wird über Unterlagen der Geheimtreffen ACS/Strauss/Adenauer im Hotel Petersburg gesprochen. X. bittet/rät D. private Dinge herauszulassen, wie: ■ da D. sich sonst auf die Ebene der »Zeitung« begäbe.
Bernt Engelmann war in Köln und rief jetzt aus Leverkusen an: Er sei am Sonntag wieder zurück, ... Weiter wollen beide zu einem Ort fahren, an dem X. Unterlagen verwahrt.
Mir wurde frische Luft »verordnet«, als eine Redakteurin oder ehemalige Redakteurin einer Bildredaktion kam, um X. ihre Mitarbeit/Unterstützung anzubieten. S. unten!
Günter Zint war mit X. bei der Pressekonferenz. Er ist hier, und es werden »Stoltzenberg-Unterlagen« ausgetauscht. Ein Foto zeigt die Herren Stoltzenberg, Leuschner und den Direktor für Wehrtechnik und Beschaffung Kosak. Zint fragt, ob X. noch im Besitz des Fotos ist, das Strauss und Stoltzenberg zeigt. X. will das überprüfen lassen.
X. wurde gefragt, ob er den ■ Preis annähme, würde er gefragt und vorgeschlagen. X. später ulkend: Solange es nicht das Bundesverdienstkreuz ist, oder Geldbeträge, die in Bestechung ausarten, warum nicht?

$$4.\ 10.\ 09.30h - 01.30h = 16\ \text{Std.}$$
$$5.\ 10.\ 09.00h - 19.30h = 10.5$$
$$864\ km$$

Die Falle

Wenn Wahlkampf ist und wenn einem ein unangenehmes Buch ins Haus steht, dann kann aus der Schlampigkeit, die in der Düsseldorfer BILD-Redaktion herrscht, ein »Watergate am Rhein« werden. Davon jedenfalls war die Rede, nachdem aus dem Fehlen von zwei 78er-Quartalsbänden der Zeitung im BILD-Büro der Landeshauptstadt (Neuwert: rund 100 Mark) staatsanwaltliche Ermittlungen wegen »schweren Diebstahls« eingeleitet wurden. Und das kam so:
Ende März 1979 wurde der Düsseldorfer BILD-Redakteur Jürgen Koerth mit folgendem Zeugnis von seinem Chef Vaupel verabschiedet:

»... Er verläßt BILD, um als persönlicher Referent für den Oberbürgermeister zu arbeiten. Wir bedauern sein Ausscheiden und wünschen ihm viel Erfolg und alles Gute.« Und mündlich ergänzte der Redaktionsleiter: »Jetzt haben wir endlich unseren Mann in der Zentrale. Sie können doch künftig unter Pseudonym für uns arbeiten.«

Aber Koerth enttäuschte diese Hoffnung. Zu Zuträgerdiensten aus dem Büro von Düsseldorfs OB Bungert war der Sozialdemokrat nicht bereit.

Schnell fanden die BILD-Spitzel heraus, daß es Kontakte zwischen mir und Bungerts neuem Referenten gab. Unsere Treffen wurden beschattet. Eine gemeinsame Verabredung zwischen mir, einer mit mir befreundeten Journalistin, Jürgen Koerth und dessen vermeintlichem Freund und BILD-Redakteur Klaus Gembolis wurde beim Hineingehen um 20 Uhr und gegen 23 Uhr beim Verlassen der Wohnung auf Spezial-Film abgelichtet. Dieses Treffen fand am 26. Juli auf Wunsch von BILD-Mann Gembolis in einer Düsseldorfer Wohnung statt, die er als gelegentliche »Absteige« bezeichnete. Im gegenüberliegenden Gerichtsgebäude lauerte mit seinem Teleobjektiv und vom BND ausgeliehenen Richtmikrofon der freie BILD-Fotograf Kurt Gather (dem nach Ablieferung seiner Foto-Beute endlich die ersehnte Festeinstellung in Aussicht gestellt wurde).

Bei diesem Gespräch plauderte Gembolis Einzelheiten aus dem Redaktionsalltag von BILD Düsseldorf aus – offensichtlich Spielmaterial, mit dem ich auf falsche Fährten gelockt werden sollte. Unter anderem berichtete er von Unruhe, die meine Recherchen für die »Zeugen der Anklage« dort ausgelöst haben. Und von Schlamperei, die unter Vaupels Regiment herrscht. Der Redaktionsleiter habe zum Beispiel einen Zettel mit den Fragen herumgehen lassen: »Wer hat das Skateboard? Wer hat die BILD-Bände?« Worauf ich ihm ironisch antwortete, daß ich leider kein Skateboard besitze, Vaupel aber gern mit meinen Rollschuhen aushelfen würde. Und mit Zeitungs-Sammelbänden könne ich auch nicht dienen, aber falls sie ihre eigenen Fälschungen nicht mehr nachschlagen könnten, sollten sie doch ruhig bei mir zu Hause anrufen, ich hätte die BILD-Zeitung seit Jahren archiviert.

Aus diesem Schnack konstruierte der BILD-Agent Gembolis später seine Aussage, ich sei im Besitz der vermißten Sammelbände und sein ehemaliger Freund Koerth habe sie für mich gestohlen. In seinen Verleumdungen vor der Polizei sprach Gembolis von drei entwendeten Bänden, von denen sich aber offensichtlich später wieder einer angefunden habe muß (oder das Komplott war nicht gründlich genug abgesprochen und vorbereitet), denn in den Akten der Staatsanwaltschaft ist dann nur noch von zweien die Rede.

Fotograf Gather bei seiner polizeilichen Vernehmung:

»... Ich habe dann zu Klaus Gembolis gesagt, wenn er das Treffen mit Wallraff noch weiter hinauszögere, würde es auffallen. Ich habe mit ihm zusammen den Treffpunkt und die Einzelheiten ausgeklüngelt.«

Vor der Zusammenkunft mit mir waren die BILD-Agenten noch bei Renate Damm von Springers Rechtsabteilung in Hamburg, wo sie sich natürlich nur »Rechtsauskünfte« holten, was denn sonst. Und nachdem Gembolis seine falschen Aussagen über Jürgen Koerth und mich zu Protokoll gegeben hatte, war er plötzlich verschwunden. Zusammen mit Gather reiste er auf die Kanarischen Inseln, wie ich später herausfand.

Heimlich abends aufgenommenes Foto des BILD-„Fotografen" Gather: Jürgen Koerth, Günter Wallraff und BILD-Agent Klaus G. (v. l.)

Auch der OB-Referent wurde wochenlang von seinem ehemaligen Kollegen und dessen Komplizen observiert (Aussage Gembolis: »... Wir beobachteten dann, wie Koerth das Lokal verließ und zwischen 22.30 Uhr und 23.00 Uhr zum Rathaus fuhr. Das verließ er wieder nach ungefähr einer halben Stunde, dann folgten wir ihm bis Lokal ›Destille‹ ...«). Jürgen Koerth vermag den Verrat einer vorgetäuschten Freundschaft, durch den er schließlich auch seine neue Stelle verlor, nicht zu begreifen. In seinem Tagebuch wendet er sich an Klaus Gembolis: »Sechs Wochen lang hast Du spioniert, und doch haben wir in der gleichen Zeit fast Tag für Tag zusammen gesessen, gegessen, getrunken und manch andere Dinge geteilt. Und zwei Tage ehe die Strafanzeige auf den Tisch kam, haben wir bei einer Flasche Whisky gemeinsam Zukunftspläne geschmiedet, als Team. Haben Dich die Mechanismen überrollt? Warum hast Du Verrat geübt? Aus Angst? Haben sie Dich erpreßt? Gekauft? Weich geklopft? Womit?«

Warum ich »Beihilfe« zu diesem »schweren Diebstahl« geleistet haben soll, wenn ich mir fehlende Alt-BILD-Ausgaben jederzeit in öffentlichen Archiven, im WDR-Archiv und bei örtlichen Konkurrenzzeitungen, besorgen könnte – diese Frage wurde von der Staatsanwaltschaft nicht gestellt. Schließlich ging es nicht um eine sachliche Anschuldigung. Es ging um eine Sabotage meiner Arbeit, vor allem aber wollte man wohl endlich meiner Informanten habhaft werden. Hierfür mußte der Vorwand für eine Haussuchung in meiner Kölner Wohnung konstruiert werden. Und da nicht allein BILD, sondern auch andere an meinen Arbeitsunterlagen ausgesprochen interessiert sind, nahmen an der Einsatzbesprechung vor der Haussuchung im Polizeipräsidium Köln neben Vertretern der Düsseldorfer Staatsanwaltschaft auch zwei Beamte der politischen Polizei teil. Wieder einmal waren BILD und politische Polizei auf zumindest dem gleichen Informationsstand. Offensichtlich bekamen die Behörden jedoch angesichts der Lächerlichkeit des Anlasses Angst vor der öffentlichen Reaktion auf ihre geplante Staatsaktion. Im letzten Moment wurde die für den 9. August '79 angesetzte Haussuchung abgeblasen.

Anfang Oktober kündigte die Staatsanwaltschaft dann an, das Ermittlungsverfahren ganz einzustellen. Die Zeugen für diese Verleumdung verweigerten plötzlich jede Aussage. Sie werden wissen, warum.

Trotzdem hatte die BILD-Redaktion neben der Behinderung meiner Arbeit (zum Beispiel wurden potentielle Informanten abgeschreckt) ein wichtiges Ziel erreicht: Sie hat, möglicherweise mitentscheidend, dazu beigetragen, Düsseldorfs SPD-Oberbürgermeister zu kippen. Nach der Kommunalwahl am 30. September '79 wurde er durch Josef Kürten von der CDU ersetzt. Der hatte schon unter Bungert als Bürgermeister im Düsseldorfer Rathaus gearbeitet und der absurden BILD-Verleumdung die gewünschte politische Dimension verliehen. Nach der Diebstahls-Kontruktion gegen den OB-Referenten Koerth ließ er in seinen Büroräumen sämtliche Schlösser auswechseln und diesen Vorgang mit der entsprechenden Dramatik die Presse gewahr werden. Tenor: Wer BILD-Bände klaut, bricht auch bei CDU-Politikern ein. Und Bungert meinte angesichts der Presse-Hysterie kurz vor dem Wahltermin nichts anderes übrigzubleiben, als der Bitte seines Referenten um Beurlaubung entsprechen zu müssen. Genützt hat ihm dieser Kotau vor BILD nichts.

Die Parallelschaltung:

»Wir haben Wallraff in der Leitung!«

»*Tag, Günter.*«
»*Tag, Hein.*«
»*Du, das mit dem Abblasen der Pressekonferenz könnt Ihr nicht machen. Das würden viele nicht verstehen.*«
»*Du hast recht. —— Du weißt, wir werden hier vom Verfassungsschutz abgehört.*«
»*Natürlich.*«

Dies ist ein Auszug aus einem Telefongespräch, das ich am 18. November 1976 mit Heinrich Böll geführt habe. Nachzulesen ist er in einem Stenogramm des BILD-Redakteurs N. N., niedergelegt unter der Urkundenrollen-Nummer 1741/1979 beim Kölner Notar Dr. Reiner Luxemburg.
N. N. versichert an Eides Statt:

»*Am 18. November 1976 war ich Zeuge, wie über den nicht im Telefonbuch verzeichneten Telefonanschluß, und zwar einen Direktanschluß des Redakteurs X., in der Kölner BILD-Redaktion eine Abhörschaltung an den Privattelefonanschluß des Schriftstellers Günter Wallraff hergestellt wurde. Dabei wurden ein- und ausgehende Telefongespräche des Privatanschlusses von Herrn Wallraff über Tischlautsprecher mitgehört und auf Tonband aufgenommen. Dies geschah im Beisein von sechs Redakteuren und einem Fotografen.*«

Zwei weitere Informanten von BILD Köln und ein Mitarbeiter des BND bestätigten N. N.s Protokoll.

Mindestens zwei Tage lang stand die Abhörschaltung, wurde jedes meiner Telefonate in der Kölner BILD-Redaktion (und anderswo?) aufgezeichnet.
Es waren die beiden Tage nach der Ausbürgerung Wolf Biermanns aus der DDR. Wolf Biermann ist mein Freund. Nach dem Schlag der DDR-Führung hatte er bei mir Hilfe gesucht und etwas Ruhe, um nicht in Verzweiflung umzukommen.
Im Bericht des BILD-Redakteurs N. N. liest sich das so:

»Biermann war eine Nacht bei dem WDR-Redakteur Laudan. Als er von seiner Ausbürgerung erfuhr, hat ihn Wallraff in sein Wochenendhäuschen im Bergischen Land gebracht. Am Telefon sagte er (Wallraff): ›Wo der Biermann ist, weiß nur der Pastor und ich.‹ Dann hat er aufgelegt und den Biermann angerufen. Gerald (Viola, damals Polizeireporter bei BILD Köln) hat aus dem Tack-tack-tack der Wählscheibe die Vorwahl ermittelt, bei der Auskunft angerufen und sich den Ort nennen lassen. Er ist heute früh mit dem Heinz Rothe (Fotograf) um 7 Uhr hinausgefahren. Den Wallraff hat es fast vom Stuhl geschlagen.«

Und weiter im Protokoll:

»Am 18. November, gegen 14 Uhr, kam die Schaltung wieder zustande Bis 21 Uhr habe ich persönlich alle ein- und ausgehenden Gespräche des Büros Wallraff mitgehört. Schon bald konnte ich den Eindruck gewinnen, daß Wallraff mit der Situation nicht fertig wurde Oft stöhnte er: ›Das ist die Hölle‹. – Die meisten eingehenden Anrufe kamen von Leuten, die einfach ihre Sympathie mit Biermann bekunden wollten und ihren Namen unter ein von Wallraff herausgegebenes Manifest setzen wollten. Sie sind bedeutungslos.«

Bedeutungslos? So bedeutungslos wie die Solidaritätsangebote, die bei mir zu Hause eingingen, als ich in Athen inhaftiert war, als ich im Frühjahr 1974 gegen die griechische Faschisten-Junta protestierte. Auch damals wurde mein Telefon abgehört, das Bundesinnenministerium hat die Lauschaktion des Verfassungsschutzes am 26. Juni 1979 bestätigt.
Für einen Geheimdienst war das damals eine recht lohnende Operation. Innerhalb weniger Tage konnte registriert werden, wer sich wo wie regt – von Gustav Heinemann bis zu kommunistischen Betriebsräten. An meinem Telefon hatte sich ein Stück antifaschistischer Solidarität gebrochen. Jahrelange Recherchen hätten kein vollständigeres Telefon-Verzeichnis dieser Bewegung liefern können.

Ganz ähnlich beim Lauschangriff auf die Solidarität mit Wolf Biermann, zweieinhalb Jahre später.

Auszug aus dem Abhör-Protokoll:

»*Anruf von Rudi Dutschke aus Berlin. Zunächst Wallraff am Apparat, dann holt er Biermann.*
Biermann: *Tag, Rudi.*
Dutschke: *Ich bin heute von Kopenhagen nach Ostberlin geflogen. Ich wollte sehen, wie die Lage ist.*
Biermann: *Ist das billiger?*
Dutschke: *Nein. Aber die haben mich gleich wieder abgeschoben. Nach Westberlin. Aber morgen will ich noch mal hin. Sollte es klappen, kann ich was für Dich tun?*
Biermann: *Ja.*
Dutschke: *Sag es.*
Biermann: *Geh zu Tine und gib ihr einen ... schwesterlichen Kuß ... nur auf die Wangen. Schwesterlich ... hörst Du.*
Dutschke: *Sag es: Willst du zu einem Gastspiel nach Italien kommen? Ich habe da Verbindungen.*
Biermann: *Jaaaaa. Ich hab doch über Italien gesungen.*
Dutschke: *Wie fühlst du dich?*
Biermann: *Ich bin keine trauernde Fischerswitwe.*«

Anruf von Heidi Wiczorek-Zeul, der damaligen Juso-Bundesvorsitzenden:

»*Hier ist Heide. Kann ich Dir helfen? Du, das mit dem Brandt, das hat nicht geklappt. Tritt denn nun Wolf morgen in Bochum auf?*« – »*Offiziell nicht. Wir haben abgesagt. Aber es gibt eine Sympathie-Kundgebung. Wolf wird da sein.*«

Ein weiteres Telefongespräch mit Böll:

»*Hein, der Wolf ist fertig. Er hat mit seiner Frau telefoniert. Was soll aus Bochum werden?*« – »*Er soll kurz auftreten, in einem Rahmenprogramm. Eine halbe, dreiviertel Stunde. Ich kann nicht kommen. Du weißt, ich muß mit meinen Kräften haushalten.*«

Weitere Gespräche drehen sich um die Unterbringung Biermanns:

»*Wir bringen ihn am Samstag in das Jugendzentrum Sprockhövel. Das ist ja wie eine Festung. Dort bleibt er ein paar Tage, dann kommt er zu Falkenberg.*«

Ein Anrufer aus Holland:

»*Ich kenne Herrn Biermann. Ich habe in Holland eine Theateragentur. Ich habe das Rostocker Theater zu einem Gastspiel verpflichtet. Soll ich nach diesem Vorfall die Rostocker ausladen?*« Biermann: »*Nein, nicht absagen. Die sollen herkommen.*«

Wallraff jammert über die BILD-Zeitung:
»*Diese Haie, es ist nicht einmal der ›Express‹, es ist nur die BILD-Zeitung.*«

Wallraff zu IG-Metall-Funktionär in Sprockhövel:
»*Die drei Haie von BILD, die sind immer noch da. Die sollen das Bild nicht kriegen ... Wen können wir bestellen?*
IG: Ich kenne eine freie Fotografin, die arbeitet für dpa. Aber die ist in Hamburg. Anruf dort. Niemand meldet sich. Anruf bei dpa Basisdienst. dpa: Ja wir schicken jemand.
Aber ich brauche den Namen, damit wir nicht denken, er ist von der Springer-Presse.«

Alles wird registriert. Ein Gespräch mit meiner Frau:

»Frau Wallraff: »*Ich versuche den ganzen Tag, dich anzurufen. Ich kam nicht durch, deshalb habe ich dir ein Telegramm geschickt.*
Wallraff: *Es war die Hölle*
Frau Wallraff: *Wann kommst du?*
Wallraff: *Es wird sehr spät.*
Kinderstimme: *Günter? Wie spät ist es?*
Wallraff: *Halb acht.*
Kind: *Bei uns steht die Uhr auf halb neun. Mama sagt, ich muß ins Bett. Die Uhr geht falsch.*
Wallraff: *Ja, ja.*
Kind: *Du mußt ihr sagen, wie spät es ist. Ich geb sie dir.*
Wallraff (hörbar erschöpft) zu seiner Frau: *Halb acht.* (legt auf.)

»Kollegen« hören Kollegen ab – Anruf der »Stern«-Redaktion in Hamburg:

»Stern: *Also Günter, wir machen vier Doppelseiten, mit Umlauf. Den größten Bericht der Woche. Nur mit dem Titel, das wird nichts. Wir haben erfahren, der ›Spiegel‹ will einen Titel machen.*
Wallraff: *Also, von mir haben die nichts.*
Stern: *Ja, ja. Wir haben hier Fotos von Biermann und einer Frau, vermutlich Tine. Die sind im Studio aufgenommen, im vergangenen Jahr. Wir müßten nur genau wissen, ob es Frau Biermann ist.*
Wallraff: *Moment, ich geb' dir Wolf.*
Stern: *Wir haben hier Bilder, die sind im vergangenen Jahr aufgenommen worden. Auf einem sitzen Sie an einem Klavier, eine brünette Frau umfaßt Sie von hinten. An was erkennt man Ihre Frau?*

Biermann: *Am Busen.*
Stern: *Da ist also eine Frau, in Hose ...*
Biermann: *Wie groß ist der Busen?*
Stern: *Sie trägt eine ... Bluse.*
Biermann: *Der Busen.*
Stern: *Recht gut.*
Biermann: *Der Busen ist göttlich.*
Stern: *Sie sagen, das ist Tine. Ich habe hier nur die kleinen Kontaktabzüge, die müssen wir erst herausvergrößern. Wie gesagt, den Interviewtext geben wir Ihnen durch, dann können Sie die Rohfassung ... und am Montag können Sie die Endfassung sehen.*
Biermann: *Dann kommt noch mein Gedicht von dem Preußischen Ikarus.*
Stern: *Das haben wir hier.*
Biermann: *Waas? Woher? Das haben Sie vom Tonband abgeschmiert. Das geht nicht ohne meine Zustimmung. Daran habe ich gearbeitet. Da darf kein Komma und kein Punkt falsch sein (Biermann sehr erregt).*
Stern: *Aber, das ist doch Profi-Gesetz, bevor es in Druck geht, senden wir Ihnen das zu.*
Wallraff: *Du, der Biermann ist sehr durcheinander. Wie machen wir das mit dem Text? Bei Kiepenheuer und Witsch ist schon zu. Ich habe kein Telex. Schickt Ihr das an den ›Kölner Stadt-Anzeiger‹.*
Stern: *Sie werden verstehen, daß wir ein solches Telex an kein Publikationsorgan schicken können.*
Wallraff: *Den WDR? Dort habe ich Freunde.*
Stern: *Ich sagte soeben, kein Publikationsorgan.*
Wallraff: *Mal sehen.*
Stern: *Hier ist noch Köhler. Kann er den Biermann haben?*
Köhler: *Ich habe versucht, das ›Neue Deutschland‹ zu erreichen. Da ist natürlich alles zu. Es geht um einen Kommentar im ND. Darin sollen Sie gesagt haben, jetzt sinngemäß: Der Werktätige hilft sich selbst, indem er sich bereichert, indem er am Arbeitsplatz stiehlt. Haben Sie das in der Sporthalle in Köln gesagt?*
Biermann: *Nein.*
Köhler: *Dann kann man also sagen, der Dr. K (Verfasser des Kommentars im ND) hat das auch noch falsch zitiert?*
Biermann: *Das habe ich nicht gesagt. Aber ich habe Ihnen erzählt, daß er seinen Schrebergarten in SA-Hosen umgräbt.*
Köhler: *Sind die Hosen denn braun?*
Biermann: *Ja, ich sagte SA-Hosen.«*

Telefongespräch zwischen Biermann und seiner Frau Tine in Ostberlin:

»*Biermann: Tine, wie geht es dir?*
Tine: Gut.
Biermann: Hast du mich im Fernsehen gesehen?
Time: Ja. – Der kleine krabbelt vor mir und streckt den Arsch in die Höhe. Stell dir vor, hier ist eine ungeheure Solidarität für dich im Gange. Den (Name unverständlich) vom Museum haben sie festgenommen. Er hat im Museum einen Zettel an die Wand genagelt. Seine Mutter wurde ganz offiziell verständigt, daß er festgenommen ist.
Biermann: Diese Schweine ... Tine ... (beginnt zu schluchzen) ...Tine .... Du hast mich im Fernsehen gesehen. War ich gut?
Tine: Ja, Wolf.
Biermann: Ich weiß nicht, wie das weitergeht. Am Samstag soll ich in Stuttgart auftreten. Ich weiß nicht ... (beginnt wieder zu weinen) Bei meinem letzten Lied in Köln, beim Preußischen Ikarus ... da hatte ich ... einen Krampf im kleinen Finger ... Tine, hast du das gemerkt ... Tine?
Tine: Nein. Du warst sehr gut.«

»Gegen 21 Uhr«, schreibt der Protokollant, »schalte ich als diensthabender Nachtdienst-Redakteur die Leitung ab.« Die Tonbänder mit diesen Gesprächen »kassiert« der damalige Polizeireporter Gerald Viola (heute stellvertretender Redaktionsleiter von BILD Köln) und nimmt sie zur Auswertung mit nach Hause.

N. N. bekundet an Eides Statt:

»*Der heutige Leiter der BILD-Redaktion Rhein-Ruhr, Heinz Sünder, erschien auch an einem der beiden Tage gegen 20.45 Uhr und hörte die letzten Gespräche mit, um sich dann mit dem Redaktionsleiter Heinz Horrmann zu einer Besprechung in das Lokal ›Stass‹, Aachener Straße, zu begeben. An dem gleichen Tag hat Herr Horrmann erklärt, daß er auch den Chefredakteur der BILD-Zeitung, Günter Prinz, telefonisch über das Mithören verständigt habe.*«

Die Frau von Gerald Viola, der fernmeldetechnisch zumindest so weit begabt ist, daß er durch die Wählgeräusche die Telefonnummern meiner Gesprächspartner herausfinden konnte, hatte sich übrigens um einen Posten beim Verfassungsschutz bemüht, den sie dann allerdings nicht angenommen hat. Beide, Herr und Frau Viola, haben jedenfalls die Sicherheitsprüfung für den Verfassungsschutz »bestanden«.

Das Schlüsselwort Geheimdienst ist auch im November 1976 gefallen: Der BILD-Redakteur Jürgen Kleikamp wurde damals zur Observierung meiner Kölner Wohnung eingesetzt. In der Not, seinen Auftrag womöglich nicht erfüllen zu können, machte er mir folgendes Angebot: »Sie vermitteln mir Fotos und ein Exklusiv-Interview mit Biermann, und ich sage Ihnen, wo der BND heute nacht bei Ihnen eine Wanze angebracht hat.« Tatsächlich war ich schon vor dieser Offerte davon überzeugt, daß in der Nacht jemand bei mir eingedrungen war, ohne die Schlösser zu beschädigen, aber doch nicht, ohne kleine Spuren zu hinterlassen.

Über meinen Verdacht und das Angebot des BILD-Rechercheurs habe ich noch am gleichen Tag telefonisch einen Redakteur des Kölner Stadt-Anzeigers« informiert. Natürlich wurde auch dieses Gespräch in der BILD-Redaktion gehört. Die Reaktion darauf beschreibt N. N. in seinem Protokoll so:

»Dieses Gespräch versetzte die BILD-Redaktion in helle Aufregung. Heinz Horrmann (Redaktionsleiter): ›Das muß der Jürgen Kleikamp gewesen sein.‹ Kleikamp stand zu der Zeit mit dem Fotografen Pavel Strnad bei Wallraffs Büro in der Thebäerstraße. Horrmann: ›Wenn das stimmt, dann kann der Kleikamp gleich seinen Koffer packen. Einer fährt hin und holt ihn zurück.‹ Ich wollte fahren, erkundigte mich aber nochmals, wo die Thebäerstraße ist. Bernd Schmitt: ›Ich hole ihn, ich kenn mich aus.‹ Als Kleikamp zurückkommt, bestreitet er energisch, eine solche Äußerung gemacht zu haben. Bei allen Kollegen stößt das aber auf Skepsis.«

Kleikamp war zu weit gegangen. BILD hatte bereits erreicht, was zu erreichen war. Morgens um 7 Uhr stand Springers Spürtrupp vor Biermanns Versteck im Bergischen Land. Wir waren entsetzt (um ein Haar wäre so Wolf Biermann auch in eine sehr kompromittierende Situation geraten – rein private Angelegenheiten hätten »interessierte Kreise« politisch nutzbar machen können).

Wie ist es dazu gekommen? Technisch gesehen hat es sich bei der Abhör-Aktion wahrscheinlich um eine Parallelschaltung gehandelt. Und zwar nicht um eine zufällige, die nach Beendigung eines Gesprächs aufgehoben wird. Diese Parallelschaltung ist planvoll installiert worden, vermutlich im Kölner Fernmeldeamt. Ständig halten sich dort Mitarbeiter des Verfassungsschutzes auf, um die technischen Voraussetzungen für die sogenannten legalen Abhöraktionen zu schaffen. Daneben sorgen sie auch für Telefonüberwachungen, die nicht gerichtlich genehmigt sind.
Selbstverständlich ist es für einen Geheimdienst von hohem Interesse, die Aktivitäten eines Dissidenten zu beobachten, von dessen »Fall« die Kulturpolitik der DDR in den folgenden Jahren nicht unwesentlich bestimmt wird.
Wer also ist alles »wir«, wenn in der Kölner BILD-Redaktion gerufen wird: »Wir haben Wallraff in der Leitung«?
Telefondrähte kurzschalten – das jedenfalls war bisher nicht die Handschrift der BILD-Täter. Wohl werden da mal Türen eingetreten. Wohl werden da kleine korrupte Beamte oder einflußreichere Politiker *in Kauf* genommen. Aber selbst mit Zange und Lötkolben hergehen?

Der Lauschangriff vom Frühjahr 1974 war nicht der erste, und der vom November 1976 war nicht der letzte.
Zum Beispiel hat der Verfassungsschutz Ende 1970 Informationen über mich an die Geschäftsleitung von Melitta-Bentz weitergegeben, die dazu führten, daß ich meine Industrie-Reportage in dem Kaffeefilter-Werk abbrechen mußte.
Und monatelang kaprizierte sich später der Kölner Kriminalhauptmeister Beisemann von der politischen Polizei auf mich. Fast täglich schrieb er »Vermerke« wie diesen vom 18. 11. 1975:

»Vertraulich wurde mir heute mitgeteilt, daß Wallraff inzwischen wieder in seine Wohnung zurückgekehrt ist, und zwar mit seinem PKW. Er wurde am 17. 11. 75 gg. 19.30 Uhr wiedergesehen. Gegen 00.30 h verließ er das Haus wieder (18. 11. 75), war aber am Morgen des heutigen Tages wieder zurück. Dies wurde daraus geschlossen, daß heute vormittag sein PKW wieder in der Nähe des Hauses

parkte. Sein Äußeres soll W. in letzter Zeit nicht mehr verändert haben. Beisemann KHM«

Derartige Fleißarbeiten sollten nicht Beisemanns Sache allein bleiben. Aufgrund eines seiner Berichte beantragte die Kölner Staatsanwaltschaft 1975 »die Überwachung und Aufnahme des Fernmeldeverkehrs auf Tonträger betr. den Telefonanschluß Köln 51 05 84 des Beschuldigten Hans-Günter Wallraff hinsichtlich aller dort geführten Gespräche während des Tages und der Nacht für die Dauer von drei Monaten«. Das Amtsgericht gab dem Antrag statt, immerhin hatte die Staatsanwaltschaft ein Fernschreiben des Bundesnachrichtendienstes beigelegt und auf die dort »mitgeteilten Erkenntnisse« besonders hingewiesen.

Dieses Fernschreiben vom 21. 5. 75 hatte folgenden Wortlaut:

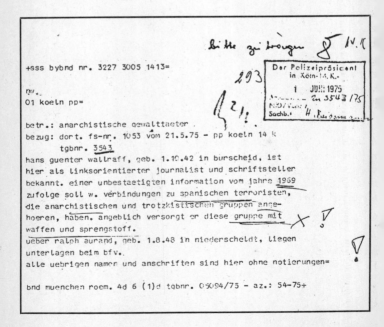

Diese »unbestätigte Information«, die bei der Kölner Staatsanwaltschaft im Abhörbeschluß bereits zu »Erkenntnissen« geronnen war, konnte, nachdem sie mir bekannt wurde, sofort als Fälschung nachgewiesen werden. Über das Bundeskanzleramt erreichte ich, daß diese BND-Mitteilung vernichtet werden mußte.

Zuvor aber wurde abgehört. Die Ermittlungen führte der Chef des politischen Dezernats, Staatsanwalt Dr. Josef Bellinghausen. Ich konnte seine Erwartungen nicht befriedigen. Nachdem mir, rechtswidrig, mit einjähriger Verspätung nach Abschluß der Abhöraktion die Überwachung mitgeteilt wurde, konnte ich im Dezember 1976 endlich die Vernichtung von 48 Tonbändern und 5164 Seiten Tonbandabschriften meiner Telefongespräche erzwingen.

Das BND-Fernschreiben war nicht die einzige Fälschung in Staatsanwalt Bellinghausens Akten. Eine andere hatte er selbst angefertigt: Um in den Genuß einer Gesetzesänderung zu kommen, die es ihm erspart hätte, mich über die Abhöraktion zu informieren, fälschte er kurzerhand Datumsangaben in den Ermittlungsakten. Meine daraufhin erstattete Strafanzeige wegen Urkundenfälschung und Rechtsbeugung hatte lediglich zur Folge, daß Bellinghausen kurzfristig ins Jugendressort versetzt wurde. Der ermittelnde Generalstaatsanwalt Pfromm hatte damals folgende Entschuldigung für seinen Kollegen:

»*Oberstaatsanwalt Dr. Bellinghausen hat allerdings selbst erklärt, er habe die im Verfügungsentwurf vorgesehene Benachrichtigung Wallraffs gestrichen, um diesem die Möglichkeit zu nehmen, unmittelbar vor der am 3. Oktober stattfindenden Bundestagswahl (1976) in den ihm zugänglichen Publikationsorganen die Bundesrepublik Deutschland und deren Justizorgane zu beschimpfen.*«*

Inzwischen kann Bellinghausen solch politische Weitsicht als Anwalt seines Staates wieder dort einsetzen, wo sie hingehört: im politischen Dezernat.

Er hatte sich allerdings auch schon für die Übernahme in den

(* s. rororo 7134) Böll/Wallraff: Bericht zur Gesinnungslage der Nation/des Staatsschutzes

höheren Dienst beim Bundesamt für Verfassungsschutz beworben. Das war später dann nicht mehr aktuell, als er Leitender Oberstaatsanwalt (Politisches Referat) wurde.
Als BILD-Redakteur verschafft man sich übrigens sein Entré bei Oberstaatsanwalt Bellinghausen so:

»*Ich zückte meine Brieftasche, um ihm meine Visitenkarte zu überreichen, dabei ließ ich absichtlich meinen CSU-Ausweis fallen. Beide bückten wir uns gleichzeitig: ›Oh‹, meinte Bellinghausen, »ich sehe jetzt, in welcher Partei Sie sind.‹ Antwort: ›Ich komme ja schließlich aus Bayern.‹ Beisemann: ›Nun ja, wir werden schon zurechtkommen. Ich bin immer gut mit der Presse zurechtgekommen, bis auf einige Blätter, Sie wissen schon, was ich meine.‹*«

Soweit der Begrüßungsdialog mit Redakteur W. aus der Kölner BILD-Redaktion.

Ob durch Springer, Staatsanwaltschaft, Verfassungsschutz und/oder BND – mehr als nur Stimmengewirr in der Leitung oder das Wiederhören meiner eigenen Worte am Telefon deutet darauf hin, daß ich auch heute noch abgehört werde, und daß nicht nur der Draht zwischen BILD und Geheimdiensten kurz ist.

Drei Beispiele:

Ende September verabredete ich mich mit W. R., einem höheren Chargen aus der BILD-Redaktion einer Westdeutschen Großstadt. Wir telefonierten miteinander, er spricht jedoch nicht von seinem Dienstapparat, sondern von seinem Privatanschluß aus. Drei Tage darauf wird er von seinem Vorgesetzten zur Rede gestellt. Die Verabredung des Redakteurs mit mir ist bei BILD bekannt.

Zweites Beispiel: Betroffen ist diesmal ein Bauunternehmer, der zweimal zu kurzen, rein geschäftlichen Gesprächen bei mir in der Wohnung war. Einige Male hatten wir auch miteinander telefoniert. Ich kenne ihn nicht näher, politisch gibt es zwischen uns keinerlei Kontakte. Anfang September wurde er kurz vor dem Abflug zu einer Dienstreise nach Zürich auf dem Frankfurter Flughafen von zwei Beamten der politischen Polizei in einen Nebenraum gebeten. »Sind Sie Herr Z.«, wurde der Geschäftsmann gefragt, und gleich darauf: »Kennen Sie Herrn Wallraff?« Weitere Fragen und Bemerkungen der Beamten, zitiert nach einem Gedächtnisprotokoll: »Waren Sie mal im Untergrund?« »Sie stecken doch alle unter einer Decke. Sie müssen alle rasiert werden.« »Was wollten Sie denn von dem Wallraff?«

Das letzte Beispiel gebe ich in Form einer eidesstattlichen Erklärung meines Informanten W. vom 8. September 1979 wieder:

»Nach einem dreiwöchigen Kuraufenthalt kam ich am 6. September gegen 22 Uhr nach Köln in meine Wohnung zurück. Am nächsten Tag morgens, gegen 9.30 Uhr wollte ich bei der Filiale der Kölner Stadtsparkasse am Reichenspergerplatz einen Euro-Scheck einlösen. Die Scheckformulare hatte ich zusammen mit einem Vertrag, den ich mit dem Kölner Schriftsteller Günter Wallraff abgeschlossen hatte, in einer banküblichen Plastikmappe in meinem Sekretär aufbewahrt. Diese Plastikmappe war nicht aufzufinden. Obwohl ich den ganzen Sekretär Blatt für Blatt meiner Unterlagen absuchte, war das Ergebnis negativ. Schon am Abend vorher, also dem 6. 9., etwa gegen 22 Uhr erhielt ich einen Anruf von Frau V■S■, der Redaktionssekretärin bei der BILD-Ausgabe Hannover. Frau S■ erkundigte sich, wo ich denn so lange gesteckt habe. Am 7. 9. gegen neun Uhr erhielt ich einen Telefonanruf von Herrn K. aus Düsseldorf. Herr K. ist dort Inhaber eines privaten Pressebüros. Mit ihm hatte ich über meinen ehemaligen BILD-Kollegen Elmar Weiler schon vor etwa sechs Wochen einmal telefonisch Kontakt aufgenommen. Herr K. bot mir erneut eine Stelle als freier Mitarbeiter in seinem Pressebüro an und bot mir als Honorar 200 DM pro Tag. Ich sagte eine Besprechung für diesen Tag zu.
Frau X. (eine Wallraff-Mitarbeiterin) bot mir an, daß sie mich in ihrem Wagen dorthin fahren würde, gegen 15 Uhr rief ich aus einer Telefonzelle Herrn K. an und vereinbarte mit ihm einen Treff um etwa 15.30 Uhr in seinem Büro. Frau X. machte im Verlauf des Gesprächs die Beobachtung, daß Herr K. mit der BILD-Redaktion Düsseldorf telefonierte. Gegen 18.30 Uhr waren wir wieder in meiner Wohnung. Mir fiel sofort beim Betreten der Wohnung auf, daß an meinem Sekretär im Wohnzimmer der Schlüssel steckte. Ich bin völlig sicher, daß ich diesen

Schlüssel vorher in ein Zigarettenkästchen, das auf einem Regal in der Diele stand, gelegt hatte.
Als ich den Sekretär öffnete, war der Plastikumschlag mit den Euroschecks und darunter der Vertrag mit Günter Wallraff wieder da.«

Gleichzeitig mit dem hier geschilderten Vorgang verschwanden aus meinem Kölner Arbeitsraum zwei Dokumente und die Zweitschrift meines Vertrages mit W., die später in Hamburg jemandem zugespielt wurden.

Zu viele Zufälle. Ich forderte Aufklärung. Und ich stelle Strafantrag. Am 17. November verjährt die Strafbarkeit der Abhöraktion anläßlich der Biermann-Ausbürgerung. Es geht mir nicht nur um die Violas. Ich will die wirklich Verantwortlichen kennenlernen. Ich fordere eine Untersuchung über die Zusammenarbeit von Kleinkriminellen im Springer-Auftrag mit den Geheimdiensten und Justizbehörden der Bundesrepublik Deutschland.

Der Fall Ingrid Stengel

Millionär in Ketten: Schwarze Inge sah beim Sterben zu

Ein hübsches, weiches Gesicht: Die «schwarze Inge»

rb. **Harburg/Homburg,** 11. dezember Eine junge Frau, Mutter von zwei kleinen Kindern, hat beim qualvollen Sterben des angeketteten Millionärssohn Gernot Egolf zugesehen. Es ist die hübsche schwarzhaarige Frau auf dem Foto — genannt die «schwarze Inge». Die «schwarze Inge» aus Marburg war die Geliebte des Kidnappers Müller. Er führte sie zum Todes-Bunker, wo sie den ausgemergelten Gernot nackt in Ketten sah und ihn flehen hörte. «Soll ich wieder einen Brief an meine Eltern schreiben?» Wie die «schwarze Inge» an die zwei Millionen Lösegeld kommen wollte, steht auf Seite 6.

Am 19. Oktober 1976 wurde der 32jährige Gernot Egolf in Homburg/Saar von zwei jungen Männern, Joachim Müller und Andreas Leiner, entführt. Die Täter wollten von der Familie des Entführten, der die größte Brauerei des Saarlandes gehört, ein Lösegeld erpressen. Die Polizei verhängte eine völlige Informationssperre, um das Leben des Entführten nicht zusätzlich zu gefährden. Erst als mehrere Versuche der Familie, das Lösegeld zu übergeben, gescheitert waren, baten die Ermittlungsbehörden die Medien am 26. November um Bekanntgabe der Entführung.
Am 27. November meldete BILD: »DEUTSCHER BRAUEREIERBE ENTFÜHRT! ZWEI MILLIONEN LÖSEGELD! ERMORDET?«

Am 5. Dezember setzte sich im hessischen Marburg die Hausfrau Ingrid Stengel mit der Polizei in Verbindung und nannte die Namen der Entführer. Ihre Angaben führten am 8. Dezember zur Verhaftung von Joachim Müller und Andreas Leiner. Beide gestanden ihre Tat. Der Entführte wurde in einem zerstörten Bunker in der Nähe von Homburg aufgefunden. Er war tot, verhungert.

Am 10. Dezember wurde Ingrid Stengel verhaftet, wegen des Verdachts der Beihilfe zum erpresserischen Menschenraub mit Todesfolge und unterlassener Anzeige eines Verbrechens. Am 11. Dezember erscheint BILD mit der Schlagzeile auf Seite 1: »SCHWARZE INGE SAH BEIM STERBEN ZU«. Am 20. Dezember sagte eine Gefängnis-Aufseherin zu Ingrid Stengel, IHR Anwalt sei da. Frau Stengel ist freudig überrascht, daß sich offenbar ihr Mann darum gekümmert hat. In der Sprechzelle steht ihr der Rechtsanwalt Schiller I aus Saarbrücken gegenüber: »Guten Tag, Frau Stengel, wollen Sie, daß ich Ihre Verteidigung übernehme?« Frau Stengel ist froh, daß endlich jemand helfen will, allerdings habe sie keine finanziellen Mittel. Das interessiert den Anwalt nicht: »Nehmen Sie mich als Verteidiger oder nicht?« Ingrid Stengel sagt ja. Der Anwalt legt ihr ein Telegramm vor:

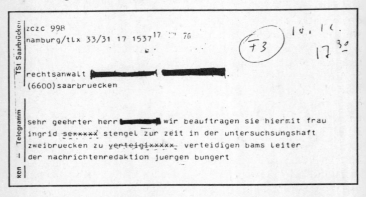

Rechtsanwalt Schiller I schreibt auf dieses Telegramm »Angebot angenommen« und läßt es von Frau Stengel unterschreiben.

Rechtsanwalt Schiller I ist von BILD AM SONNTAG mit der Verteidigung von Ingrid Stengel beauftragt worden unter der Bedingung, Informationen von Ingrid Stengel BILD AM SONNTAG zur Verfügung zu stellen.
Rechtsanwalt Schiller I ist einer der bekanntesten und renommiertesten Strafverteidiger des Saarlandes. BILD wendet hier ein häufig praktiziertes Verfahren an, um sich so die Exklusivrechte eines spektakulären Falles zu ergattern. Meiner Ansicht nach ein höchst bedenkliches und sogar sittenwidriges Verfahren des Blatts, das eigentlich vom Gesetzgeber unterbunden werden müßte. Der jeweilige Rechtsanwalt, der an sich ausschließlich die Interessen seines Mandanten zu vertreten hat, gerät hier in die Gefahr einer Interessenkollision. Er weiß, in welch eine Konfliktlage er als Verteidiger geraten kann, wenn er gleichzeitig seinem Auftraggeber BILD AM SONNTAG Details über seine Mandantin zufließen läßt.
Zu diesem Problem heißt es später in einem Schreiben von Rechtsanwalt Schiller I an Ingrid Stengels neuen Anwalt John:
»Ich bin seit über 20 Jahren tadelsfrei und erfolgreich als Strafverteidiger tätig... In einer sehr langen Erörterung vor Annahme des Angebotes durch Frau Stengel in der Strafanstalt in Zweibrücken habe ich Frau Stengel eingehend aufgeklärt über die Probleme des Vertragsabschlusses mit der Zeitschrift, insbesondere auch über alle Nachteile, die möglicherweise Frau Stengel daraus entstehen könnten. Damals wurden sehr eingehend gerade diejenigen Nachteile von gebilligten Artikeln in dieser Zeitschrift erwähnt, zumal mit Gewißheit mit nachteiligen Abweichungen bei Veröffentlichung zu rechnen sei. Frau Stengel hatte nicht die geringsten Zweifel, daß Struktur und Auflagenhöhe der Zeitschrift zwangsläufig zu einer weiten Verbreitung der Veröffentlichungen und damit zu den konkret angesprochenen Nachteilen führen könnte...
Frau Stengel hat jedoch dann, nachdem sie das »Für« und »Wider« abgewogen hatte, *frei* und *unbeeinflußt* in Kenntnis aller möglichen Nachteile das Angebot angenommen. Diese Annahme entsprach ihrem unbeeinflußten Willen... Es wird wiederholt, daß Frau Stengel niemals gezwungen war, irgend etwas hinnehmen zu *müssen*. Es war vielmehr stets ihre freie und unbeeinflußte Entscheidung.«

Ingrid Stengel sagt, sie sei in ihrer Situation nicht in der Lage gewesen, das zu verstehen, was Rechtsanwalt Schiller I ihr er-

klärt hat. Sie ist sich nicht über die Folgen ihrer Unterschrift bewußt gewesen.
Erst später wird Ingrid Stengel klar, auf was sie sich da eingelassen hat. Ihr Verteidiger hatte sie belehrt, er müsse das, was er von ihr erfahre, an die Geldgeber weiterleiten. Diese seien auch an ihrem Intimverhältnis zu einem Mitbeschuldigten interessiert.
Ingrid Stengel nimmt das hin, sie muß es hinnehmen, denn sie ist hilflos und allein. Ihr Mann, Berufssoldat der Bundeswehr, mit dem sie zwei Kinder hat, will nichts mehr von ihr wissen. Die Ehe war schon lange problematisch und das war auch der Grund, warum sich Ingrid Stengel Anfang Oktober in einer Marburger Diskothek in Joachim Müller verliebt hatte. Bis Ende November kam Müller mehrmals zu Besuch nach Marburg. Anfang November fuhr Ingrid Stengel auch einmal zu ihm nach Homburg.
Jetzt hat Ingrid Stengel nur noch den Rechtsanwalt Schiller I, der ihr von BILD AM SONNTAG geschickt wurde. Es wird ein Vertrag aufgesetzt: (s. rechte Seite)

Für 6000,- DM haben die Persönlichkeitsrechte der Ingrid Stengel den Besitzer gewechselt. Sie gehört jetzt mit Haut und Haaren BILD AM SONNTAG.
Am 11. Januar 1977 ist Haftprüfungstermin. Rechtsanwalt Schiller I gelingt es nach mehrstündiger Verhandlung, daß Ingrid Stengel freigelassen wird.
Als Frau Stengel tags darauf die Justizvollzugsanstalt Zweibrücken verläßt, wird sie von einem BILD-Fotograf in Empfang genommen. Er redet Ingrid Stengel ein, sie werde jetzt von anderen Zeitungen verfolgt, er und ein Kollege wären beauftragt, sie erst einmal abzuschirmen.

»Er hat mich darauf aufmerksam gemacht, daß mein Zimmer eine Zimmer-Bar hat. Und ich könnt' das alles ruhig leer trinken. Sie wüßten wie das wär, wenn jemand aus dem Knast käm', da müßte man sich erstmal Mut ansaufen«, sagt Ingrid Stengel. Und weiter: »Der Kollege, BILD-Reporter Rohrschach, hat mir erstmal zu verstehen gegeben, daß er eine Tochter ungefähr in meinem Alter hätte. Dann sprach er mich auf meine ›schönen blauen Augen‹ an und daß ich doch eine

V e r t r a g

Zwischen dem Verlag Axel Springer & Sohn, 2 Hamburg 36,
Kaiser-Wilhelm-Straße 6,
                          im folgenden "Verlag" genannt,

und
Herrn Rechtsanwalt   , Saarbrücken
(seiner Mandantin Frau Inge Stengel, z. Zt. JVA Zweibrücken

wird folgendes vereinbart:

1. Gegenstand der Vereinbarung ist die Lebensgeschichte, die Aussa
   im Ermittlungsverfahren und Ir
   vatfotos von Frau Stengel
   (z.B. Lebensgeschichte - Fotos - Einwilligung zum
   Fotografieren - Veröffentlichung von Fotos -) ......
   in der Zeitung BILD am SONNTAG.

2. Dem Verlag stehen die Veröffentlichungsrechte über den
   in Ziffer 1. angegebenen Gegenstand exklusiv zu. Herr Rechtsanwalt
   Frau Inge Stengel (bzw. wird deshalb keiner
   anderen Zeitung/Zeitschrift oder sonstigem Publikationsorgan gleiche oder gleichartige Rechte anbieten oder
   einräumen. Dies gilt bis mindestens 4 Wochen nach Ende des vor
   aussichtlichen Strafprozesses.

3. Herr/Frau/ Inge Stengel .... versichert dem
   Verlag, daß ihm/ihr an den Fotos, Unterlagen pp alleinigen Urheberrechte und/oder Verwertungsrechte zustehen.

4. Auf die Geltendmachung von Persönlichkeitsrechten wird
   verzichtet.

5. Herr/ Rechtsanwalt .... erhält für die
   Publikationsrechte an dem unter Ziffer 1. angegebenen
   Gegenstand ein einmaliges Honorar von DM ..6.000,--..
   zahlbar wie folgt: DM ..6.000,-- nach der Veröffentlichung. Mit diesem Honorar sind alle Ansprüche aus einer Veröffentlichung in den Objekten des Verlages abge-
   golten.

Hamburg ...., den 23. 12. 1976

›gutaussehende Frau‹ wäre, ob ich schon mal versucht hätte, mit meiner Schönheit Geld zu verdienen. Ich könnt' ihm das ruhig sagen, ih würde das überhaupt nicht stören, er würde das auch niemals veröffentlichen. Ich habe gesagt, wieso soll ich hier Geschichten erzähler die nicht wahr sind? Dann sagte er: »Mädchen, du kannst mir doch nichts erzählen.« Er wurde per Du mit mir, ohne daß ich ihm das erlaubt hätte, und sagte, ich soll doch nicht so sein, ich hätte es doch mi beiden getrieben: ›Stell dich doch nicht so an, du bist doch selber s eine, du machst es doch auch mit jedem.‹

Fünf Tage später bekommt sie zum erstenmal zu Gesicht, wa BILD AM SONNTAG aus den von Rechtsanwalt Schiller bei ihr eingeholten Informationen gemacht hat. Eine »Lebens geschichte« in Ich-Form, unter dem Serientitel »**ICH WAF DIE GELIEBTE DES KIDNAPPERS**«, mit Schlagzeiler wie »**ERST INS BETT, DANN INS VERBRECHEN**‹ und Texten wie »Die zierliche junge Frau preßt ihr Gesicht ar die nackte Schulter des Mannes über ihr. Sie gibt sich ihm hin, obwohl sie weiß, daß er einen Menschen gekidnappt hat und zwei Millionen Mark Lösegeld erpressen will.« Ingrid Stenge ist entsetzt, erschlagen:

»*Als ich die Berichte in BILD AM SONNTAG zu lesen bekam, bin ich zum Telefon gelaufen, habe den Rohrschach verlangt und ihn zur Rede gestellt: » Wo sind Sie denn mit ihrem Versprechen geblieben, mir den Artikel vorzulegen, bevor er erscheint?« » Wollen Sie der jetzt noch haben?« fragte er dann. »Sie haben ja schöne Sachen über mich geschrieben, das ist ja sagenhaft gelogen«, sagte ich. Der hat das noch als Kompliment aufgefaßt. » Wieso«, sagte er, »was ist denn daran gelogen, ich hab nur was geschrieben, was Sie in etwa gesagt beziehungsweise nicht gesagt, aber gedacht haben.« Ich sollte mich nicht so anstellen, außerdem wärs ja jetzt schon veröffentlicht und es habe sich keiner daran gestoßen. » Und wer liest denn sonntags schon Zeitung?« Außerdem wärs ja gar nicht auf der Titelseite, sondern mitten in der Zeitung. Außerdem hätte mein Fall nicht das gebracht, was sie sich davon versprochen hätten. Darum seien ja auch nur zwei Folgen gekommen.«*

Als BILD seine Beute nach zehn Tagen schließlich losläßt, bekommt Ingrid Stengel die ersten halbwegs ehrlichen Worte zu hören – eine Warnung, sie sollte sich auch weiterhin versteckt halten. Die BILD-Reporter wissen, was sie angerichtet haben:

Daß ihr Opfer von nun an abgestempelt ist und nicht mehr in Ruhe gelassen wird. Denn wer immer sie wirklich sein mag, sie bleibt die »schwarze Inge«, die beim Sterben zuschaut, »lebenslustig und triebhaft« – ein Monster.
Ihr Ehemann beschimpft sie. Eltern und Geschwister sagen sich von ihr los, sie sei eine Verbrecherin, »eine charakterlose Hure«. Anonyme Anrufer raten ihr, aus Marburg zu verschwinden. Sie wird bedroht, auf offener Straße zusammengeschlagen. Der Mann reicht die Scheidung ein.

Im Scheidungsurteil heißt es:

»*Nach dem Ergebnis der Beweisaufnahme hat die Beklagte schwere Eheverfehlungen begangen. Nach ihrem Bericht, den die Zeitung BILD AM SONNTAG am 16. 1. 1977 abgedruckt hat, unterhielt die Klägerin zumindest ehewidrige Beziehungen zu einem anderen Mann, dem die Entführung des Unternehmers Egolf im Oktober 1976 vorgeworfen wird. Aus der Fortsetzung des genannten Berichts in der Zeitung BILD AM SONNTAG vom 23. 1. 1977 ergibt sich, daß die Beklagte auch noch zu einem anderen Mann zumindest ehewidrige Beziehungen unterhalten hat. Beide Berichte haben vorgelegen und waren zu Beweiszwecken Gegenstand der mündlichen Verhandlung.*«

Außerdem wird ihr das Sorgerecht für ihre beiden Kinder entzogen, sogar das Besuchsrecht wird ihr verweigert. Sie nimmt sich ein Zimmer und sucht Arbeit. Sie wird erkannt und prompt entlassen, dreimal.
Ingrid Stengel verfällt, körperlich und psychisch. Mehrmals versucht sie ohne Erfolg, sich das Leben zu nehmen. Sie »versackt«, fängt sich wieder, findet einen neuen Freund, besucht eine weiterführende Schule. Doch die Belastung bleibt. Sie schluckt Tabletten, bekommt Magengeschwüre.
Die Hauptverhandlung naht. Ingrid Stengel hat keine psychische Widerstandskraft mehr. Sie glaubt nun selbst, daß sie eine Verbrecherin ist. Sie erwartet eine Strafe von mindestens fünf Jahren. Noch einmal versucht sie, Besuchsrecht für ihre Kinder zu erhalten. Doch die Behörden haben die Artikel aus BILD und BILD AM SONNTAG zu den Akten genommen. In einer Protokollniederschrift des Landgerichts Mar-

burg zur Scheidungssache Stengel heißt es: »Die Beklagte erklärte weiter: ›Ich möchte auch nichts darüber sagen, ob die Darstellungen in der Zeitung BILD AM SONNTAG vom 16. 1. und 23. 1. 1977 betreffend mein Verhältnis zu Herrn Müller richtig sind‹.« Die genannten Artikel waren ihr als Beweismittel vorgehalten worden.

Als Ingrid Stengel nicht mehr aus noch ein weiß, gibt ihr eine Freundin den Rat, sich an den Rechtshilfefonds für BILD-Opfer zu wenden. Sie schreibt am 8. 11. 1977 einen Brief an mich, welcher auszugsweise wie folgt lautet:

»Sehr geehrter Herr Wallraff!
Durch Ihr neues Buch habe ich erfahren, daß Sie Leuten helfen, die von der Bild-Zeitung geschädigt wurden. Ich bin froh, daß ich davon gerade jetzt erfahren habe, da Anfang Dezember die Hauptverhandlung im Entführungsfall Gernot Egolf beginnt, durch den ich in die Mühlen der Bild-Zeitung gekommen bin und auf Grund dessen ich Angst habe, nun wieder vor aller Öffentlichkeit diffamiert zu werden. Im Zusammenhang mit dem Entführungsfall Gernot Egolf wurde ich Ende letzten Jahres verhaftet. Nach vierzehn Tagen kam ein Anwalt in die Haftanstalt mit einem Fernschreiben, worin stand, daß die Bild-Zeitung mir diesen Anwalt zur Verfügung stellt. Froh, endlich eine Möglichkeit zu sehen, aus der Untersuchungshaft entlassen zu werden, unterschrieb ich das Fernschreiben ...«

Nachdem sie mich in Köln besucht und ihren Fall bespricht, fährt sie nach Saarbrücken, um ihrem Rechtsanwalt 10 Tage vor dem Prozeßtermin das Mandat zu entziehen und beauftragt den Saarbrücker Strafverteidiger Klaus John.
Doch auch er kann nicht verhindern, daß seine Mandantin in den Tagen vor der Hauptverhandlung noch einmal durch den Dreck gezogen wird. BILD spricht das Urteil: »Ingrid Stengel wußte von der Tat, doch als sie endlich redete, war es zu spät für das Opfer.«
Ihr eben erst erwachter Widerstandsgeist beginnt wieder zu erlöschen. Ihrem neuen Anwalt erklärt sie, daß sie keinen Sinn mehr darin sehe, sich zu verteidigen, sie müsse sich eben mit einer langjährigen Gefängnisstrafe abfinden.

Anwalt Klaus John tut das einzig Richtige. Er erreicht, daß das Schwurgericht das Verfahren gegen Ingrid Stengel von dem gegen Müller abtrennt und vertagt. So kann sie dem Sog des Sensationsprozesses entkommen.

Ende April 1979 beginnt vor dem Saarbrücker Schwurgericht die neue Hauptverhandlung gegen Ingrid Stengel, angeklagt der »Beihilfe zum erpresserischen Menschenraub mit Todesfolge.« Diese Verhandlung zieht sich über drei Wochen hin. Während dieser Zeit verliert sie erneut den Arbeitsplatz. Dieser Prozeß ergibt jedoch, daß Ingrid Stengel niemals gewußt hat, daß Gernot Egolf in einem Bunker gefangengehalten wurde, er klärt weiterhin, daß Ingrid Stengel nicht die Geliebte des Entführers war. Ihre Beziehung zu Müller war bei ihrem Besuch in Homburg schon beendet, weil sie festgestellt hatte, daß er sie über seine eigenen Verhältnisse belogen hatte. Das, was ihr als Beihilfe im Sinne des Strafgesetzbuches vorgeworfen war, kann nach Auffassung des Schwurgerichts nicht als Beihilfe gewertet werden. Der Vertreter der Staatsanwaltschaft beantragt gegen sie eine Freiheitsstrafe unter zwei Jahren, der Verteidiger Klaus John Freispruch. Am 22. Mai 1979 verkündet das Saarbrücker Schwurgericht das Urteil; trotz der Vorverurteilung durch BILD: Ingrid Stengel wird freigesprochen.
In der Urteilsbegründung stellt das Schwurgericht fest, daß Ingrid Stengel die Entführungsgeschichte, wie sie ihr von Joachim Müller erzählt wurde, »nicht ernst genommen habe«. Sie hatte Müller die Entführung nicht geglaubt, sie für Angeberei gehalten, zumal sie auch nichts von einem solch spektakulären Fall gelesen oder gehört hatte. Mit dem Freispruch ist der Fall Ingrid Stengel juristisch beendet. Der Freispruch ist für den Saarbrücker Strafverteidiger Klaus John ein Erfolg. Aber ist er das auch für Ingrid Stengel? Sie hat noch einmal versucht, ein Besuchsrecht bei ihren Kindern zu erreichen. Doch solange das Urteil noch nicht rechtskräftig war, wollten die Behörden nicht. Mißtrauen und Ablehnung gegenüber der »schwarzen Inge« verfolgen sie noch immer, und trotz ihres Freispruchs wird ihr der Kontakt zu den Kindern verwehrt. Ingrid Stengel

ist noch immer in psychiatrischer Behandlung. Noch immer wird sie von Nachbarn erkannt und bedroht.*
Die Verfasser der Totschlagzeilen von BILD und BILD AM SONNTAG haben sich dafür nicht mehr interessiert. Auch der Freispruch wurde dort nicht gemeldet. Der Fall hatte »nicht gebracht, was wir uns davon versprochen hatten.« Ob ihre Opfer zerbrechen oder krepieren, läßt die BILD-»Verantwortlichen« kalt. Sie »reißen« schon die nächste Lebensgeschichte »auf«. Sie werden sich kaum mehr erinnern, an dieser Satz, den sie am 12. Dezember 1976 erscheinen ließen und mit dem die Zerstörung eines Menschen begann:

»Sie wollte eine gute Ehe, ein wenig Glück – und sie wollte sehr viel Geld. Darum ließ die 22jährige Hausfrau Ingrid Stengel, die Mutter von zwei Kindern, den entführten Millionärssohn Gernot Egolf (32), qualvoll sterben ...«

* Inzwischen haben Anwälte für Ingrid Stengel wegen des ersten Rufmordes der BILD-Zeitung, der noch vor der Beauftragung von Rechtsanwalt Schiller I geschah, auf Anregung und mit Unterstützung des Rechtshilfefonds für Bildgeschädigte Schadensersatzansprüche geltend gemacht.
Das Hamburger Landgericht hielt eine Summe von 4000 DM als »Wiedergutmachung« für angemessen. Der entstandene Schaden wird am gesellschaftlichen Stand und am Verdienst des jeweiligen Opfers gemessen.

Um die Aufklärung gegen die Bild-Zeitung wirkungsvoll fortzusetzen und Aktionen in verschiedenen Städten und vor Betrieben durchzuführen, wurde in Essen ein Büro gegründet:

Gegen-BILD-Initiative
c/o Frank Berger
Postfach 14 31 62
4300 Essen 14

Über das Büro sind Plakate, Anti-Bild-Aufkleber, Aufklärungs-Material im Bild-Zeitungsformat u. a. zu erhalten. Bitte auch eigene Erfahrungen von Aktionen gegen Bild dorthin senden.

Das Konto des Hilfsfonds für Bildgeschädigte ist das Sonderkonto:
»Wenn BILD lügt – kämpft dagegen«
BfG Köln 11 55 04 33 00

Und das ist »Der Aufmacher«:

Wieder lieferbar:

Trotz Zensur neu ergänzt und aufgelegt

Günter Wallraff
Die Reportagen

Gebunden. 608 Seiten.

Die Resultate einer nun fast zehnjährigen Anwesenheit Günter Wallraffs in Betrieben und anderen »nichtöffentlichen Räumen« unserer Gesellschaft, in denen gleichwohl das Interesse der Öffentlichkeit verhandelt wird, versammelt dieser Band zum ersten Mal. Wallraff und der von ihm geschaffene Typ der Reportage ist in diesem Jahrzehnt zum Begriff geworden, hat zum Teil erstaunliche Wirkungen gehabt und ihn zum »politisch wirksamsten und von Arbeitern am meisten gelesenen Arbeiterschriftsteller der westdeutschen Nachkriegsgesellschaft« (Oskar Negt) gemacht.

Bernt Engelmann/Günter Wallraff
Ihr da oben – wir da unten

Gebunden. 416 Seiten.

Bernt Engelmann und Günter Wallraff haben sich in diesem Buch zusammengetan, um die bundesdeutsche Gesellschaft vereint in die Zange zu nehmen. Aus verschiedenen Richtungen – Engelmann, der Chronist der Reichen und Großunternehmer, von »oben«, und Wallraff, der Anwalt der Lohnabhängigen und Unternommenen, von »unten«, – gehen sie ihr gemeinsames Ziel an: das Ausmaß des Widerspruchs zwischen Reichtum und Macht der Wenigen und Abhängigkeit und Ausnutzung der Vielen aus unmittelbarer Anschauung durchsichtig zu machen.

Der Bestseller

wat gegen Springer! Mach sein BILD klein! Zeig
[ver]wandten, Freunden, Bekannten, Nachbarn,
[Kol]legen, was BILD wirklich ist! Beweis ihnen, wie BILD
[lüg]t, fälscht, erfindet, verhetzt, Menschen jagt!

Wallraff Das BILD-Handbuch

Gib ihnen das BILD-HANDBUCH zu lesen!

Konkret Literatur Verlag

Neu

Ein Tuy ohne Bild ist für mich kein Tuy

Günter Wallraff
Das BILD Handbuch
240 Seiten mit
vielen Dokumenten,
15 Mark

Konkret Literatur Verlag

1
Heinrich Böll
Vermintes Gelände

Dieser jüngste Band mit Schriften Heinrich Bölls aus den Jahren 1977 - 1981 zeigt eine deutliche Verschiebung des Interesses von der Literatur zur zeitkritischen Analyse und Stellungnahme. 266 Seiten. DM 12,80

2
Günter Wallraff
Der Aufmacher

Günter Wallraff ist ein Autor, der bei der Wahrheitssuche seine ganze Existenz ins Spiel bringt, um ganz nah an die Dinge heranzukommen. Von einem solchen schon legendär gewordenen Alleingang handelt sein Buch ,,Der Aufmacher. Der Mann, der bei Bild Hans Esser war."
240 Seiten. DM 10,80

3
Gabriel Garcia Márquez
Hundert Jahre Einsamkeit

,,Hundert Jahre Einsamkeit", das große Epos Lateinamerikas, verschaffte Gabriel Garcia Márquez Weltgeltung. Der Leser gerät sofort in den Bann einer mitreißenden Erzählung, die die geschichtliche Wirklichkeit und die Tragödie Lateinamerikas enthüllt. 480 Seiten. DM 14,80

4
Bernt Engelmann
Weißbuch: Frieden

Bernt Engelmann, der von Anfang an aktiv in der Friedensbewegung engagiert war, stellt in diesem Buch die Argumente der Anhänger der Friedensbewegung den Argumenten der Rüstungsbefürworter gegenüber. 180 Seiten. DM 9,80

5
Katherine Mansfield
In einer deutschen Pension

Die Meisterschaft scharfer Beobachtung und natürlicher Komik, die Katherine Mansfield in diesen Erzählungen bewies, begründete ihren frühen Ruhm. Diese Kabinettstücke, die mit dem souveränen Witz des fremden Blicks die vielfältigen Erscheinungsformen des „deutschen Wesens" treffen, liegen zum ersten Mal in einer Einzelausgabe vor.

128 Seiten. DM 9,80

6
Joseph Roth
Hiob

„Dieses Leben eines alltäglichen Menschen ergreift uns, als schriebe einer von unserem Leben, unseren Sehnsüchten, unseren Kämpfen. Ein großes und erschütterndes Buch, dem sich niemand entziehen kann." Ernst Troller

224 Seiten. DM 9,80

7
Isaac Asimov
Die schwarzen Löcher

Asimov, als Sachbuch- und Science-Fiction-Autor ein hervorragender Kenner der astronomischen Forschung, schreibt die Geschichte der Schwarzen Löcher, die gleichzeitig die Geschichte der Sterne ist. 224 Seiten. DM 14,80

8/9
Kate Millett
Fliegen – Flying

FLYING neben SITA Kate Milletts persönlichstes Buch, ist eine sehr genaue Beschreibung der ersten Jahre der Frauenbewegung und zugleich ein Stück Autobiographie einer ihrer aktivsten führenden Figuren.

780 Seiten. 2 Bände a DM 14,80

10
Heinrich Böll
Haus ohne Hüter

Heinrich Bölls Roman HAUS OHNE HÜTER ist ein lebendiges Stück Nachkriegsgeschichte, zugleich eines der gelungensten und wichtigsten Bücher der deutschen Literatur nach dem Krieg. Zwei Kinder, beide vaterlos, erzählen ihre Geschichte aus wechselnden Perspektiven.

336 Seiten. DM 9,80

11
Charles Bukowski
Der Mann mit der Ledertasche

Den „besten Dichter Amerikas" haben Sartre und Genet den in Deutschland geborenen Charles Bukowski genannt. Mit Witz und ironischer Schlagkraft erzählt er hier die Geschichte seiner Erfahrungen als Briefträger.

176 Seiten. DM 9,80

12
Ronald D. Laing
Liebst du mich?

Etwas von diesem Manöver aus Taktik und Emotion steckt in jeder menschlichen Beziehung. Wer sich Laings „Liebesgedichten" stellt, erfährt eine Menge über sich selbst und die anderen.

144 Seiten. DM 9 80

13
Gabriel García Márquez
Bericht eines Schiffbrüchigen

Auf der Fahrt von den USA nach Kolumbien gehen bei einem Sturm mehrere Matrosen über Bord eines Kriegsschiffes. Nur einem gelingt es, ein Rettungsfloß zu erreichen. Voller Spannung und Schaudern durchlebt der Leser mit dem Schiffbrüchigen zehn Tage auf diesem Floß.

176 Seiten. DM 10,30

14
Manfred Coppik/Jürgen Roth
Am Tor der Hölle
Strategien der Verführung zum Atomkrieg

Dieses Buch zur Kriegsdiskussion überrascht und schockiert durch Mitteilungen, die der Bevölkerung und nichteingeweihten Politikern bisher vorenthalten wurden. Zum erstenmal wird der Atomkrieg hier in seiner ganzen Grausamkeit anschaulich durch sogenannte „Szenarien", die über die Auswirkungen eines Atomkriegs in Europa und den USA ins Bild setzen. Das Material dazu stammt aus amerikanischen Archiven; es ist der deutschen Öffentlichkeit noch völlig unbekannt. 272 Seiten. DM 12,80

15
Boris und Lena Nikitin
Vom ersten Lebensjahr bis zur Schule

Das Buch des russischen Elternpaares Boris und Lena Nikitin DIE NIKITIN-KINDER. EIN MODELL FRÜHKINDLICHER ERZIEHUNG hat bei Eltern und Erziehern ein ungewöhnliches Interesse gefunden. VOM ERSTEN LEBENSJAHR BIS ZUR SCHULE ist ein Teil des Buches DIE NIKITIN-KINDER, der jetzt von den Autoren um wesentliche Informationen (die Behandlung von Krankheiten ohne Medikamente, Ernährungsfragen, die Einrichtung des Nikitinschen Sportzimmers u.a.) erweitert wurde.
144 Seiten. DM 9,80

16
J.D. Salinger
Der Fänger im Roggen

„Worauf aber begründet sich der Ruhm J.D. Salingers? Seit Hemingway und Fitzgerald gibt es in der amerikanischen Prosa keinen Erzähler, der jede Distanz zwischen Leser und Autor aufgehoben zu haben scheint – außer Salinger".
Helmut M. Braem in „Stuttgarter Zeitung"
272 Seiten. DM 8,80

17
Günter Wallraff
Zeugen der Anklage

Nach Günter Wallraffs Bestseller DER AUFMACHER erscheint jetzt auch sein Folgeband ZEUGEN DER ANKLAGE in der Reihe KIWI. Diese beiden Bücher, die die Macht-Struktur und die journalistische Praxis eines unserer größten und einflußreichsten Medienkonzerne enthüllen, haben bisher über eine Million Käufer gefunden.

224 Seiten. DM 9,80

18
George F. Kennan
Im Schatten der Atombombe
Eine Analyse der
amerikanisch-sowjetischen
Beziehungen von 1947 bis heute

Kennan analysiert die Entwicklung der amerikanisch-sowjetischen Beziehungen von ihren Anfängen bis heute. Zugleich macht er deutlich, daß sich die derzeitige Weltsituation in einer sehr gefährlichen Phase befindet. Wenn die Abrüstungsbemühungen scheitern, rückt der Wahnsinn eines Atomkriegs in bedrohliche Nähe.

Friedenspreis des Deutschen Buchhandels 1982.

304 Seiten. DM 16,80

19
Isaac Asimov
Außerirdische Zivilisation

Sind wir die einzigen intelligenten Lebewesen, die das Universum nach Spuren des Lebens durchforschen? Die Antwort ist, einfach der Wahrscheinlichkeit nach: Wir sind nicht allein! Es gibt andere Lebewesen, die suchen und forschen, und das vielleicht effektiver als wir. Wir wissen nicht, wie sie aussehen, wir wissen nur, daß sie intelligent sind.
Werden sie uns finden? Oder haben sie uns schon entdeckt? Asimov prüft diese Frage, die die Menschheit seit Jahrhunderten beschäftigt, mit unbestechlichem wissenschaftlichem Blick.

352 Seiten. DM 14,80

20
Ricarda Huch
Luther

Anläßlich des Luther-Gedenkjahres bringt der Verlag diese Luther-Studie als Einzelausgabe heraus. In der Menge der Luther-Literatur nimmt sie eine Sonderstellung ein, gibt dem Huchschen Luther-Porträt eine ungewöhnliche geistvolle Spannung, die zusammen mit der großen Erzählkunst Ricarda Huchs dieses Stück Geschichtsschreibung gleichzeitig zu einem Stück glänzender deutscher Prosa macht.
208 Seiten. DM 12,80

21
Irmgard Keun
Wenn wir alle gut wären

Auch diese Satiren bestätigen Kurt Tucholskis begeistertes Urteil: „Hurra! Eine Frau mit Humor." Mit demselben Geist und Witz, den auch ihre Romane auszeichnen, beleuchtet Irmgard Keun hier den Kleinbürger-Alltag der Nachkriegsjahre, seismographisch genau im Erfassen der damaligen Jahrzehnte, fast prophetisch im Erspüren künftiger Konflikte.
256 Seiten. DM 12,80

22
Kurt Langbein, Hans-Peter Martin,
Roland Werner, Hans Weiss
Gesunde Geschäfte
Die Praktiken der
Pharma-Industrie
Erweiterte Neuauflage

„Gesunde Geschäfte" machen internationale Pharma-Konzerne und zahllose Ärzte mit ihrem Material – den Patienten. Die Autoren dieses Bestsellers recherchierten jahrelang, arbeiteten teilweise in Führungspositionen in der Industrie und werteten 40 000 interne Dokumente aus. Lückenlos belegen sie, wie bekannte Mediziner Patienten zu Versuchszwecken mißbrauchen, welche Nebenwirkungen von Medikamenten geheimgehalten werden, daß Ärzte und Apotheker zur Absatzförderung bestochen und die Arzneimittelpreise willkürlich festgelegt werden.
318 Seiten. DM 9,80

23
Gabriel García Márquez
Der Oberst hat niemand,
der ihm schreibt

Gabriel García Márquez, der mit dem Roman HUNDERT JAHRE EINSAMKEIT Weltruhm erlangte, erzählt hier mit den sparsamsten Mitteln die grandiose Geschichte von dem alten Oberst, der seit fünfzig Jahren in einem verlassenen Tropendorf der kolumbianischen Atlantikküste auf seine Veteranenpension wartet und eine gerechte, bessere Welt sucht.
Gabriel García Márquez erhielt 1982 den Nobelpreis für Literatur.   128 Seiten. DM 9,80

24
Kate Millett
Sexus und Herrschaft

„Eine brillante Abhandlung — in hohem Maße unterhaltsam, glänzend durchdacht, absolut überzeugend in ihren Argumenten, atemberaubend in der Beherrschung der historischen Zusammenhänge und der Literatur, voll von Witz und zwingender Logik, mit leidenschaftlicher Intensität geschrieben."
New York Times
496 Seiten. DM 16,80

25
Richard Powell
Die Kwimpers

Der Süddeutsche Rundfunk nannte diesen Roman „eine glänzende Parodie auf das Gangsterwesen — eine Satire auf den Wohlfahrtsstaat und auf das Pioniertum. Und alles zusammen bildet ein heiteres, nirgendwo bissig-ätzendes Feuerwerk von Humor. Ein Buch, das Sie nicht eher aus der Hand legen, bis die letzte Seite verschlungen ist."
336 Seiten. DM 12,80

26
Gabriel García Márquez
Augen eines blauen Hundes

Diese ersten jugendlich-schwermütigen Erzählungen sind bereits bestechend in ihren Bildern, faszinierend in Sprache und Stil. In einer phantastischen Wirklichkeit angesiedelt, erzählen sie von Tod und Gewalt.   174 Seiten. DM 10,80

27
Joseph Roth
Die Legende vom heiligen Trinker

„Mein Testament" hat Joseph Roth seine 1939 entstandene, letzte Erzählung genannt, die lyrisch gelöst und voll halbversteckter Ironie nichts von dem äußeren Druck zeigt, der auf ihm lastete.   68 Seiten. DM 7,80

28
Mary McCarthy
Florenz

Die Lektüre dieses Buches erspart nicht die Reise nach Florenz, aber sie macht Reisevorbereitungen (und Aufenthalt) zu einem doppelten Vergnügen.   224 Seiten. DM 12,80

29
Bernt Engelmann
Das neue Schwarzbuch Strauß, Kohl & Co.

Wer sind Strauß, Kohl & Co.? Wer waren und sind ihre Hintermänner?
Wie „christlich", „demokratisch" + „sozial" ist das neue Rechtskartell? Wie eng verfilzt mit Flick und dem großen Geld, mit alten Nazis und der neuen Kernkraft- und Raketen-Lobby?
Was steht jetzt auf dem Spiel? Was steckt hinter der „Nachrüstungslüge"?
Warum brauchen wir dringend eine andere Politik?

Bernt Engelmanns neues Schwarzbuch beantwortet diese und viele andere Fragen und liefert die nötigen Hintergrundinformationen für die Wahlentscheidungen mündiger Bürger.
   ca. 192 Seiten. DM 9,80

Pendragon Verlag

Jürgen Buchmann

Warten auf die Atombombe
Stories, 72 Seiten, Broschur, DM 12,—

Hellmuth Opitz

An unseren Lippengrenzen
Gedichte · 48 Seiten, Broschur, DM 9,80

Renate Wiggershaus

Die Frau auf der Flucht
Erzählungen · 80 Seiten, Broschur, DM 14,—

Hanne F. Juritz

Die Unbezähmbarkeit der Piranhas
Erzählungen · 116 Seiten, Broschur, DM 15,—

Günter Wallraff

Nachspiele
Dokumentation · 96 Seiten, Broschur, DM 12,—

Endlich wieder verfügbar ist hier das frühe
Bühnenstück von Günter Wallraff,
1968 von Bernhard Vesper in seiner
„Edition Voltaire" erstmals aufgelegt.

Bernd Stegemann

Ganz leise sein beim Abschied
Gedichte · 48 Seiten, Broschur, DM 9,80

Günther Butkus · Pendragon Verlag
Postfach 140251 · 4800 Bielefeld 14
Telefon: 0521/402580 (400280)